天
*Borderless*
下

博稽古今 融汇天下

陈瑞华作品

# 看得见的正义

VISIBLE JUSTICE

陈瑞华　著

法律出版社 LAW PRESS · CHINA
北京

作者简介

**陈瑞华** 北京大学法学教授，博士生导师，北京大学法学院学术委员会主任。中国法学会常务理事，国际证据科学协会理事。“全国十大中青年法学家”，教育部“长江学者奖励计划”特聘教授，入选国家“百千万人才工程”计划。主要研究领域为刑事诉讼法、证据法学、司法制度、程序法理论、法学方法。在程序价值、诉讼构造、程序性制裁、刑事诉讼模式、辩护、证据理论等方面，有较为深入的研究，作出了理论贡献。出版《刑事审判原理论》《看得见的正义》《刑事诉讼的前沿问题》《程序正义理论》《程序性制裁理论》《刑事诉讼的中国模式》《刑事证据法》《刑事辩护的中国经验》《刑事辩护的理念》《刑事辩护的艺术》等著作。

如果你是一个领导者，

请耐心听取申诉者所想；

如果他要吐露心中委屈，

请不要加以阻挡。

可怜的人期待胜诉，

更渴望向你倾诉衷肠。

申诉一旦受阻，

人们便会追问：“为何他会冷若冰霜？”

不是所有申诉都会成功，

但好的听审能抚平人的哀伤。

# 第三版序言

转眼之间,《看得见的正义》面世近 20 年了。

最初,这本书记录了我 2000 年之前在报纸杂志上发表的“豆腐块”文章,具有学术随笔的风格。2013 年,在保留书名的前提下,我对这本书动了一个“大手术”,在将大部分时效性较强的文字予以删除之后,通过对一些法律格言的分析,来揭示法律背后的理念和准则,并对中国法律制度和法律实践作出一定的解读和评论。第二版推出之后,在读者中引起了强烈的反响。据说,这本书的读者不仅有法科学生、律师、法官、检察官等法律界人士,还有更多的来自法律界以外的精英人士。记得在一次非学术性的讲座开始之前,主持人曾这样把我介绍给上千名听众:“陈瑞华教授还是《看得见的正义》的作者。”

与其他社会科学不同,法学研究经常受到法律条文的限制和影响。有人就曾对法学教科书作出过悲观的评论:“法律一修改,整箱整柜的法律书籍就得被捣毁。”与教科书一样，假如一部法学专著与法律条文联系过于密切，那么，在法律发生修订或者新的法律颁行之后，它的价值也就大打折扣了。《看得见的正义》第二版倒并不存在这方面的问题，它具有浓烈的文化品位，引用了不少典故、历史事件，与法律条文保持了应有的距离。但是，也确实有一些分析源自某一具体的法律条文，或者引用了与某一过时法律条文有关的案例。对于这些都需要作出必要的修订。考虑这一点，笔者在新版本中进行了全面的审查，对于所有与过时法律条文有关的案例都进行了替换，以尽量消除那些过时条文的痕迹和影响。

与此同时，通过认真通读第二版的全文，笔者发现，有几个法律格言具有较大的影响，经常被人引用，却没有在本书中获得应有的位置。因此，本着对读者负责的原则，笔者重新浏览了坊间出版的几乎所有涉及法律格言的出版物，经过慎重选择，最终增加了四个重要的法律格言，并分别对其作出评析，将其编入本书。细心的读者可以将第三版与第二版对照一下，看看究竟有哪些新的格言增加进来了。

在《看得见的正义》第三版行将付梓之际，笔者有必要再次交代一下本书的撰写宗旨。本书不是一部严谨的学术著作，更不是学术论文的汇集，而继续保留了学术随笔的性质。既然是“学术随笔”，就带有“散文”的风格，具有“夹叙夹议”的叙述方式，既要关注一些法律问题，也会作出相应的评论。本书绝不是对法律格言作出专门研究的学术作品。其实，很多格言在形成之初，都具有特定的时代背景、语境和含义。尤其是罗马法时代的很多格言，都必然受制于当时的罗马法律制度。但时过境迁，这些格言经过法律移植和法律传播，已经具有了超越时空的文化价值。例如，原来形成于罗马法的“谁主张，谁举证”“不告不理”“一事不再理”“任何人不得从不法行为中获得利益”等格言，在现代诉讼制度中早就不再保留原来的意思了。至于本书引用的一些源自英国法的格言，经过多年的传播，也早就被赋予更为广泛的意义了。例如，“任何人不得担任自己案件的法官”“听取另一方的陈述”“平等武装”“迟来的正义为非正义”“警察是法庭的仆人”“正义先于真实”等，早就脱离了英国法原有的语境，而具有了更新也更为丰富的含义。正因如此，本书不拘泥于法律格言的原始出处和最初含义，而是结合我国法律制度和法律实践中出现的问题，利用这些格言所包含的理念，来作出新的理解和评论。

制度也罢，规则也罢，法律条文也罢，或许在一定程度上都属于“过眼云烟”，甚至稍纵即逝。但那些隐藏在制度背后的“理念”或“思想”，则具有长久的生命力，并随着时代的变迁和社会的发展而具有了新的生机和活力。我们之所以高度重视那些历经数百年而仍具影响力的法律格言，其原因就在于此。

笔者要感谢法律出版社的孙东育女士，有了她的专业精神和执着诚恳，才有了这本书转由法律出版社出版第三版的可能性。笔者也要感谢高山先生，他不仅是一位极富才华的专业法律编辑，也是一位编辑艺术家。任何书籍一旦面世，就具有了独立的生命和价值。《看得见的正义》从2000年诞生，到2013年在北大出版社获得新生，都得益于某位出版家的慧眼卓识。如今，这本书的第三版又托付给法律出版社，更有可能获得脱胎换骨般的再生。笔者相信，这本书由高山先生接手编辑事宜，不仅会延续既往的辉煌，还将给读者出乎意料的惊喜。

笔者期待着，《看得见的正义》第三版将会使更多读者获得阅读的愉快感，引起深刻的反思，启发新的智慧和灵感。

陈瑞华

2018年9月6日于北大中关园

《时间揭开真理 / 真相的盖头》
（An Allegory of Time Unveiling Truth），

法国画家让 – 费朗索瓦·德·特鲁瓦
（Jean-Francois de Troy，1679~1752）
创作于 1733 年，

原作藏于英国伦敦国家美术馆
（National Gallery，London）。

↑

# 第二版序言

作为我的第一部法学随笔集,《看得见的正义》于 2000 年初版面世。经过十几年的时间,这本小册子不仅在坊间难觅踪迹,可能很多读者都快将它遗忘了。

这本书记录了我 20 世纪末对中国司法改革问题的所思所想。书中的很多内容都带有“学术下脚料”的性质。书中将那些在大部头的学术著作中难以包容进去的“小灵感”“小火花”,以较为轻松的方式展示出来,带给读者一些有益的启示。不仅如此,该书中的不少章节都针对当时发生的一些案例,以“豆腐块”的形式在报纸杂志上发表过,带有明显的“法律时评”的意味。

近年来,不断有出版界的朋友建议我重写《看得见的正义》。他们给出的理由是:作为书名,《看得见的正义》具有一定的“品牌”效应;作为一种理论提炼,“看得见的正义”属于对程序正义的最经典概括;而在思想容量上,《看得见的正义》可以与不少大部头著作相媲美。

起初，我对这种出版建议并没有动心。毕竟，时间是学者最重要、最稀缺的资源。要让一个学者在几个月甚至一年的时间里，投入到一本书的写作之中，确实需要令人信服的理由。以现在的眼光来看，《看得见的正义》中的不少内容都有些不合时宜了。况且，我近年来越来越远离大众媒体，写“豆腐块”的机会越来越少，有限的心思也更多地放在学术思考上，而不是参与“公共评论”上了。

但是，《看得见的正义》的部分章节还是富有生命力的。尤其是该书对几个著名法律格言的分析和讨论，不仅深入浅出地揭示了程序正义的理念，而且渗透着一种为一般法学著作所少有的“文化味”。假如以这几个章节为基础，重新对本书进行加工，或许能写出一部富有趣味的小册子来。

后来，北大出版社准备出版一套围绕法律格言来展开的法律随笔集。我这本《看得见的正义》受到策划者的青睐。责任编辑白丽丽女士以极大的耐心劝说我以程序法的法律格言为线索重写这本书。

经过再三考虑，也禁不住白丽丽女士的“循循善诱”，我最终答应出版《看得见的正义》的第二版。说来汗颜，围绕程序法的格言来写一本随笔集，这是当年李仕春博士曾给过我的建议。可惜我当时不想在这本书上花费太多时间，就没有采纳这一建议。如今，13年过去了，我最终还是要按照法律格言的线索来重新修订此书。

答应之后，接下来的就是对该书的框架结构进行重新编排。通过对拉丁文法律词典和英文原版著作的大量检索，最终确定了 20 多个法律格言。就其出处而言，这些格言既有来自罗马法时期的著名法谚，如“谁主张，谁举证”“没有原告，就没有法官”“一事不再理”“疑义时，作有利于被告人的解释”等；也有来自英国法中为人们喜闻乐道的格言，如“正义不仅要实现，而且要以人们看得见的方式实现”“听取另一方的陈述”“不做自己案件的法官”“迟来的正义为非正义”等。不仅如此，我还将一些被人广为引用的法律陈述作为分析的对象，它们既有著名法学家的名言名句，也有那种为人们所约定俗成的法律论断。

本书对法律格言的解读没有采取学术论文的表述方式，而更多地保留了率性而为的特点。通过对一个个案例、故事、论断的解读，我以一种非学院式的论述方式，或“娓娓道来”，或“条分缕析”，或“旁征博引”，讲述了一些道理，分析了一些带有规律性的理念。书中少有那种动辄鼓吹制度改革的激情和煽动，而多了一点经过长时间积淀才有的沉静与从容。

法律制度的发展经常让人感慨万端。法国比较法学家勒内·达维说过：“法律教育之所以成为可能，只是因为法是由变动不居的条文以外的其他东西所构成……立法者大笔一挥，法律条文就可变更。但此外也还存在一些不能随意变更的其他要素，因为它们是同我们的文明和思想方式密切联系着的：立法者对它们就像对我们的语言或我们的推理方式一样，无法施加影响。”法律格言及其所体现的法律思维方式，恰恰就是法律条文背后的重要因素，它们经过历史的积淀，超越了不同的文化，具有一定的普适性，对我们思考法律问题具有一定的启发。

本书插图中的绘画均为18世纪意大利画家乔瓦尼·保罗·帕尼尼（Giovanni Paolo Pannini）所绘的古罗马历史风景。古罗马文明对现代法治影响深远，希望这些恢弘壮美的历史画作能为本书的阅读增加恍然千古如一梦的别样韵味。

笔者期待着这本《看得见的正义》（第二版）能够给读者带来新的灵感，并使读者在阅读本书过程中获得新的愉悦。

陈瑞华

2013年5月1日记于北京大学

↓

正义女神，意大利画家拉斐尔（**Raphael**，1483～1520）于 1508～1511 年创作在梵蒂冈签署厅天花板上。签署厅是四间拉斐尔客房之一。拉斐尔客房是梵蒂冈宫内的一组客房，教宗住所的公共部分。它们以拉斐尔及其工作室创作的壁画著称。它们连同西斯廷礼拜堂内米开朗基罗的天顶画，构成标志罗马文艺复兴的大型壁画系列。

# 初版序言

人类获得知识的途径大体上可分为两种：一为“读万卷书”；二为“行万里路”。通过读书，我们可以获取人类创造的大量知识财富，从而“站在巨人的肩膀上”继续探索未知的领域。但对于一个从事人文社会科学研究的学者来说，仅仅通过读书来获取知识还是远远不够的。尤其是法学研究者，如果仅仅将自己观察和思考的视野局限在书本里，就无法了解法律在社会生活中实际执行的情况。因此，走出书斋，进入社会，融入司法实践之中，掌握中国司法制度运行的实际状况，获取大量的第一手材料，对于法学研究者来说，就显得格外重要。

最近两三年来，笔者通过讲学、调研等多种途径，与一些地方的法官、检察官、警察、律师进行了较为广泛的接触。每次进行这种接触，笔者都感到“一种活生生的现实扑面而来”，自己的观念受到冲击，以往对司法实践的种种不准确的认识得以改变。笔者深深感到，理论与实践的距离被人们无形之中夸大了。实际上，司法实践不仅不排斥理论，而且极其欢迎那些能够对司法实践中存在的问题给予解释、对司法界的改革探索具有指导作用的理论。甚至在不少情况下，司法界所作的探索已经大大超越了理论，使现有的理论已不足以发挥其解释、启蒙和规范的作用。当然，学者提出的不少理论、学说、观点，尽管非常富有见地，但还主要存在于“象牙塔”中，盛行于课堂上、学术论文中，而无法为更多的从事法律实务的人士所了解。

鉴于此，笔者一直有一种冲动：为法官、检察官、警察、律师甚至具有一定教育程度的普通读者写一本小册子。在这本小册子中，我要把一些较为成熟的思想、观点透过一个个活生生的案例，并通过一种非学院式的语言表达出来。但由于“正式的学术研究”一直没有停下来的时候，而“为职称而学问”的环境又压得自己喘不过气来，这一想法也就一直埋在心里。

机会终于来了。1999 年春天，中国法制出版社策划出版一个“法学随笔”系列。当策划编辑李仕春博士向我询问有无兴趣参与进来的时候，我就一口答应了，并随即展开了写作前的紧张准备工作。

最初，笔者曾将本书的书名定为《通过程序实现法治》——与书中的一篇短文标题相同。但考虑到这似乎更像一部研究程序问题的学术专著，而不太符合整套丛书的选题宗旨，因而也就放弃了。后来，笔者的第二部专著《刑事诉讼的前沿问题》正式出版。这给了我更多的时间去考虑这本书的构架和书名问题。一天夜里，笔者正在翻看一篇刚刚发表的论文。该论文涉及的是程序正义问题。当读到“正义不仅要实现，而且要以人们看得见的方式实现”这句话时，一个念头猛然间出现了：既然司法正义的核心也就是程序上的正义，而程序正义在很大程度上又属于“看得见的正义”，那何不将这本小册子定名为《看得见的正义》呢？！于是，本书的书名就这样诞生了。

在笔者并不太长的学术生涯中，本书的写作可算是最富有挑战性的一次学术经历。这是因为，对那些与一般民众有相当距离的法律程序和司法制度问题，从理论上作出清晰的分析，而又尽量做到通俗易懂，确实是一件不容易的事情。不过，作为一部学术随笔，本书不可能过多地讲究逻辑的严密性和体系的完整性。笔者的意图在于，通过整理自己从阅读、思考、观察、访问中感悟到的一些思想“火花”，带给读者一些新的观念和思路。

当然，为了便于说明问题，本书举出的不少案例往往在程序方面都有一定的瑕疵，一些案件的办理过程在合法性、公正性方面也有一些缺陷。这种“刻意”搜寻的案例并不能代表中国司法机构的整体办案状况。另外，本书对西方尤其是英美程序观念的重视，丝毫不意味着笔者对中国的制度、程序和司法实践一味采取批评甚至批判的态度。在笔者看来，面对中国人长期存在的“重实体，轻程序”、“重权力，轻权利”甚至“重国家，轻两造”的传统和文化，实在需要引进或提出一种与之完全不同的理念，使之对中国人的思维定式和价值追求形成强烈的冲击。或许，接受那种为英美人所坚持但不为英美人所垄断的程序正义观念，对于中国走向法治之路是有益的。

在写作本书的前后一段时间里，笔者一直在为一部大部头的学术专著进行着忙乱而又痛苦的准备。或许，每一次超越自我的学术著作的产生，总会有无尽的“阵痛”和“躁动”相伴随。本书的很多思想都与这部著作有着直接的关联。笔者酝酿这部著作已达五年之久，意在写出能够代表笔者学术水准的“鸿篇巨著”。当然，在“鸿篇巨著”诞生之前，先给读者奉献出一部小册子，也是令人略感欣慰的。

陈瑞华

2000 年夏于北京大学

托寓画：正义女神。三位女神从左至右代表了三种美德：
宽容（Prudence）、正义（Justice）、和平（Peace）。

德国画家 Jürgen Ovens（1623~1678）
创作于 1663~1665 年。

原作藏于荷兰阿姆斯特丹王宫客厅内。

↑

# 目　录

正义不仅要实现，
而且要以人们看得见的方式实现

Justice must not only be done,
but must be seen to be done

所谓“看得见的正义”，

实质上就是指裁判过程（相对于裁判结果而言）的公平，

法律程序（相对于实体结论而言）的正义。

↓

康翁波 (Temple of Kom Ombo) 神庙外墙上的一架天平，这面墙的文字据考证雕刻于公元前 181～前 146 年。据纸草书的记载，早在公元前 1500 多年，埃及人就已经使用天平了，还有人说，埃及人使用天平的时间还要更早，大约在公元前 5000 年以前。康翁波神庙建造于托勒密王朝，在亚斯文北 20 多公里处尼罗河边的一座小山丘上，之前的古城遗址早已无处可寻。康翁波神庙是鳄鱼神索贝克的祭祀中心，同时供奉着鹰神荷鲁斯和鳄鱼神索贝克，因此康翁波神庙又被称为“双神殿”。

作为人类法律制度的基本价值，正义一般有实体正义和程序正义这两种表现形式。实体正义是指在分配权利、义务和责任方面所应遵循的价值准则，又可进一步被分为分配的正义和矫正的正义。实体正义主要体现在实体法之中，贯彻于司法裁判的结论上，构成一种对法官的实体性道德限制。从静态的角度来看，实体正义具有一系列明确的价值标准。刑法学者所提出的罪刑法定、罪刑相适应、对相似案件给予相同处理等法律原则，大体上可以视为实体正义的主要内容。但是，如果从动态的角度观察，实体正义在一个个具体的案件中却没有一个统一的标准。由于几乎所有案件在事实和情节上都不完全相同，所涉及的法律问题也互有差异，而案件在裁判结论形成之前，多多少少都具有一定的不确定性；因此，给所有案件的裁判活动确定一个统一适用的公正标准，确实是十分困难，甚至是不现实的。

尽管如此，人类法律价值中还有一些内容与裁判的结果没有直接的关系，它们体现于法律程序的设计以及司法裁判的过程之中，具有明确、具体且可操作的判断标准，属于“看得见的正义”。如果说一个案件的最终裁判是否公正，往往只有当事者自己心知肚明的话；那么，一个案件的裁判过程是否符合公正的标准、有无明显的不公之处，则不仅能为当事者所感知，还能为一般社会公众所判断。甚至在大多数情况下，普通公众进行的价值评价主要是通过观察法律实施的过程来进行的。很明显，这种“看得见的正义”也就是程序正义。

将程序正义视为“看得见的正义”，其实是英美人的一种法律传统。这源于一句人所共知的法律格言：“正义不仅要实现，而且要以人们看得见的方式实现。”（**Justice must not only be done, but must be seen to be done.**）

用最通俗的语言来解释，这句格言的意思是说，案件不仅要判得正确、公平，符合实体法的规定和精神，而且还应当使人感受到判决过程的公平性和合理性。换句话说，司法机构对一个案件的判决，即使非常公正、合理、合法，也还是不够的。要使裁判结论得到人们的认可，裁判者必须确保判决过程符合公平、正义的要求。因此，所谓“看得见的正义”，实质上就是指裁判过程（相对于裁判结果而言）的公平和法律程序（相对于实体结论而言）的正义。

为什么要制定并遵守法律程序？作为旨在形成某种法律决定的法律实施过程、步骤、程式，法律程序难道不就等于一系列的办事“手续”吗？例如，有人刚刚购置了一台电脑，需要了解并熟悉它的操作“程序”；有人要举行一场婚礼，需要事先确定各项喜庆“程序”；有人要去打高尔夫球，也要遵守一系列复杂的运动“程序”……显然，制定并遵守这些带有技术性的“程序”，可以确保机器操作得更加顺手，使事情进行得更加有条不紊，有利于取得竞赛的最后胜利。那么，法律程序与这些技术性的操作手续究竟有什么区别呢？

针对这一问题，前任美国联邦最高法院大法官佛塔斯（**Fortas**）曾从宪制的立场阐述了法律程序的意义：

> 坚持那些为我国宪法所要求的程序保障，并非只具有技术性意义……宪法性权利也不是一系列技术性规则……宪法性程序是我们文明社会的核心、良心和灵魂。这是一个人们一直为之奋斗和牺牲的基本原则。在国家将我们投入监狱或者剥夺生命之前，如果自由不是指正当法律程序的权利，那它还能意味着什么呢？①

按照佛塔斯的观点，我们不能从技术的角度来理解法律程序的意义，法律程序的建立实质上是对个人自由提供的一种重要保障。这就使程序与道德发生了密切的联系。另一位大法官杰克逊

① J.A.Andrew, *Human Rights in Criminal Procedure*, Martinus Nijhoff Publishers, 1982, pp.260-264.

(Jackson)曾就此作出过进一步的解释：

> 只有那些未经教化的粗俗之辈或者骗人的律师才会说程序是无关紧要的。程序的公正与合法是自由必不可少的构成要素。实体法只要能得到公平和无偏见的适用，那么即使它再苛酷，也是可以忍受的。实际上，如果可以选择的话，人们宁愿接受一种通过我们的普通法程序加以适用的苏联实体法，也不愿意忍受我们的实体法通过苏联的诉讼程序加以实施。不要忘记，正当法律程序并不会使被告人成为唯一的受益者，它还是使政府摆脱一些错误的最好保证，而这些错误会不断地玷污一个司法制度，并注定以单方面的形式发生……①

杰克逊对法律程序正当性的强调，略微透露出一个普通法法官的自负和居高临下。而道格拉斯(William Douglas)大法官则更加明确地论述了遵守程序在美国制度中的重要性：

> 权利法案的绝大部分条款都与程序有关，这并不是没有意义的。正是程序决定了法治与任意或反复无常的人治之间的大部分差异。坚定地遵守严格的法律程序，是我们赖以实

① J.A.Andrew, *Human Rights in Criminal Procedure*, Martinus Nijhoff Publishers, 1982, pp.260-264.

现人人在法律面前平等享有正义的主要保证。[①]

上述三位大法官对法律程序的强调，很容易使凡事讲究“中庸之道”的中国人产生反感：美国人这种对法律程序的偏爱，显然是在“重程序，轻实体”，这岂不与中国人的“重实体，轻程序”一样在走极端吗？！

实际上，美国法官对法律程序的“极端强调”，源于英美普通法的法律传统。程序正义作为一种观念，早在13世纪就出现在英国普通法之中，并在美国得到前所未有的发展。程序正义观念的经典表述在英国是“自然正义”（natural justice），而在美国则是“正当法律程序”（due process of law）。

1215年，英格兰国王颁行的《大宪章》（Magna Charta）第39条就曾规定：

> 除非经由贵族法官的合法裁判或者根据当地法律，不得对任何自由人实施监禁、剥夺财产、流放、杀害等惩罚。

1355年，英王爱德华三世颁布的一项律令（有学者称为“自由律”）明确规定：

① J.A.Andrew, *Human Rights in Criminal Procedure*, Martinus Nijhoff Publishers, 1982, pp.260-264.

任何人，无论其身份、地位状况如何，未经正当法律程序，不得予以逮捕、监禁、没收财产……或者处死。

这两个法律文件被许多学者视为英美普通法中正当程序的最早渊源。英国法律制度在其发展的较早时期即有注重法律程序的传统，人们相信“程序先于权利”（remedies proceed rights）。[①] 这一方面与英国法官长期形成的遵循先例的传统有关，使法律程序——法官的裁判过程具有形成和发展实体法原则和规则的功能；另一方面也体现出英国人运用法律程序对政府权力加以制约的思想。而注重法律程序的最集中体现则是对自然正义原则的严格遵守。

自然正义是英国法治（rule of law）的核心概念，是法官据以控制公共行为（public behavior）的基本程序原则。这一原则有两个基本要求：一是任何人均不得担任自己案件的法官；二是法官应听取双方的陈述。

这两项要求原本仅适用于法官的司法裁判活动，被用来作为法官解决纠纷时所要遵循的最低公正标准。但从20世纪初以来，它们逐渐发展成为法院监督行政权的重要程序保障，成为行政程序正当性的基本根据。根据上述第一项要求，法官在审判中不得存有任

① ［法］勒内·达维德：《当代主要法律体系》，漆竹生译，上海译文出版社1983年版，第337页。

何偏私，而且须在外观上使任何正直的人不对其中立性有任何合理的怀疑。为防止那些对某一方当事人怀有不利偏见的人担任裁判者，法官不仅不能与案件或者当事人双方存有利益上的牵连，而且不得对案件事实事先形成预决性的认识或判断，否则法官所作的裁判就会失去法律效力。

自然正义的第二项要求又可称为“两造听证”原则，即法官必须给予所有与案件结局有直接利害关系的人充分陈述意见的机会，并且平等对待各方的意见和证据，否则他所作出的裁判就不具有法律效力。不难看出，自然正义的这两个要求都是有关法律程序本身正当性和合理性的标准，法官对它们的遵守成为对其所作裁判效力的基本保障，而对它们的违背又会导致裁判结论法律效力的丧失。这样，自然正义原则就包含了法律程序正当性的基本内容，成为程序正义观念的最早体现。

英国普通法上的程序正义观念在美国得到继承和发展。美国《联邦宪法》第5条和第14条修正案均规定：“未经正当法律程序，不得剥夺任何人的生命、自由和财产。”这标志着程序正义观念在美国以宪法原则的形式得到确认和保障。根据美国学者和联邦最高法院的解释，正当法律程序可分为“实体性正当程序”（substantive due process）和“程序性正当程序”（procedural due process）两大理念。其中前者是对联邦和各州立法权的一种宪法限制，它要求任何一项涉及剥夺公民生命、自由或者财产的法律不能是不合理的、任意的或者反复无常的，而应符合公平、正义、理性等基本理念；而后者则涉及法律实施的方法和过程，它要求用以解决利益争端的法律程序必须是公正、合理的。

美国的《布莱克法律辞典》对程序性正当程序的含义作出了解释：

> 任何权益受判决结果影响的当事人有权获得法庭审判的机会，并且应被告知控诉的性质和理由……合理的告知、获得法庭审判的机会以及提出主张和辩护等都体现在“程序性正当程序”之中。[①]

在美国学者看来，正当法律程序体现了正义的基本要求，而程序性正当程序更是体现了程序正义的基本观念。

显然，在英美人的观念中，在对一个人的生命、财产、自由等各种实体性权益加以剥夺之前，公共权力的行使者必须遵守基本的法律程序。在这里，仅仅存在一种“法律程序”是远远不够的。这种程序还必须符合一系列最基本的道德标准。正如同一个人必须遵守道德规范才能成为一个“好人”一样，法律程序和法律制度也必须具备最低限度的道德性，才能成为“好”的制度和程序。人类历史上曾出现过各种各样的专制主义政权，如德国纳粹、意大利法西斯、日本军国主义等，一般都建立了大体上还算完备的司法制度和

① 参见*Black's Law Dictionary*, fifth edition, West publishing Co., 1979, p.1083。

法律程序;但这些所谓的“司法制度”和“法律程序”并不具备最基本的道德标准,不符合人类普遍的公平、正义观念。换句话说,不符合公平、正义等价值观念的法律程序,即使非常完备、有效和实用,也不具备道德上的正当性。

应当说,英美人所信奉的“自然正义”“正当法律程序”等程序正义观念,即使在其他社会中也具有普遍的意义。当然,这并不意味着所有的社会都要按照整齐划一的程序正义标准,建立相同的程序模式。事实上,正如一位美国学者所说的那样:

> 正当程序是一个灵活的概念……对正当程序的要求是绝对的,但它的适用却不是。①

对于中国人而言,问题的关键并不是对某一个或者某几个西方国家的法律程序加以模仿、移植,而应当是理解并坚持一种“程序道德性”的观念,培养一种按照正义要求设计法律程序的法律文化。如果能做到这一点,那么我们建立的所有涉及剥夺个人财产、自由甚至生命的法律决定过程,就会逐渐贯彻自然正义、正当程序和程序正义的价值要求,并符合中国人与生俱来的公平、正义观念,从而使法律制度甚至统治秩序得到中国人的认可和尊重。

① 转引自 Christopher Osakwe, “The Bill of Rights for the Criminal Defendant in American Law”, in J.A.Andrews (ed.), *Human Rights in Criminal Procedure*, The Hague Boston, 1982, p.265。

按照通常的说法，中国社会存在明显的“重实体，轻程序”问题。在司法裁判过程中，无论是法官、控辩双方还是普通公众，所关注的往往是裁判的结果，而不太重视司法裁判的过程、步骤和方式。不过，这种“重实体，轻程序”终究是一个表象。中国人其实在其他一些场合并不忽略程序，甚至还将程序问题提到令人困惑不解的地步。例如，向政府部门申请营业执照，向某一机构申请办理某种许可证……这时人们往往要经历一系列的步骤和程式。这里的程序不仅烦琐复杂，而且费时耗力。联想到某些司法官员在诉讼中经常迫不及待地作出结论的情况，这里的程序为什么会受到如此不正常的重视呢？

原因其实很简单。这里的程序是政府机构专门用来管理、控制社会的手段，也是对个人权利的一种限制方式。这种对程序的重视仍然是一种表象。因为通过使程序繁杂化，可以使宪法和法律上确立的公民权利得到“过滤”。

显然，司法制度中的“重实体，轻程序”也罢，行政管理中的“重手续”也罢，实质上不过是“重权力，轻权利”的表现形式。具体到诉讼领域，显示出的是“重国家，轻两造”。在此情况下，重视手续和轻视程序所造成的后果都是一样的，也就是使处于弱者地位的被裁判者、被管理者的尊严被轻视，程序本身也都不成其为目的，而不过是用以实现他人、社会、国家目的的手段。

在康德看来，“人是生活在目的王国中的”，人是目的，而不是工具。这被他视为“绝对的道德命令”，也就是社会正义的最低要求。[①]

这一点，其实就是程序正义的灵魂所在。作为“看得见的正义”，程序正义所最终要求的就是代表国家行使公权力的官员或者机构，在作出使一个人的权益直接受到有利或者不利影响的决定之前，必须给予这个人以参与决定制作过程的机会，对那些利益处于对立状态的当事者，必须保持中立，不偏不倚，并确保参与者拥有平等的参与机会和参与能力。与此同时，决定者在作出限制或者剥夺个人权益的决定时，还必须极其慎重，内心具有并向外部表达出充足的理由，以便能尽量说服受到不利对待的一方。

或许，人们永远不可能将程序正义的内容揭示到“穷尽”的程度。但无论如何，程序的不公正和非正义都是有着确定标准的。那就是使人仅仅成为手段或者工具，而不成其为目的。只要人们受到这样的对待，非正义也就发生了，法律制度和法律程序的道德正当性也就会引起人们的质疑。

难道我们能继续容忍这种程序上的非正义吗？



① 参见康德：《实践理性批判》，韩水法译，商务印书馆 2003 年版，第 95 页。

## 听取另一方的陈述

**Audi et alterm parterm**

裁判者要作出一项公正的裁决结论，

仅仅听取原告或者被告的一面之词是不行的，

还必须听取另一方的意见和辩解。

罗马帝国早期钱币上的公正女神埃奎塔斯 (Aequitas) 像。第一枚金币面世于公元 69~70 年，第二枚面世于公元 71 年，第三枚面世于公元 161~180 年，第四枚面世于公元 188 年。一手提着代表公正的天平，怀抱丰饶角（Cornucopia）的埃奎塔斯形象更受罗马人的崇敬。丰饶角为装满鲜花和果物的羊角，人们通常用它来庆祝丰收和富饶；同时，丰饶角也象征着和平、仁慈与幸运。而一手抱剑、一手持天平的正义女神朱斯提亚（Justitia）大概还要 1000 年才出现。

↑

（1）

（2）

（3）

（4）

如果你是一个领导者，
请耐心听取申诉者所想；
如果他要吐露心中委屈，
请不要加以阻挡。
可怜的人期待胜诉，
更渴望向你倾诉衷肠。
申诉一旦受阻，
人们便会追问："为何他会冷若冰霜？"
不是所有申诉都会成功，
但好的听审能抚平人的哀伤。[1]

这首诞生于数千年前古埃及的诗歌，曾被用来说明给予那些陷



① 转引自 Jerry L. Mashaw, "Administrative Due Process: The Quest for a Dignitary Theory", *Boston University Law Review*, Vol.61, 1981。

入困境者公正听审的重要性。从其所蕴含的思想的深刻性来看，它丝毫不逊色于今日一些有关程序正义问题的鸿篇巨制。因为它向人们揭示了这样一种观念：对于那些陷入诉讼之中的当事人来说，胜诉固然是他们所竭力追求的结局，但获得听审的机会也同样重要，并具有完全独立的意义。最初接触这首诗歌，笔者并没有什么特殊的感觉。但随着最近不断地观察中国的司法实践，思考中国的司法改革问题，笔者越来越强烈地意识到，要实现司法公正，就至少要使人获得听审的机会。

在现代法治社会中，获得听审往往被视为个人的一项基本公民权利。所谓“听审”(hearing)，是指裁判者在权益争议双方的参与下，通过听取双方的证据、主张、意见和辩论，对有关争议加以裁决的活动。对于那些与案件结局有直接利害关系、其利益会受裁判结论直接不利影响的当事者而言，获得听审也就等于获得了在公正的裁判者面前“为权利而斗争”的机会。

《世界人权宣言》第11条要求：

> 任何人在其权利和义务处于受判定状态或者受到刑事指控时，有权享有独立无私法庭之绝对平等不偏且公开之听审。

《公民权利与政治权利国际公约》第14条也规定：

> 任何人在其受到刑事指控或者其权利、义务处于待判定状态时，应有权受独立无私之法定管辖法庭公正、公开之听审。

一些地区性的国际人权公约也有类似的原则规定。从这些规定中不难看出，获得听审的机会只不过是公正审判的一项最基本的要素。当然，公正的审判还要求裁判者独立、中立和没有偏私，听审过程公正、公开，裁判者对其裁判结论明确说明理由……但是，所有这一切都应建立在给予当事者听审机会的前提之下。

怎样才能使当事者获得听审的机会呢？按照英国古老的“自然正义”法则，裁判者应“听取另一方的陈述”（**Audi et alterm parterm**），尤其要在一方已经向其倾诉主张和理由的时候，听取另一方的意见。而在中世纪的日耳曼法中，法庭裁判也讲求类似的哲学：“诉讼一方的陈述等于无陈述；裁判者应听取双方的陈述。”（**Eines Mannen Rede ist Keine Mannes Rede.Man Soll Sie billig hören Rede.**）

上述法谚的意思无非是说，裁判者要作出一项公正的裁决结论，仅仅听取原告或者被告的一面之词是不行的，还必须听取另一方的意见和辩解。用程序法学的语言解释，就是要允许所有利益受裁判结论直接影响的人亲自参与到裁判的制作过程中来，提出自己的证据、意见和理由，与对立的一方进行辩论，并进而对裁判者的结论施加积极的影响。

美国学者戈尔丁曾将这一点视为程序公正的第二类标准，其中包括四项要素：对各方当事人的诉讼都应给予公平的关注；纠纷解决者应听取双方的论据和证据；纠纷解决者应只在另一方在场的情况下听取一方的意见；各方当事人都应得到公平的机会来对另一方的论据和证据作出回应。①

而在《公民权利与政治权利国际公约》第14条中，获得公平的听审则直接被视为刑事被告人最低限度的权利保障。这种听审应包括以下内容："立即以其通晓之语言，详细告知被控罪名和理由"；"给予充分时间和便利，准备答辩并与其选任的辩护人进行联系"；"到庭受审，并亲自答辩或者由其选任的辩护人进行答辩"；"对不利于自己的证人可亲自或间接加以质证"；"向法庭申请传唤本方证人，并在与不利于自己证人同等条件下出庭作证"；"如不通晓或不能使用法院所用之语言，法庭应免费为其准备翻译……"

当然，被告人如果被判决有罪，还应有权向具有较高审级的法院申请重新审判。一场法庭审判如果满足了这些要求，当事者就能够较为充分地参与到裁判结论的制作过程之中，并有机会对裁判者的结论施加自己的影响。但是，裁判者即便能够做到同时听取双方的陈述和辩解，也还有可能抛开双方的意见不顾，而从法庭之外寻找裁判的根据和理由。这就产生了当事者的参与能否对裁判者产生影响的问题。如果这一问题得不到解决，那么当事者的所有参与都将完全流于形式。

① ［美］戈尔丁：《法律哲学》，齐海滨译，生活·读书·新知三联书店1987年版，第240～241页。

对于这一问题，戈尔丁的理论在解决纠纷这一环节设定了一项独立的要求：

> （裁判者的）推理应论及所提出的论据和证据。①

美国学者艾森伯格则要求法官在认真听取当事者主张的基础上，还要履行两项新的义务：

> 必须以认真回答当事人主张的方式，对自己作出决定的根据进行充分的证明；法官作出的决定必须建立在当事者提出的证据和辩论的基础上，并与此相对应。②

这就意味着，当事者的参与要真正富有意义，就必须对裁判者产生直接的约束力，使其裁决结论真正形成于法庭之上，产生于控辩双方的举证、质证和辩论之中。在这一意义上，法律程序以及裁判制作的过程就对裁判结论本身具有了自主的影响力和决定作用，裁判结论也就与当事者的参与以及获得听审的机会具有了内在的联系。在这里，程序和过程本身的自主性，会直接促使当事者的主体性得到直接的增强；裁判结论直接形成于过程之中，也就意味着当事者对裁判者结论的形成具有了左右和影响的能力。

为什么要给予当事者以获得听审的机会？换言之，为什么要允



① ［美］戈尔丁：《法律哲学》，齐海滨译，生活·读书·新知三联书店 1987 年版，第 241 页。

② Melvin Eisenberg, "Participation, Responsiveness, and the Consultative Process: An Essay for Lon Fuller", *Harvard Law Review*, Vol.92, 1978, pp.411-412.

许当事者参与裁判的制作过程？这一问题对于生活在基督文明之下的西方人而言，似乎是不需要进行太多论证的。英国行政法学家韦德曾就此作出过形象的分析：

> 根据一条如诗如画的司法格言，人类历史上第一次审讯（也就是"听审"）是在伊甸园中赐予的："我记得一个十分博学的人在一个这样的场合说过，甚至上帝本人在召唤亚当作出辩护之后才通过其判决。'亚当'，上帝说，'你在哪里？你难道没有偷食我戒令你不得食用的那棵树上的果子吗？'同样的问题也向夏娃提出过。"这话是在本特来案件中说的。在该案中，剑桥大学鉴于他侮辱了副大法官法庭而剥夺了这位违抗纪律的学者的学位，但他靠王座法院的强制令恢复了学位，理由是，这种剥夺是不正当的，无论如何，按"上帝法与人法"的要求他应当得到通知以便作出辩护。①

显然，就连"万能"的上帝要惩罚偷食了禁果的亚当和夏娃，也必须首先举行一场"听审"，听取这两位"当事者"的陈述和辩解。这尽管属于宗教神话，但也多多少少反映出西方人的一种自然法观念：未经听审，不给予当事者陈述和辩解的机会，那么，任何惩罚都是不正当的。从社会学和心理学的基本原理上看，让当事者参与裁判制作的过程并对裁判的制作施加积极的影响，裁判者所作的裁决

① ［英］威廉·韦德：《行政法》，楚建译，中国大百科全书出版社 1997 年版，第 135 页。

结论就更加容易得到他们的接受和满意，裁判也更容易得到社会公众的认可。

当然，对于败诉的一方而言，要让他完全认同法院的裁判结论，确实是非常困难的。毕竟，诉讼结局的惨败可能会成为他所关注的唯一问题。但是，即便如此，败诉方对待败诉的态度也会因是否给予他听审的机会而有明显的差异。如果作一横向比较的话，获得公正审判的当事者要比没有获得公正对待的当事者更有可能接受裁判的结局，即使这种结局对其是不利的。

获得了听审的机会，当事者便更有可能接受裁判结论，裁判者也会更容易取得当事者的信任。而有了这种信任，裁判结论连同其制作过程本身，就容易使人心服口服，其正当性和权威性也会得到人们的普遍认同。一般而言，对于任何公权力的行使，要使其具有基本的正当性和道德合法性，就必须在行使的程序上具有公正性。相对于那种赤裸裸的军事镇压或暴力控制而言，建立在公正听审基础上的法庭审判，尽管其最终结果可能使一部分人的利益受到限制或剥夺，但由于它给予了当事者参与和获得听审的机会，因此更容易取得社会公众的信服和尊重。

为什么会这样呢？难道通过那种不人道、不合理、不公正的法律程序就不能产生令当事者服判的效果吗？难道剥夺当事者参与的机会就会引起社会公众的反感吗？

对于这一问题，我们可以在一种被称为“尊严理论”的学说中得到解答。按照这一学说，作为两种会令当事者产生不快的结果，败诉与受到不公正的对待应得到明确的区分。即使在获得胜诉的情况下，人们也会因为程序的不公正而感到自己尊严的丧失或被冒犯，他们作为独立的人没有得到应有的重视。例如，一个人在选举程序中被排除在选民之外，这往往会使他作为公民的自我形象受到损害，并由此产生不公正的感觉。这会促使人为维护自己的政治权利而诉诸公堂。很明显，相对于获得胜诉的结局而言，获得公正听审的机会具有独立的意义；败诉的一方尽管没有获得诉讼的成功，但如果他在诉讼过程中受到认真的对待，利益受到裁判者的真正关注，他也会产生受尊重的感觉，从而具有人的尊严。这样，获得听审的机会就与当事者的尊严感发生了密切的联系：在公正的听审中，裁判者将当事者均视作平等的协商者、对话者和被说服者，而不是被处理者、被镇压者和无足轻重的惩罚对象；裁判者对当事者的实体性权益表现出尊重的态度，这进而使当事者的作为人的尊严得到了尊重和满足。

对于中国人来说，“听审”这一名词可能较为陌生。中国人熟悉的相关名词是“审判”或者“审讯”。但是，“审判”一词在中国法律文化中具有明显的道德或感情色彩。所谓“将某人押上历史的审判台”之类的说法，就使接受“审判”带有一定的受惩罚的意味。在一些有关战争题材的影视作品中，当英雄的子弹及时地射向举起屠刀的“敌人”时，一句豪迈的话外音随之响起：“这就是中国人民对侵略者的正义审判！”或许，这多多少少反映出中国人对于“审判”的特殊态度。

面对源自西方的程序正义观念和司法裁判文化，中国人经常会产生一定的困惑。中国人所信奉的经常是一些诸如“疾恶如仇”“爱憎分明”“过街老鼠人人喊打”之类的朴素观念。对于一个犯了错或者被认为犯了罪的人，中国人有的只是痛恨和唾弃，而通常缺少宽容和反省的态度。作家萧乾在《一个中国记者看二战》一书中曾对此作出过深刻的反思：

> 对于纽伦堡审理纳粹战犯的某些程序，我和另一位也在那里采访的苏联同行当时有点儿想不通……那帮罪行累累、十恶不赦的纳粹头目就是把他们碎尸万段，也不为过。
>
> 然而纽伦堡战犯审判的主持者好像在表演耐性，一点也不急于为那些恶魔定罪，把他们送上绞刑架。听说纳粹德国投降时，除了已自我消灭的希魔，共抓了二十万名大小头目。花了足足半年时间经过初审，逐步缩小惩办范围，所以到一九四五年十一月才开始正式开庭审判，次年八月才结束。九月三十日及十月一日两天，分两批宣判并执行。统共竟花了二百十八天！
>
> 他们当然不是有意拖延，而是由于过程的“烦琐”。纽伦堡法院那层大楼两边关着各级战犯，中间除法庭外还分组办公，其中最忙的（自然也是人手最多的）是档案组。他们对所有汇集来的材料都一丝不苟地查对核实。开庭前给有关被告充分的时间去陈述——往往是狡辩或抵赖。然后就再去调研。在法庭上被告时而自我吹嘘甚至还在表功。法官这时并

不拍案制止发言，而是马上传来有关证人。所以经常一个纳粹头目在受审，法庭外候审室里总坐着几个等着被传讯的证人，准备用真凭实据来驳斥种种抵赖和狡辩。法官不是靠木槌而靠如山的铁证，来驳倒被告的狡辩。

我当时所感到困惑不解的，是法庭不但准许犯人作充分的自我辩解，并且还为他们每人各聘有律师出庭辩护。事先，法庭为每一被告开列几名律师，其中还有德国人，并附有每人的履历，任凭被告挑选。因此，在法庭上除了准许战犯本人狡辩外，他们各自的律师也想尽理由为他们开脱，设法减刑。那时我在想，既然明知这些家伙做尽伤天害理之事，就是上一百次绞刑架也不为过，何以还准许他们当庭大放厥词，甚至还为他们请来律师辩护？最起码这也是浪费时间！

到了一九五七年夏天，我才明白让被告也替自己说说再定罪的必要。及至六十年代中期，我更体会到让被告当众替自己申诉不仅仅是对他本人的公道，也是对后人、对历史负责。

据我所知，凡在纽伦堡被判刑的，至今没有一个需要改正或平反的，也没有听说过关于当时量刑不当的烦言。

审判不是泄愤或报复的同义语。这里最需要的是唯物主义的实事求是精神。[①]

① 萧乾：《一个中国记者看二战》，生活·读书·新知三联书店1995年版，第17～19页。

如此诚挚的反思，如此彻底的醒悟，恐怕绝非只有萧乾一人才有。凡经历过“反右”“文化大革命”等运动，并直接受到冲击、迫害的知识分子，肯定都对此有着刻骨铭心的感受！即使是当年与萧乾一同报道纽伦堡审判的那位苏联记者，如果活到今天，也极可能对那时的审判和那时为纳粹战犯所提供的辩护有了不同的认识。在“文化大革命”之后，中国能够较为迅速地结束“无法无天”的状态，至少在法律条文上确立了现代司法审判制度，确实在一定程度上与中国人这一段特殊的经历有着直接的关联。

萧乾能够明白“让被告也替自己说说再定罪的必要”，恐怕主要是因为看到当年成千上万被“定罪”的人，后来都得到“平反”或者“改正”，而纽伦堡审判由于给了战犯说话的机会，没有造成任何“冤假错案”。也就是说，萧乾作为一个作家，主要是从保证审判结果的正确这一点来看待公正审判的必要性的。但是，给予被告以听审的机会，绝不仅仅具有工具性的意义，也绝不仅仅有助于审判达致良好的社会效果。对于那些受到国家惩治和追究的人而言，获得听审的权利是维护其人格尊严的最低要求，是被告人基于自己作为人——而不是任人处置的动物或物品——所享有的最起码的人权。同时，相对于那种可以使统治者随心所欲的人治而言，法治原则要求任何公共权力的行使，尤其是涉及剥夺个人基本权益的权力的行使，要取得其道德上的正当性和合法性，就必须经受司法裁判机构的公正审查，给予被追究者以公平听审的机会。

今日的中国已经建立起大体上完整的刑事审判、民事审判和行政审判制度，那些面临刑事指控、民事起诉的被告人大体上都能获得听审的机会。当然，20 世纪 80 年代后期建立起来的行政审判制度，对于法治秩序的建构尤其意义重大。因为根据这一制度，作为被管理者或所谓“相对人”的个人，如果对行政机构的行政处罚行为的合法性不服，可以直接诉诸司法裁判程序，从而发动一场司法审查之诉。从此，根据法律规定，公民权利的救济可以通过司法权对行政权的审查而得到实现。随后而来的进展是行政听证制度的初步建立。对于一些法定的重大行政处罚行为，受处罚的个人有权先在行政机构内部申请带有准司法裁判性质的行政听证程序，然后再决定是否向法院提起行政诉讼。

当然，在初步建立的行政诉讼制度中，“受案范围过窄”一直是一个较为严重的问题。这使大量行政行为，如行政立法行为、非处罚性的具体行政措施等，都难以被纳入法院司法审查的范围。事实上，对于任何导致个人权益受到侵害的行政行为，受害者都应拥有完整的诉权，将案件诉诸司法裁判机构，从而使问题在司法程序之内得到解决。人为地设定司法审查的范围，对于充分发挥司法解决争端、吸纳不满的功能，恐怕是极为不利的。

由行政诉讼的受案范围过窄，我们还可以进一步思考在中国建立宪法诉讼制度的问题。一方面，在任何一个现代法治国家，宪法都必须具有可诉性。也就是说，国家应当确立一种受理并解决宪法争端的机制。但根据中国目前的制度，任何两个国家权力机构或者两个政治实体之间发生争端，法院都无法将其纳入司法裁判的范围。例如，如果某两个中央国家机构就某一事项发生争议，某省、自治区、直辖市相互之间或者它们与中央政府之间发生法律上的争议，几乎没有任何一个法院能够受理并审判这一案件。当然，诸如此类的争议在目前要么不会发生，要么通过其他非正式、非法律的途径加以解决了。但是，作为一个旨在“依法治国”的社会，上述争议将来注定要纳入司法裁判的领域，使司法机构依据宪法作出裁决。这才真正符合法治的精神。

另一方面，中国宪法所确立的大量基本权利，从形式上看，并不比西方法治国家的宪法少多少。但问题的关键在于，公民的宪法权利一旦受到某一国家权力机构的非法侵犯，公民无法向任何一个司法机构提出救济之诉。换言之，现有的司法制度并不足以保证公民充分地行使诉权，使自己的宪法权利通过专门的程序得到司法上的救济。

当然，即使是普通的刑事审判和民事审判，也并不是没有问题存在。就现行的制度而言，中国主要强调的是实体性裁判，而没有建立起完善的程序性裁判制度。实际上，中国刑事法庭上审理的主要是被告人是否有罪的问题，民事法庭上审理的则主要是被告应否承担民事责任的问题。如果说法庭所关注的主要是被指控者是否违反实体法的话，那么，一旦有个人或组织违反了程序法，究竟要由谁通过什么样的程序作出怎样的处理呢？

举例来说，负责刑事侦查的警察如果采取刑讯的手段获取了口供，采取非法搜查、扣押、窃听的手段获取了书证、物证、视听资料，或者对犯罪嫌疑人采取了非法取保候审、监视居住甚至超期羁押，而受到非法对待的人不服，那么，法院还能受理诸如此类的申诉或控告吗？根据中国现行的刑事诉讼法，尽管非法证据排除规则已经得到初步的确立，但这些程序性事项至少有一大部分是无法纳入司法审查的范围的。

又比如说，一审法院假如违反法定的诉讼程序，侵犯或者限制了当事人、辩护人、诉讼代理人的诉讼权利，甚至“影响案件的公正审判”的，二审法院能否给予必要而及时的救济呢？根据我国刑事诉讼法，二审法院对于一审法院违反回避制度、违反公开审判制度、违反审判组织制度的审判行为，可以直接作出撤销原判、发回重新审判的裁定。但是，对于一审法院剥夺或者限制当事人、辩护人、诉讼代理人诉讼权利的行为，却只有在达到“影响公正审判”的程度，才能作出撤销原判、发回重审的裁定。而对于何为“影响公正审判”，法律则没有明确的规定，最高人民法院也没有作出具体的解释。而在司法实践中，二审法院对于一审法院拒绝被告人诉讼请求的行为，如拒绝传召证人、鉴定人、侦查人员出庭作证的行为，拒绝重新鉴定的行为，拒绝帮助调取证据的行为等，都采取了听之任之的态度，而极少将其视为“影响公正审判”的行为，更没有作出撤销原判、发回重审的裁定。结果，对于一审法院的诸多违反法律程序的行为，二审法院并没有作出有效、及时的程序性制裁。

实际上，现代法治与人治之间的最为根本的区别之一，并不在于公民行为的合法性能否受到司法裁判，而在于警察、检察官甚至法官代表国家实施的各种职务行为，能否受到司法审查的问题。我们建立现代法院制度的最根本目的，是为一切受到侵犯的基本权利提供一个司法救济的机会，使各种国家权力的合法性甚至合宪性受到有效的司法审查和司法控制。而要实现这一目的，就必须为所有与案件结局有直接利害关系的人，都提供一个获得公平听审的机会。

以上主要是围绕获得听审的机会而展开讨论的。但事实上，即使当事者获得了听审的机会，还存在听审过程是否公正、当事者的参与是否充分、裁判者是否保持独立和中立等方面的问题。换言之，在走向程序正义的道路上，给予当事者以听审的机会，只不过是刚刚走出了第一步而已。

# 不做自己案件的法官（之一）

**Nemo iudex in parte sua**

裁判者本人必须与案件没有利益上的牵连或者其他利害关系。

↓

这尊西弥斯（Themis）雕塑，

大概是世上唯一一尊确切知道是古希腊遗留下来的。

雕塑陈列于希腊新雅典卫城博物馆（New Acropolis Museum）内。

一个人可以做自己案件的法官吗？一个法官在遇到自己是当事人或者与自己有利害关系的案件时，可以担任案件的裁判者吗？对于这一问题，任何一个学过法律的人都有自己的明确答案。但是，问题真的那么简单吗？

根据英国学者格雷的记述，当年的恺撒大帝就曾犯过这种常识性错误。

> 昆图斯·里迦律斯因持有武器反对恺撒而被起诉。西塞罗为他做辩护人。恺撒违反了这样一条最为基本的自然法原则……他任命自己做这个案件的法官。更糟糕的是，据普鲁塔克告诉我们的，在审判之前，恺撒曾说："为什么我们不让自己享受一下多日不曾享受的乐趣，听一听西塞罗的演讲呢？反正我已经对里迦律斯作出了裁决，他显然是个坏人，也是我的敌人。"在法庭上，西塞罗当着恺撒的面所做的演讲堪称法庭上律师辩护的杰作，不论在结构、表达还是在内

容上都十分完美。在快结束时，他的身子倾向恺撒，说了下述的话，即“没有什么比解救自己的同胞更使人接近神性的了”。恺撒完全被震慑了。他有些激动不安，明显地被打动了，纸片从他手中滑落。最后，恺撒释放了里迦律斯……[①]

恺撒担任“自己案件的法官”，竟然最终被律师的辩护所打动，并作出了无罪判决，这应当属于一种罕见的例外，也属于诉讼上的奇迹。在普通人担任“自己案件的法官”的情况下，被告人可能就没有那么幸运了。而在我国的司法实践中，类似恺撒这种担任“自己案件的法官”的情况还是时有发生的。

根据公开的新闻报道，时任某中级法院刑一庭副庭长的张某，被人们赞誉为“针插不进，水泼不进，软硬不吃，铁板一块”的“铁法官”。“铁法官”办案雷厉风行，认真负责，对待说情者同样“铁面”一张，六亲不认。

张某自幼失去父亲，母亲又常年卧病在床，全凭姐姐一手照料长大，张某对姐姐极其敬重，他常说：“生我是父母，养我是姐姐，姐姐对我恩重如山啊！”

1997年，在张某审理的一起故意杀人案中，被告人的母亲与张某的姐姐多年情同姐妹，张某的姐姐视被告人刘某如亲生儿子一

① ［英］约翰·格雷：《法律人拉丁语手册》，张利宾译，法律出版社2009年版，第81～82页。

样。姐姐把张某找到家中，求他手下留情，给被告人留一条生路。张某给姐姐讲事实、讲法律，姐姐无论如何也听不进去，最后以断绝关系相要挟。看到姐姐老泪纵横，张某也泪流满面："姐姐的大恩大德我没齿难忘，你不认我这个弟弟可以，让我枉法裁判我办不到，如果不能主持正义，这个法官我不配当。"张某坚持原则依法将被告人判处了死刑。

2000年12月，张某被评为"全国百名优秀法官"。谈到荣誉，"铁法官"腼腆地一笑："人民满意就是我的最高荣誉。"[①]

如果记者所报道的情况属实的话，那么，这位"铁法官"几乎就是"包青天"的当代化身了。诚然，无论是现行刑事诉讼法还是最高人民法院的司法解释，都无法将回避事由作出太过细化的规定。从形式上看，我们无法认定张某主持这一案件的审判违反了回避制度。但是，根据社会生活的基本经验和一般常识，在自己的姐姐与被告人的母亲"多年情同姐妹"并视被告人本人"如亲生儿子"，而姐姐又为了逼迫自己"法外开恩"不惜以"断绝关系"相要挟的情况下，法官事实上已经与案件当事人发生了某种特殊的利害关系了。而一旦发生了这种特殊关系，法官就将面临一种艰难的选择：要么坚持依法审判和维护职业操守，作出不利于被告人的判决；要

① 吕爱哲、王立新：《人民满意的好法院好法官专题报道之六十八："铁法官"张福臣——记黑龙江省大兴安岭中院刑一庭副庭长张福臣》，载《人民法院报》2001年3月19日，第2版。

么照顾姐姐的“面子”，送个顺水人情，作出从轻甚至无罪判决。在这种情况下，法官个人的职业道德观念、法律素养、个人性情甚至敬业精神，都成为决定案件结局的关键因素。无论法官作出何种选择，这种由处于特殊利害关系之中的法官充当裁判者的做法，都是极其危险和不可靠的。尽管本案的张法官所选择的是依法断案的道路，但充当裁判者的如果是别的法官，并面临与张法官同样的困境，就很可能作出枉法裁判的选择。这并非是不可能的。

此外，张法官作出“大义灭亲”的举动，又使人觉得极为“悲壮”。毕竟，张法官本人还是因依法断案、判处被告人死刑而得罪了对自己“恩重如山”的姐姐。或许在较长的一段时间里，他都无法取得姐姐的谅解。司法官因为秉公司法而被迫陷入如此被动的道德困境，而无论是新闻媒体还是法院内部对张法官的举动仍然是传统的赞许和嘉勉的态度。这不能不令人产生一种极大的疑问：为什么张法官不主动避嫌，退出案件的审判？为什么对于张法官作出这种痛苦选择的举动，法院内部不加以劝阻，而新闻媒体则予以鼓励呢？难道回避制度所具有的保护正直司法官、抑制潜在的徇私司法官的作用，还没有为人们广为知晓吗？

根据“自然正义”的法则，“任何人不得做自己案件的法官”（Nemo iudex in parte sua）。这既是裁判者必须遵守的一条道德戒律，也是人们在构建一种法律程序时所要考虑的基本因素之一。在不少法学论著中，这一法则又被称为“无偏私”（impartiality）原则。据此，无论是法官还是其他从事裁判工作的人，都不得与案件有各种各样的偏私，而应在控辩双方之间保持不偏不倚，并且与案件本身利益无涉。否则，他作为裁判者，就不具有道德上的正当性和合法性。

为什么要遵守这一道德法则？难道与案件有利害关系的人就不能公正执法了吗？对于这一点，中国人的解释总带有点工具主义的意味。通常的说法是，让那些与案件有利害关系的法官回避，其最大目的是防止司法人员徇私舞弊、枉法裁断，也就是避免裁判者故意作出错误的判决。但是，笔者要追问的是，如果一个法官“铁面无私”，法律是不是就要鼓励他审判自己亲属为一方当事人的案件？如果一个法官敢于“大义灭亲”，法律是不是就要容许他审判自己儿子为被告人的刑事案件？更进一步地设想，如果一个法官能够证明自己确实是道德自律的楷模，并许诺不惜代价地追求司法公正，法律是不是就应允许他自己审判自己呢？

这些问题的提出绝非是无端的。在中国人的传统观念中，诸如“铁面无私”“大义灭亲”之类的说法都是对法官明确提出的道德要求。在传统戏曲中，包拯就是这样一个被图腾化了的“法官”。

在著名的京戏《赤桑镇》中，作为监察官员的包拯下令处死了自己的亲侄子包勉。原因是包勉作为一个地方官，竟然贪污皇帝用来赈济灾民的粮款。故事中展示出包拯深受道德煎熬的一面：自幼丧失父母的他，全靠兄嫂抚养成人，供养读书，从而才有机会科举得中，步入仕途；而对他恩重如山的兄嫂，又只有包勉这么一个独生子。面对嫂嫂的责骂，包拯表明自己不是“忘恩负义”的小人，而是要维护司法公正。为了解脱自己所处的道德困境，包拯跪地直呼“嫂娘”，并保证为她“养老送终”。

这部京戏不仅唱词优美，唱腔高亢婉转，故事曲折动人，而且淋漓尽致地表现了包拯的“黑脸”性格和无私无畏的精神。但是，作为一个研究程序法的学者，笔者对这部戏中所浸透的道德观念一直在进行着深深的反思：为什么这个故事的作者不设计出这样一个情节，也就是在审理包勉涉嫌贪污一案的时候，使包拯主动回避，让另一个与包勉没有亲属关系的执法官去从事裁判呢？别的执法官也可能会处死包勉，嫂嫂也可能会责怪包公“见死不救”，但这至少可以使包公不再担当处死侄子的骂名了。但通过对中国的传统法律文化进行一定的思考，笔者逐渐醒悟了：如果包公真的这样回避了，这部戏还有什么存在的意义呢？中国人千百年来不就是一直在期盼“包青天”这样的道德完人吗？但道德完人之所以称得上“完人”，就是因为他们能够做天下人难以做到之事，忍天下人难以忍受之苦。包公在处理侄子的问题上，如果回避了，也就逃避了自己应负的道德责任。而恰恰是因为在处罚自己亲属时主动“迎难而上”，包公才向人们展示出其道德境界的崇高，包公的执法也才能在社会上产生较好的示范效应和震慑效果。显然，诸如“铁面无私”“大义灭亲”之类的说法，不过是向“包青天”们提出的超越人性的道德要求。

包拯的故事毕竟属于历史，如今愿意看包公戏的人也越来越少了。但是，这种鼓励法官“大义灭亲”的文化却仍然保留了下来，成为中国人内心深处评价法官公正与否的价值标准。记得 20 世纪 80 年代初期笔者还在中学读书的时候，曾观看过一部名为《法庭内外》的国产电影。电影中有一个情节让笔者至今难忘：

被告人涉嫌开车撞死一名女舞蹈演员，这个案件由一位女法官负责审判。碰巧的是，被告人的父亲是一位高级干部，曾冒死救过这位女法官的性命。但女法官不徇私情，经过开庭审判，最后依法判处被告人死刑。而在案件开庭审判之前，被告人的父亲多次找过女法官，询问“还有救吗”，并与女法官发生过剧烈的冲突。那位女法官也产生过一定的思想波澜：如果处死被告人，自然可以维护法律公平；但要是真的处死自己恩人的独生子，自己肯定要承受巨大的道德谴责，至少会产生深深的负疚感。宣判后，在空荡荡的法庭上，只剩下作为审判长的女法官和作为旁听者的恩人，两者相对凝视，似乎在用心进行交流和对话。当然，“大义灭亲”的法官最终还是得到了被告人父亲的原谅，后者似乎也最终抛弃了一己私心。影片以两人相互理解而告终。

这部电影放映时，正值中国刚刚结束“十年动乱”、强调以法治国的时期。当时中学里正在开设法律常识课。一些高年级的同学在私下评论说，这部电影的导演和演员看来不大熟悉“法律常识”，因为根据刚颁布不久的《刑事诉讼法》的规定，与案件或者当事人有着非正常的关系，足以影响案件公正处理的，应当回避。影片中那位女法官为什么不回避？但也有同学反驳道：从文学和艺术的角度来看，回避了不就没有“戏”了吗？电影的最大魅力就在于女法官亲手判处自己恩人的儿子死刑，以显示其维护法制尊严的决心和勇气。

以今天的眼光来看这部电影和当时发生的争论，笔者仍觉得颇有意味。笔者对导演、演员究竟是否熟悉法律条文之类的问题已经不大感兴趣了。因为时至公众法律意识已大大提高的今天，类似的镜头还不时出现在电影和电视屏幕上。这不是用是否懂法所能解释的问题。实际上，影片中的女法官不就是现代的“包青天”吗？包拯为维护纲纪，能够处死自己的亲侄子，她为了维护法制，判处自己恩人的儿子死刑又有什么大惊小怪的呢？与《赤桑镇》一样，《法庭内外》所展示的也是司法官大义灭亲、铁面无私的壮举。

看来，按照中国人的传统观念，法官担任与自己有牵连的案件的裁判官，不仅不被谴责和禁止，而且在一定情况下还得到容许和鼓励。因为如果这个法官有足够的道德勇气，并能够展示其道德自律性的话，由他审判其近亲属的案件，是足以做到“认定事实正确”“适用法律得当”的。在这里，人们所重视的主要是诉讼结局的正确和裁判结论的公正。换言之，中国人所关注的主要是实体裁判的正确和公正问题，而忽略了法律程序和司法裁判过程的正当性问题。

如果完全站在裁判结果的角度观察问题的话，那么不仅包公处死侄子、女法官判处恩人之子死刑都是正当的，而且法官审判自己为被告人的案件也是无可非议的。因为人世间确实有那么一些道德楷模，足以高尚到“自我审判”的境地。曹操在所率大军践踏青苗地之后，能够主动“割须”，以惩戒自己军纪不严；诸葛亮屡次出征北伐失败，主动向蜀帝“自贬三级”；甚至连一些被视为“明君”的皇帝，如果发现自己做错了事情，都可以发布“罪己诏”。

当然，有人会表示担忧，这种完全建立在裁判者个人道德自律基础上的裁判制度，是极具危险性的。因为万一有哪个人在个别事情上私情“荡漾”一下，所谓“大义灭亲”“自我审判”之类的道德要求，就会很容易地被抛到九霄云外。毕竟，趋利避害是人性的必然要求，自损利益就如同利他主义一样，是可遇而不可求的。

问题还远不止这些。如果站在裁判过程的角度观察问题的话，我们就会发现，无论是包公处死侄子还是女法官判处恩人之子死刑，更不用说进行什么“自我审判”，都不仅极其危险（这是从结果上讨论问题），而且不能令人信服。善良的人们或许会被“包公们”感动得流泪，但一个有着正常理性分析能力并有着基本利己动机的人（这种人占了这个社会的绝大多数）又会怎样想呢？换言之，一个不认识、不熟悉“包公们”的人会作怎样的猜疑呢？很可能，这些人并不特别看重裁判的结局，而是质疑“包公们”处理案件的程序：你们怎么可以亲自审判自己的侄子、恩人之子呢？你们能够像对平常的案件那样保持不偏不倚吗？尤其是那些无缘参加案件旁听的人们，更会提出强烈的怀疑：这样真的能做到公正审判吗？而作为案件的另一方，被害人、原告更会在心里暗暗担心：亲叔叔审判亲侄子、审判长审判她恩人的儿子，他们能“一碗水端平”吗？

又假如“包公们”的审判确实使被害人心服口服，旁听的群众也叹为观止，而那些无缘参加旁听的人经旁听者加以传播，也对其审判加以叹服，但“包公们”总还得罪过什么人吧，这些对“包公们”存有偏见或看法的人怎么想？尤其是那些经“包公们”的手被判刑的人，以及那些被“包公们”处死的人的亲属，很可能对“包公们”的审判有着强烈的抵触情绪。他们会作出这样一种推测：“包公们”既然敢亲自审判自己的侄子或者恩人的儿子，并将他们处以死刑，那么这是不是在“杀人灭口”，以图掩盖自己的罪行？要不然，为什么他不敢将案件交给别人去审呢？

如果这种推测引起越来越多人的重视，并逐渐形成一种舆论的话，那么，“包公们”将如何进行辩解呢？他们可能会感到“世态炎凉”“人心不古”，自己“大义灭亲”不仅得不到人们的理解，竟然还有人猜测自己在“杀人灭口”！

无论如何，“包公们”因其与案件有利害关系肯定会成为众矢之的。人们会反复议论这种审判的过程是否有问题，并进而怀疑裁判结论也有问题。很简单，既然程序尚且不能做到“坦坦荡荡”，那么裁判结论也可能会有“掩人耳目”的地方！

中国古代有一首《君子行》的诗歌，就表达了这种避嫌的重要性：“君子防未然，不处嫌疑间。瓜田不纳履，李下不正冠。”普通百姓为人处世尚且如此，司法官员裁判案件不更应如此吗？

看来，无论是什么人，如果做自己案件的法官，即使可以一时得到人们的赞许，但长此以往注定是会引起人们猜疑的。人们所担心并猜疑的是，这种裁判过程确实不那么可靠，也不那么令人心服口服，尤其不能令裁判者的公正性获得社会公众的普遍认可，至少对他不服的人会“有话可说”。

这就回到我们前面已经讨论过的问题上去了。司法裁判的目的不仅仅在于给出一个公正、正确的裁判结论，更在于在发生了激烈的利益冲突并都有着强烈胜诉欲望的当事人面前，明明白白地显示自己的公正性，使其对裁判的公正性不存一丝合理的怀疑。而对于其他社会公众，尤其是那些对案情不了解、对裁判者个人的道德品质不甚清楚的公众而言，司法裁判还必须让他们心服口服。而要做到这一切，裁判者本人必须与案件没有利益上的牵连或者其他利害关系。在这里，法官能否做到实质上的公平并不重要，关键在于能否做到表面上的公平，也就是“外观上的正义”（**appearance of justice**）。

美国学者贝勒斯曾将这种“外观上的正义”视为程序正义的一项独立要素。在他看来，裁判者的“偏私”足以对程序正义构成威胁。这种“偏私”一般有两种：实际的偏私和表面的偏私。这两种偏私都需要在法律程序的设计中予以避免。例如，裁判的案件不应涉及裁判者个人的利益，裁判者不得与争议双方进行单方面接触等，都有着避免裁判者发生表面上的偏私的意味。之所以要如此设计法律程序，是因为人们有时很难判断裁判者与案件的不正常关系是否会造成司法不公，也难以鉴别这些表面上的偏私究竟是否以及如何转化为实际的偏私。在此情况下，只有对一切偏私，无论是实际存在的还是在外观上显示出来的，都加以防止，才能使裁判者利用偏私进行枉法裁判的情况减少到最低。另外，裁判者的偏私，无论是实际存在的还是外观上存在的，都会削弱人们对于裁判者、裁判过程、裁判结论的信任，导致社会公众对法律程序甚至法律制度的不遵从，从而造成对法律制度的严重破坏。

分析到这里，我们就能够理解建立回避制度的真正意义了。一个人只要与案件有利害关系，或者案件中涉及他本人或者他的亲属、朋友等的利益，就不能再让他当裁判者。即使这个人确实会大义灭亲、铁面无私甚至自我审判，也要排除他做法官的资格。这既可以消除社会公众可能对他的猜疑、批评和责难，也可以使他本人摆脱那种尴尬的道德困境，还能够最大限度地减少因裁判者的偏私而发生司法不公的情况。

# 不做自己案件的法官（之二）

## Nemo judge in parte sua

裁判者必须在那些利益处于对立状态的当事人之间保持中立第三方的地位，

也就是具有中立、超然和公允的态度，

而不得存有个人的偏见和私心。

古希腊红陶彩绘纹盘上面的西弥斯（Themis）和埃勾斯（Aegeus）画像。西弥斯曾是德尔菲神庙的女祭司（后来让位给阿波罗），专门负责传达神谕；西弥斯道出的神谕必须得到遵从。古希腊原初的习俗、法律和道德都必须以神谕为最高指示。绘画中，西弥斯左手拿着托盘，里面盛着显示神谕的圣水；右手拿着月桂枝，等待接收神谕。站立者是前来问神谕的希腊神话中的埃勾斯国王。古希腊人认为，德尔菲是地球的中心，是“地球的肚脐”。在前基督教时代，德尔菲神庙之最重要者，乃是它作为晓示神谕的地位。它的预言和指示，都深刻地影响了希腊世界的文化和历史。据“希腊训谕诗之父”赫西俄德撰写的《神谱》记载，天神与地神交配而生女神西弥斯，西弥斯是负责众神的正义和秩序的女神，西弥斯又与宙斯生下了时序（执掌人间秩序）三女神，即欧诺弥亚（秩序女神）、狄克（正义女神）和厄瑞涅（和平女神）。

↑

我们已经初步分析了“任何人不得做自己案件的法官”的道理。那么，在一个法院的所有法官都无法保持公正审判的情况下，该法院的法官还能担任“自己案件的法官”吗？假如一个与案件有利害关系的法官需要回避的话，那么，一个无法维护公正审判的法院，是否也需要“整体回避”呢？以下这个案件就暴露了我国法院在刑事审判中面临的难题。

2000 年 9 月 18 日，某市检察院向中级人民法院提起公诉，指控被告人吕某、杨某犯有故意杀人罪。起诉书指控认为：“被告人吕某因对其夫张某遗产继承纠纷案一审判决不服”，“为寻求帮助，吕某经人介绍认识了被告人杨某。杨某因在法院改革中不服从单位工作分配，其无理要求没有得到满足，竟把矛头指向院长朱某，采取诬告、威胁和旷工等手段发泄对朱某的怨恨。在吕某找杨某后，杨某以为有机可乘……多次煽动吕某去找朱某闹事……并对吕某说：你这一闹，就会轰动全市。在被告人杨某的唆使下，(2000 年)3 月 8 日上午 8 时 20 分左右，吕某来到院长朱某的办公室，将办公室门反锁，指责、威胁朱某。当朱某提出要外出开会时，被告人吕某趁朱某不备，将其打倒在地，并抓住朱某的领带紧勒其脖颈，致朱某出现脑缺血昏迷，后被及时赶到的法院干警解救脱险。被告人吕某被当场抓获”。

同年10月20日和31日，被告人杨某两次向中级人民法院提出申请，以该案件被害人为中级人民法院院长、案件由该法院管辖无法保证公正审判为由，要求该中级人民法院“整体回避”和合议庭组成人员回避，但该申请被法院驳回。该中级人民法院给出的理由有四个：(1)刑事案件由犯罪地人民法院管辖，本院恰恰就属于该案的“犯罪地法院”。(2)此案系检察院向本院提起公诉的可能判处无期徒刑以上刑罚的案件，本院受理此案亦符合级别管辖之规定。(3)本院院长、审判委员会委员朱某，虽系本案被害人，与合议庭审判人员有行政隶属关系，但朱某已依法向本院审判委员会提出自行回避的申请，不参与本案的有关研究、讨论、决定等审判活动。审判委员会对此也已作出决定，同意朱某的回避申请，因此影响行使管辖权的情形已不存在，其亦不能对案件的处理施加任何干预和影响。(4)本案除朱某外，其余合议庭组成人员、审判委员会委员等与申请人杨某仅属同单位一般同事关系，虽相互认识，但不存在任何个人恩怨，均无利害关系，故不存在“可能影响公正处理案件”的情形。

在此之前，被告人吕某及其辩护律师“请求异地公开审理”的要求，也被法院以同样的理由予以驳回。

2000年12月25日，该中级人民法院对此案开庭审理。在开庭前，法院通知公开审理此案，但开庭后却拒绝公众旁听和新闻媒体在场，而只允许被告人亲属一至两人参加。开庭不到5分钟，当吕某接受公诉人询问，讲到朱某对其有不轨行为时，法庭以“涉及个人隐私”为由，宣布转入不公开开庭审理，并赶走所有被告人亲属。在审理程序结束后，中级人民法院判决杨某、吕某犯有故意杀人罪（未遂），判处杨某有期徒刑15年，吕某有期徒刑13年。

案件进入二审程序后，吕某的辩护律师在上诉意见中提出中级人民法院审理此案违反《刑事诉讼法》相关规定，本应回避而未回避。省高级人民法院并没有采纳这一辩护意见。该法院未经开庭审理，仅仅通过书面审查就作出了刑事裁定书。该裁定书认为：“我国刑事诉讼法所规定的回避制度是指个人回避，并没有规定审判组织或审判机关回避。本案受害人朱某是中级人民法院院长，涉及本案的公正处理，但该案起诉到中级人民法院后，朱某已自动申请回避并经审判委员会决定同意朱某回避。故吕某及其律师要求中级人民法院回避本案审理的理由与意见不能成立。”最后，该终审裁定驳回被告人杨某、吕某的上诉，维持原判。[①]

在本案中，被告人及其辩护人先后向两级法院提出了有关合



① 陈海、刘向晖、金凌云：《“法官谋杀院长案”调查》，载《南方周末》2003年9月11日，A5版。

议庭组成人员回避和中级人民法院“整体回避”的申请，都被法院拒绝了。两级法院都对拒绝变更审判管辖问题，提供了较为详细的解释和理由。从形式上看，该中级人民法院对于发生在本法院院长办公室的刑事案件，按照所谓“犯罪地法院管辖为主”的原则，确实是具有审判管辖权的。不仅如此，作为本案直接被害人的朱某，也确实提出了回避申请，并得到该中级人民法院审判委员会的批准。而按照我国《刑事诉讼法》的规定，院长本人就是该法院所审理案件的被害人，并不必然属于“与案件当事人有其他关系，可能影响公正处理案件”的情形。既然如此，为什么两名被告人提出法院“整体回避”或者变更管辖的申请，并以此作为重要的上诉理由呢？

在中国目前的司法体制和司法环境下，法院自行审理一起发生在法院办公室的案件，是根本无法确保被告人受到公正审判的。这是因为，该案件的被害人朱某为该中级人民法院的院长，而负责法庭审判的又都是该法院的刑事法官。不仅如此，这一案件发生的地点为法院院长的办公室，主要的目击证人又都是该法院的法警和法官。而本案的被告人杨某又属于与院长朱某结怨深重、已经到了被辞退边缘的法官。指望某一法官在审判中作出与院长意见相悖的判决，这显然属于一种苛求。在这一案件的审理过程中，尽管身兼法院首席法官和杀人案被害人的朱某自行申请回避，不再参与本案的审判委员会就该案件的讨论活动，但是，基本的社会经验和常识告诉我们：这种承诺是靠不住的，也是不足以令该法院的法官和审判委员会的委员们“从容不迫”地进行审判的。退一步讲，即便朱某本人确实能够做到大公无私、不徇私情和秉公司法，作为他下属的刑事法官们也很大可能按照“从重从快”的原则作出有罪判决。实际上，对于这样一个连被告人有罪无罪都尚且存在重大争议的未遂的“故意杀人”案件，合议庭竟然对被告人杨某采取了“顶格判”的惩罚方式，对被告人吕某也判处了异乎寻常的重刑。这显然已经说明，即便作为被害人的院长本人为了“避嫌”，而不得不退出案件的审理活动，但法官在这种氛围中进行审判，怎么可能不考虑个人的一己得失，而专注于维护司法正义呢？

看来，该法院之所以能“从容不迫”地对院长为被害人的案件行使审判管辖权，主要是因为现行回避制度和管辖制度本身存在致命的缺陷。这种缺陷主要体现在，无论是单个法官回避，还是法院整体或者法院全体法官退出案件的审判，都没有以“可能影响案件的公正审判”作为制度设计的理论基础，也都没有将保证被告人获得公正审判作为制度建构的主要目的。这就不能不令人担心：今后可能还会有其他法院效仿该法院，对于涉及本法院利益的案件，不仅直接行使审判管辖权，还可以从现行刑事诉讼法和司法解释中找到一系列的正当理由。不改革现行的回避制度和管辖制度，这种允许“高俅徇私审林冲”的现象还会再度发生。

那么，法官审判一个涉及自身利益的案件，究竟在哪些方面出问题了呢？从程序上看，这种审判违反了自然正义原则（**principle of natural justice**）。根据这一原则，任何人均不得担任自己案件的法官(Nemo judge in re sua)。具体而言,裁判者必须在那些利益处于对立状态的当事人之间保持中立第三方的地位,也就是具有中立、超然和公允的态度,而不得存有个人的偏见和私心。一般情况下,导致裁判者存有偏私的因素有以下几个方面:(1)裁判者与案件或者与某一方存在某种利害关系,或者与某一方存在特殊的社会关系,如为案件的当事人或者当事人的近亲属,与案件当事人存在明显的亲近或仇视的关系等;(2)裁判者对某一方存有明显的偏见和歧视态度,如因为性别、宗教信仰、种族、职业、居住区域、个人经历等原因而无法对一方的诉讼请求保持冷静、理性的态度等;(3)裁判者对案件的裁决存有先入为主的预断,如因为先前了解案情、原来参与过案件的裁判程序、受到当地媒体和社会舆论的影响、受到法院内外的压力等,而对案件的裁判结论形成预先的倾向性意见;(4)裁判者在外观上存在偏袒一方、歧视另一方的可能性,以至于使人对其中立性和无偏私性产生合理的怀疑。若遇有上述任何一种情况,裁判者就都不再具有裁判有关案件的资格,而应通过法定的程序退出案件的审判活动。否则,该项审判活动及其裁判结论就应被宣告无效。

为什么要强调裁判者的中立性和无偏私性?为什么裁判者在控辩双方之间保持不偏不倚对于审判的公正性极为重要?对于这一问题,我们可以从以下三个方面作出简要的解释:

首先,在控辩双方之间充当中立的第三方,对于裁判者作出公正的裁判结论是有积极保障意义的。毕竟,那些与案件或者与当事人具有利害关系或者特殊社会关系的裁判者，极有可能将这种特殊关系带进裁判过程中来，而无法依据证据认定事实，也无法准确地适用实体法规则，甚至可能故意作出徇私舞弊、枉法裁判的行为。同时，那些对某一方存有偏见或者对案件心生预断的裁判者，也可能会因为这些偏见或预断而作出错误的裁判结论。可以说，根据人性中的趋利避害倾向，那些对案件存有偏私的法官相对于那些中立的裁判者而言，更有可能错误地采纳证据，不准确地认定事实，不合理地适用实体法，甚至滥用自由裁量权。

其次，裁判者的中立性有助于确保控辩双方具有平等对抗的司法环境。这是中立性和无偏私性要求的程序意义。裁判者无论对案件具有怎样的偏私，都可能会对案件中的一方存在偏袒，而对另一方则极尽排斥、歧视之能事。因此，控辩双方的平等对抗往往会因为裁判者的不中立而无法实现。通常情况下，法官如果不能保证双方有一个平等对话的环境，就可能因此作出错误的裁决。因为法官可能更愿意采纳一方的证据和意见，而排斥另一方的证据和主张，以至于酿成冤假错案。但是，无论这种情况能否导致错误的裁判结论，它都践踏了“法律面前人人平等地获得正义”这一法治原则，使得至少有一方当事人产生受歧视、其尊严受损害的感觉。因此，法官只有对双方一视同仁，才能使他们拥有平等抗辩的机会，并进而使其人格尊严得到尊重和维护。

最后，裁判者只有对案件保持中立和无偏私的地位，才可以使其审判过程和裁判结论具有公信力，也就是取得当事人以及社会公众的普遍信任和尊重。这一点是中立性原则的最重要意义。原因很简单，裁判者的不中立尽管不一定真正或者确实会导致其偏袒一方而牺牲另一方，也不一定必然会促使其作出错误的事实认定或者对实体法规则作出不合理的适用，但却会使人们对整个审判过程的公正性产生合理的怀疑，甚至因此不信任由此产生的裁判结论的正当性。毕竟，“正义必须植根于信赖。当心地正直的人们转而认为法官有偏私时，信赖也便荡然无存了”。[①] 尤其是那些被作出有罪判决的被告人，对于那些存有偏私的法官所作的裁决更是会产生强烈的质疑和不服，甚至直接怀疑法官的裁判动机和合法性。无疑，这些情况都会对刑事审判的社会效果造成较为消极的影响。

为了保障裁判者的无偏私和中立性，法律有必要建立回避制度。与其他任何一项程序设计一样，回避制度的适用可以最大限度地防止那些与案件有利害关系或者与当事人有特殊社会关系的法官担任案件的裁判者，从而有效地避免裁判者将自己的偏见、预断和情感因素带进对案件的裁决。毕竟，那些对当事人存在偏见或者对案件存有预断的法官，很有可能像《水浒传》中的“高俅审林冲”那样，将一己私利带入审判过程之中，将这种审判变成发泄私欲、挟嫌报复的活动。显然，通过适用回避制度来促使那些“有问题的法官”及时退出案件的审判过程，可以最大限度地减少徇私舞

① 英国的丹宁勋爵语，转引自［英］威廉·韦德：《行政法》，楚建译，中国大百科全书出版社1997年版，第117页。

弊、枉法裁断的行为。这属于回避制度在维护实体正义方面的重要价值。

当然，法官即使与案件或者与当事人存在某种特殊关系，也并不必然因此而作出错误的裁判。实际上，司法官铁面无私、六亲不认甚至大义灭亲的现象，即使在今天的司法实践中也并不鲜见，并被人们赞誉为秉公执法的“楷模”。但是，这种在裁判结果上或许并无问题的审判，真的就符合公正审判的理念吗？

其实，由那些与案件或者与当事人存在特殊关系的法官主持审判，这本身是一个既不安全也不可靠的司法活动。道理很简单，这种审判究竟能否做到正确认定事实和准确适用实体法律，几乎完全取决于法官的职业道德和个人品行。或许，一个自律性较强的法官能做到克制自己的私欲，作出公正的裁判。但一个放任自流甚至有所图谋的法官，则完全可能在认定事实或者适用实体法方面作出不公正的裁决。无论如何，这种由法官充当自己案件裁判者的审判活动，究竟能否实现实体正义，在很多场合下都是说不清的。

法官在审理“自己案件”的过程中，即便能够做到铁面无私和大义灭亲，也无法消除人们对其公正性的合理怀疑，其审判无法取得当事人以及社会公众的普遍信赖和接受。这是因为，“正义不仅要实现，而且要以人们看得见的方式实现”。那些与案件有某种特殊关系的法官，其中立形象会受到人们的质疑，其参与裁判案件的动机也无法取得人们的信任。尤其当法官不能做到最基本的“避嫌”时，可以说，由那些存有偏私的法官所主持的审判，即使在裁判结论上完全符合实体正义的理念，也无法令人们心服口服。

因此，回避制度所最终保障的不是裁判的公正性，而是公正的审判过程，也就是程序的正义。事实上，一个法官因为与案件存在特殊关系而退出案件的审判，这一点并不需要被证明到百分之百的真实程度，也不需要达到“足以影响公正处理案件”的程度。因为这种证明既非常难以完成，也并不为证明回避事项所需要。一个法官只要因为与案件具有某种特殊关系而无法消除人们对其公正性的合理怀疑，就足以构成退出审判活动的充足理由了。由此可见，在一个法官究竟是否应当退出法庭审判并不确定而当事人对此会有一些合理质疑的情况下，法律应当确立“先行回避”原则，以防止因为法官的公正审判资格受到质疑而导致其审判过程和裁判结论无法被普遍接受。

在回避制度之外，变更管辖制度可以为裁判者的中立性提供另一方面的制度保证。事实上，裁判者的中立性和无偏私性既要求单个法官在符合回避条件时退出案件的审判，也要求在某一法院的全体法官无法维护公正审判时都退出审判活动。而这种一个法院的全体法官都退出案件审判的情况，实际就不再属于法官回避问题，而属于审判法院的管辖变更问题。

与回避制度相似，变更管辖制度也应当以维护法院的公正审判为其设计目的。一般情况下，导致法院整体上无法做到公正审判的情况有以下几种：一是当地新闻媒体和社会舆论已经对某一案件的案情作出了大规模的报道和宣扬，从而使当地法院的所有法官都面临压力、受到影响并形成了预断；二是案件已经由当地官员发表过带有倾向性的裁判意见，甚至直接作出过批示或指示，致使任何法官都无法保持独立的审判；三是案件涉及法院人员的利益，或者这些人员与案件当事人存在特殊的社会关系，以至于该法院的任何法官审判案件都难以摆脱这种同事或上下级关系的影响；四是由于存在一些特殊的情况，使该法院的所有法官都符合回避的条件和理由。

在上述任何一种情况下，法院对案件直接行使审判管辖权，都可能将那些非理性的预断、偏见、情感甚至外界的压力等因素带进审判过程中来，以至于无法作出公正的裁判结论。退一步讲，即便面临上述影响和压力的法院确实委派那些具有独立和无私品格的法官从事审判活动，审判过程和裁判结论也基本符合法律的要求，但这种审判本身在外观上仍然无法消除人们的合理怀疑，更无法取得人们的普遍信赖。甚至在一些极端的情形下，因为受到外界强大压力而无法保持独立行使审判权的法院，如果非要审判案件不可的话，其审判活动将注定流于形式，其裁判结论也势必无法从审判过程中形成，而不得不产生于法庭审判之外的非理性因素。

于是，就像单个法官的情况一样，法院在整体上也需要考虑“避嫌”问题，也应对那些无法消除人们合理怀疑的案件，考虑移送其他法院管辖的问题。否则，由那种“有偏私”的法院负责案件的审判，同样会影响案件的公正审理。尤其是考虑到中国目前实行的是法院的独立制度，而不强调也无法维护法官个人独立行使审判权，因此，在法院无法抵御外部的压力和干预、法院内部人员与案件存在特殊关系的情况下，及时地变更案件的审判管辖，将是维持公正审判的有效途径。

因此，在未来改革管辖制度、建立申请变更管辖制度的时候，应当将维护公正审判、实现程序正义作为管辖变更制度的理论基础。无论是确定审判管辖问题，还是解决管辖争议问题，都应以维护公正审判作为考虑问题的基本着眼点。

# 实现正义，哪怕天崩地裂

**Fiat justitia，ruat caelum**

法官的唯一使命就是实现司法正义，

为此可以不惜一切代价；

哪怕遇到再大的阻力，

法官实现司法正义的信念都是不可动摇的。

意大利文艺复兴时期著名的雕刻家乔瓦尼·皮萨诺（Giovanni Pisano，1250~1314）创作的一尊正义女神雕塑，完成时间大约是1310年，正义女神的天平挂在她的胸前。乔凡尼是尼古拉·皮萨诺的儿子，他从其父那里习得雕刻艺术的技法，在1265~1268年他与其父为锡耶纳主教座堂设计祭坛。这尊雕塑陈列于意大利热那亚广场的罗利宫（Palazzi dei Rolli di Genova）艺术馆内。

↑

2012 年，中国各级铁路运输法院和铁路运输检察院开始脱离铁路系统的管理，逐渐被并入各级地方法院和检察院的体系之中。这被视为近年来在司法改革方面发生的重要进展。本来，铁路系统作为政府铁路运输管理部门，同时行使行政管理职能和铁路经营职能，是“政企不分”的最后一道缩影。在铁路内部设立法院和检察院，即相当于在政府运输机构内部设置司法机关，也无疑等于在铁路运输企业内部“私设公堂”。由于在人、财、物的管理方面不具有独立自主性，铁路法院和检察院几乎完全被控制在铁路管理部门手中；因此，宪法所确立的“法院独立行使审判权”和“检察机关独立行使检察权”原则，是根本无从实现的。如今，铁路法院和检察院逐渐与铁路部门脱离隶属关系，而被划归地方审判和检察系统，这对于维护法院和检察院的独立性无疑是一种进步。

维护司法权的独立行使，这似乎是一个无须论证的命题。在不少思想家的经典论述中，审判权的独立行使被视为司法权在现代宪制体制下所赖以存在的基石。孟德斯鸠曾就此警告道：

> 如果司法权与立法权合而为一，则将是对公民的生命和自由施行专断的权力，因为法官就是立法者。如果司法权与行政权合而为一，法官便将握有压迫者的力量。[①]

拉德布鲁赫尤其强调司法独立于行政的重要性：

> 行政是国家利益的代表，司法则是权利的庇护者，同一官署忽而忙于维护国家利益，忽而又将国家利益弃置一边，忙于维护正义，显然极不协调……司法不仅不能与行政共存于同一机关中，而且也不可以隶属于行政：司法不依赖于行政！司法的任务是通过其判决确定是非曲直，判决为一种“认识”，不容许在是非真假上用命令插手干预。“学术自由”被用于实际的法律科学时，即成为“法官的独立性”。[②]

独立行使审判权之所以得到较多的强调，是因为司法机构在进行司法裁判活动时极容易受到其他国家机构的干预，同时也是因为法官很难摆脱外部对其职业所施加的影响和控制。[③] 按照美国政治家汉密尔顿的观点，

---

① [法]孟德斯鸠：《论法的精神》(上册)，张雁深译，商务印书馆 1993 年版，第 156 页。

② [德]拉德布鲁赫：《法学导论》，米健等译，中国大百科全书出版社 2003 年版，第 100～101 页。

③ 汉密尔顿在《联邦党人文集》中就司法机构的设置所作的分析，是笔者迄今为止所能见到的最令人信服的论证。读者可参见[美]汉密尔顿等：《联邦党人文集》，程逢如等译，商务印书馆 1995 年版，第 390～411 页。

> 行政部门不仅具有荣誉、地位的分配权，而且执掌社会的武力。立法机关不仅掌握财权，且制定公民权利义务的准则，与此相反，司法部门既无军权又无财权，不能支配社会的力量与财富，不能采取任何主动的行动。故可正确断言：司法部门既无强制又无意志，而只有判断；而且为实施其判断亦需借助于行政部门的力量。

汉密尔顿的结论是：

> 司法机关为三权中最弱的一个，与其他二者不可比拟。司法部门绝对无从成功地反对其他两个部门；故应要求使它能以自保，免受其他两方面的侵犯。[①]

另外，法官在任职期间和薪俸等方面一旦不能得到适当的保证，他所行使的司法权就有可能操纵在控制者之手。在汉密尔顿看来，“短期任职的法官，无论如何任命或由谁任命，均将在一些方面使其独立精神受到影响”，因为“如任命权在行政，或者立法机关，则使法官有俯首听命于拥有任命权的某一部门的危险”；“如由双方任命，则可产生不愿触犯任何一方的情绪”；“如由人民选举法官，或由人民选出的专门选举人任命，则可产生过于迁就民意，影响其唯以宪法与法律的规定为准则、执法不阿的态度”。[②]

① ［美］汉密尔顿等：《联邦党人文集》，程逢如等译，商务印书馆 1995 年版，第 391 页。
② ［美］汉密尔顿等：《联邦党人文集》，程逢如等译，商务印书馆 1995 年版，第 395 页。

与此同时，如果法官的薪俸被控制在立法、行政或者其他机构手里，独立行使审判权也将遭受严重威胁。这是因为：

> 就人类天性之一般情况而言，对某人的生活有控制权，等于对其意志有控制权。在任何置司法人员的财源于立法机关的不时施舍之下的制度中，司法权与立法权的分立将永远无从实现。[①]

可以说，法官的薪俸固定与任职固定被视为维护法官独立行使审判权的两项制度保证。

显然，司法权因相对弱小且法官极易受到外部控制而使其独立性得到强调，但是，这种独立绝不意味着法官可以不受任何制衡甚至恣意妄为。事实上，无论在哪个社会里，独立行使审判权都不是绝对的，而只是意味着司法权“相对于哪些人、哪些机构保持独立的问题”。换言之，只要社会中存在使司法权受到不正当控制、干预、影响的力量或权威，独立行使审判权就将是该社会不可回避的司法目标，该司法制度将面临如何克服这些既有的控制、干预、影响的问题。在这一问题上，笔者不赞成那种以审判独立在任何社会中都难以完全得到实现为由，否定这一原则的价值的观点。因为美国、英国等西方国家法官所受到的来自社会各个方面的干预和控

① ［美］汉密尔顿等：《联邦党人文集》，程逢如等译，商务印书馆 1995 年版，第 396 页。

制，虽能说明这些国家在维护独立行使审判权方面所存在的一些问题，也能证明独立行使审判权极难在一个即使已经建立法治秩序的社会里得到完美无瑕的保障，但是，这一事实并不能否定维护独立行使审判权在中国的极端重要性。如果说西方社会所面临的或许是如何解决独立行使审判权在今天所面临的各种挑战的话，那么中国所面临的则是如何确立最低限度的独立行使审判权标准的问题。同时，在司法权出现严重的行政化、官僚化甚至地方化的情况下，如何使司法机构摆脱来自行政机构、地方政府、新闻传媒、立法机构的非法干预和控制，是中国今日的司法制度所面临的一个极为严峻的问题。的确，在此时此刻谈论独立行使审判权问题可能有些奢侈和不切实际。但唯其如此，维护独立行使审判权才显得尤其具有紧迫性和必要性。需要注意的是，独立行使审判权在目前所面临的现实困境，丝毫不能证明司法依附只能是该社会司法制度的必要选择。现实中所存在的制度实践尽管具有其各方面的成因——似乎从这一角度上看，“存在的就是合理的”；但是，“存在的”却未必是人道的、文明的、公正的和符合人性基本要求的，甚至可能是野蛮的、专横的，或者至少是不科学的。进行司法制度的重建，与进行其他方面的法律改革一样，对一些不正当的制度、实践不仅不能迁就和容忍，而且还应在明确基本理论基础的前提下，进行必要的制度改造。

作为一项宪法原则，独立行使审判权的核心是裁判者在进行司法裁判过程中，只能服从法律的要求以及良心的命令，而不受任何来自法院内部或者外部的影响、干预或控制。这里的裁判者是指代表某一司法机构行使司法权的个人或者组织；它可以是个体法官，也可以是由若干名法官组成的法庭，还可以是由法官或非法律职业人士组成的审判组织。裁判者要做到独立行使司法权，就必须严格依据法律的规定履行裁判职能，即依照程序法的规定进行裁判活动，根据实体法的规定对案件作出裁判结论。这一独立行使审判权的核心要求，又可以称为裁判者的“职能独立”或者“实质独立”。

那么，究竟为什么要坚持独立行使审判权呢？

道理其实很简单：没有独立行使审判权，法院在采纳证据、认定事实和适用法律方面就没有独立自主性，就会像一个木偶一样，听凭别人或其他机构的摆布和左右，无论是防止错误还是实现正义，都将是一句空话。如果说实现司法公正属于司法裁判活动的根本目标的话，那么，维护司法权的独立行使则是保障司法制度正常运转的前提。那种没有独立司法权保障的司法公正，必然是一种“空中楼阁”式的价值理念。可以说，实现司法公正与维护独立行使审判权构成一枚硬币的两面，两者缺一不可。

司法正义的理念早在古希腊和古罗马时期就已出现在一些神话之中。在古希腊神话中，负责维护法律和正义的女神是西弥斯（Themis）；而在古罗马神话中，也有一位名为朱斯提亚（Justitia）的正义女神，混合了古希腊不同时期众女神的形象，一般都是一位庄重的女子一手持天平，一手持宝剑，同时紧闭双眼或者在眼睛上蒙着布条或眼罩。而随着欧洲中世纪末期罗马法的复兴，正义女神朱斯提亚的形象开始以雕像的形式出现在法院的建筑物内外。直至今日，欧洲和北美等地法院建筑物上的正义女神像，都采用了古罗马神话中的形象。

作为司法正义的象征，正义女神为什么具有这种手握天平和宝剑、眼睛紧闭或被蒙着的形象？一般的解释是，女神手中的天平代表着公平，被用来公平地解决各种利益争端；另一手中的宝剑则代表力量和权力，被用作惩罚破坏法律和秩序的行为；女神的眼睛紧闭或者被蒙着，则象征着裁判者的中立性和被动性。这种为西方国家的法院普遍接受的正义女神形象昭示了这样的理念：裁判者的职责不应是“发现”，而应是“裁断”，也就是放弃积极调查官和事实发现者的身份，而充当消极的第三方角色。同时，裁判者不应对任何人存在偏袒和歧视，应对不同性别、种族、宗教信仰、教育背景、职业阶层的人士，一视同仁，平等对待，从而最大限度地避免主观上的倾向性，也防止受到来自各个方面的影响和干扰。正如有的正义女神雕像背后所铭刻的法谚所体现的那样，裁判者为了“实现正义，哪怕天崩地裂”(Fiat justitia, ruat caelum)。①



① 参见郭建：《蒙目的正义女神之由来》，载《人民法院报》(法治时代周刊) 2003 年 6 月 30 日，B2 版。

最初接触“实现正义，哪怕天崩地裂”这句格言时，笔者对中文译文是否准确地传达了原意曾有些怀疑。后经过反复查看各种版本的拉丁文法律词典，才确信翻译并没有任何失当之处。按照笔者的理解，这句格言所表达的基本意思是：法官的唯一使命就是实现司法正义，为此可以不惜一切代价；哪怕遇到再大的阻力，法官实现司法正义的信念都是不可动摇的。

但是，手持利剑和天平、戴着遮眼罩的正义女神，唯有获得充分的司法授权，不受任何外部的压力和阻碍，才有可能心无旁骛地维护正义。假如正义女神是分等级的，在她上面还有更高等级的女神或者男神，而后者尽管并不参与案件的审理，却可以随时随地“发号施令”来审查负责初审的正义女神的审判活动，那么，后者还能不顾及“实现正义”的代价么？又假如在正义女神所在的司法机关之上，存在一个左右司法机关人、财、物等各类保障的“某某委员会”，该委员会可以自行选取那些“重大”“敏感”的案件，责令正义女神前来汇报案件的审理情况，那么，正义女神能顶住这种压力吗？或许，正义女神实现了司法正义，也没有天崩地裂的后果，却有可能承受职业前途黯淡的代价！再假如，正义女神对某一案件按照自己对事实和法律的理解作出了判决，但却因此遭遇社会公众的强烈质疑或者大众舆论的猛烈批评，互联网上的质疑声浪此起彼伏，司法机关迫于上级的强大压力，责令正义女神要么“提起再审”，要么“直接予以改判”，正义女神还能不顾“天崩地裂”而坚持自己的原判吗？

这不禁令人想起中国一位高级人民法院的副院长在李昌奎案件的判决遭遇公众质疑时所发出的豪言："（这个遭受质疑的案件的判决）十年后将会成为一个标杆。"在这个案件中，李昌奎因强奸和杀人被一审法院判处死刑立即执行，负责二审的云南省高级人民法院以"案件涉及民间纠纷""存在自首、赔偿等情节"为由，改判李昌奎死缓，并对该死缓判决进行了核准。在社会各界强烈的批评声中，云南省高级人民法院经过复查，认为二审改判并无不当，该院的副院长发出了上述声音。但是，在公众持续不断的强烈批判声中，在上级的直接干预和压力下，云南省高级人民法院最终通过自行提起再审的方式，改判李昌奎死刑立即执行。这种改判结果赢来了舆论的一片赞誉，但也引发了法律界人士的忧虑。在独立行使审判权、一事不再理原则遭到破坏的情况下，"十年后将会成为一个标杆"的豪言，在不到一个月的时间里就彻底破灭。

在我国刑事诉讼中，举凡涉及公安机关"插手经济纠纷"而引发的刑事案件，如合同诈骗案、非法经营案、金融诈骗案、组织领导"黑社会性质组织"案等，检察机关为将赃款赃物转化为办公经费而积极侦办的职务犯罪案件，或者地方政府干预的其他案件，法院经常都无法独立自主地行使审判权。在我国民事诉讼中，只要是城市房屋拆迁、农村土地征用、大面积环境污染、不特定的人因假冒伪劣药品或食品而中毒等方面的案件，政府部门施加了一定的影响，法院要么不予受理，要么无法进行公正的审判。而在我国行政诉讼中，凡是当地或上级政府明确施加压力的"民告官"案件，法院要么不予受理，要么在受理后无法维护相对人的合法利益。至于那些涉及政治问题或者与当地党政官员存在一定联系的“敏感案件”，法院就更难以做到独立行使审判权了。

凡此种种，都说明维护司法权的独立行使，应当成为中国司法改革的头号课题。过去，司法改革的决策者们所做的工作无非是改革审判方式，颁行证据规则，修改三大诉讼法典，颁布若干个法院“改革纲要”。这些工作并非是不重要的。但与维护独立行使审判权相比，这些旨在推进司法公正的工作都带有明显的技术性，而没有抓住司法制度诸多问题的要害之处。而 2012 年所发生的铁路法院和检察机关管理体制的改革，才真正属于走向独立行使审判权的坚实一步。

# 迟来的正义为非正义

## Justice delayed is justice denied

司法裁判的及时性讲求的是一种典型的“中庸之道”，

是在过于迟缓和过于急速之间确定的一种中间状态。

绘画：大天使圣米迦勒在最后的审判时刻称重人类的灵魂（**Saint Michael Weighing Souls**）。他手持天平和剑，以公理与正义之名称重人类，积善的获得永生，行恶的打入地狱。本画由西班牙索里格罗拉的基督教神父（**Master of Soriguerola**）创作于 14 世纪。作品藏于西班牙加泰罗尼亚国家艺术博物馆（**Museu Nacional d'Art de Catalunya**）。

↑

长期以来，中国的刑事审判一直给人一种“过于快速”的感觉。君不见，一个普通的刑事案件，仅仅经历数小时的法庭审理，被告人即被宣告有罪。对于那些重大、复杂或疑难的案件，法院还会“挑灯夜战”，从早到晚连续不断地开庭审理，直至深夜结束庭审程序。当然，偶遇那种案情特别复杂的案件，如被告人涉嫌犯有多项重大犯罪或者多名被告人共同犯罪的案件，法院也会连续数日进行不间断的“集中审理”，直到“走完”法庭审理的全部程序。

与法庭审理的快速进行相伴而生的，必然是法庭上证据调查和法庭辩论的简单粗糙。在开庭之前，法官已经全面研读过公诉方移送的案卷材料，对侦查过程和控方证据情况了如指掌。在很大程度上，法庭审理主要是走过场。无论是认定案件事实问题还是适用法律问题，要么在庭审开始前已经都有初步的裁断，要么在庭审之外，通过法院内部的行政审批机制，获得了某种行政化的指令。尤其是在事实认定环节，法庭准许公诉方有选择地宣读被告人供述笔录、证人证言笔录、鉴定意见、勘验检查笔录、搜查笔录、证据提取笔录以及相关书证，无论是证人、鉴定人还是侦查人员，都极少出庭作证；被告人及其辩护律师至多只能通过发表口头意见的方式对控方证据加以质证，而无法对证人、鉴定人等进行当庭交叉询问。因此，这就大大节省了法庭审理的时间，减少了法庭质证的程序环节。可以说，中国法庭审理的简便快捷是以法庭审理“流于形式”为代价换来的。

对于上述情况，稍微了解刑事司法实务的人士都不陌生。但是，与这种“简便快捷”的法庭审理过程形成鲜明对比的是，中国刑事审判还存在久拖不决、效率低下的问题。这主要发生在两个程序相互衔接的场合。尤其是在侦查与审查起诉、起诉与一审、一审与二审、二审与死刑复核等程序衔接环节上，经常出现“程序倒流”的现象。所谓“程序倒流”，又称为“程序逆向运转”，是指本来应当一直向前进展的刑事诉讼程序，却由于案件不符合启动下一个诉讼程序的条件，后一国家专门机关将案件退回到前一机关重新处理的程序现象。例如，检察机关在审查起诉中发现案件尚未达到提起公诉的条件，或者为了使侦查机关获得更为宽裕的办案期限，反复将案件退回补充侦查。又如，一审法院经过法庭审理，发现案件事实不清、证据不足，尚未达到定罪的证明标准，就建议公诉方提出撤回起诉的请求，并作出准许撤回起诉的裁定。再如，二审法院经过书面审查，发现案件事实不清、证据不足，就作出撤销原判、发回重审的裁定。复如，最高人民法院经过死刑复核程序，认为案件尚未达到核准死刑裁决的条件，也作出撤销原判、发回重新审判的裁定。

过去，无论是检察机关退回补充侦查，一审法院准许撤回起诉，还是上级法院撤销原判、发回重新审判，都没有时间和次数的限制。结果，这种实践中司空见惯的“程序倒流”现象，造成不少案件在数月、数年甚至十几年的时间里，一直处于“案卷的来回流转过程”之中，法院迟迟不作出最终的裁决结论。与此同时，由于中国刑事诉讼法并没有确立“最高羁押期限”，从而使羁押期限与办案期限完全合二为一，因此，每当发生“程序倒流”的场合，犯罪嫌疑人、被告人所受到的未决羁押期限，实际就随着办案期限的延长而自动地无限期延长。这显然是造成“超期羁押”的重要制度原因。

后来，政法系统对“超期羁押”问题进行了多次“专项治理”。我国《刑事诉讼法》也对退回补充侦查和撤销原判、发回重审的次数作出了明确的限制。比如，1996 年《刑事诉讼法》将检察机关退回补充侦查的次数限定为两次，每次补充侦查的时限定为一个月；2012 年《刑事诉讼法》则将二审法院以“事实不清、证据不足”为由发回重新审判的次数限定为一次，遇有当事人再次上诉或检察机关再次抗诉的案件，法院认为仍然达不到定罪标准的，就只能作出改判。

然而，刑事案件久拖不决的问题似乎仍未得到彻底解决。中国法院除了将法庭审理的时间压缩到了极致外，对于庭前、庭外和庭后的时间似乎显得“满不在乎”。在开庭之前，遇有需要重新鉴定、补充鉴定的情形，或者二审程序中将案卷交付公诉方查阅的，法庭动辄数月中止诉讼，迟迟不启动开庭审理程序。而在庭审过程中，遇有需要休庭或者延期审理情形的，法庭则动辄数周甚至数月中止审理，而不存在休庭时间和次数的限制。至于庭审结束以后，法院只是“走完”了法庭审理程序，而所要进行的“定期宣判”却是没有期限限制的。在这一段时间，承办法官要么需要向庭长、院长汇报案件，要么需要等待审判委员会的讨论决定结果。这种法院内外的行政审批程序，使宣判时间被拖延少则数周，多则数月。

很显然，中国刑事诉讼中的过于快速和久拖不决都是有规律可循的。但凡在刑事追诉方面不存疑义的案件，刑事诉讼的过程就会极为顺畅，刑事审判甚至还会呈现一种“不可思议的飞速进行”。而对于那种没有达到批捕、起诉或定罪条件的案件，检察机关要作出终止诉讼的决定，或者法院准备宣告无罪，就会经历极为复杂、烦琐的流程，甚至出现反复的“程序倒流”，以至于造成诉讼资源的浪费和结案周期的延长。在极端情形下，还有可能出现“程序多次逆向流转”的奇怪现象。面对这种情况，人们不禁会提出疑问：难道诉讼程序的效率低下所带来的仅仅是诉讼成本的增加和诉讼收益的减少吗？

其实，低效率的刑事诉讼过程对于司法正义也造成了损害。一般来说，正义和非正义是人们评价法律制度正当与否的两个对立的价值标准。但是，相对于过于理性、抽象、含混的正义标准而言，非正义具有较为明显的确定性和可感受性。即使一项法律制度设计得再合乎正义的要求，人们往往也会熟视无睹，或者认为“本来就应当这样”。但是，某一制度或者司法实践一旦明显背离了正义的基本标准，形成一种为人们所公认的非正义，那么直接遭受这种非正义的人就会产生深深的被忽视、被贬低、被看轻甚至被侮辱的感觉。这种感觉经常会促使受伤害者奋起抗争，去“讨个说法”，甚至直接造成冲突的升级。

什么是非正义？长期以来，人们一直以为非正义主要是指实体裁判上的不公正。例如，法院对无罪者判决有罪，或者对罪轻者判处了过于苛厉的刑罚。当然，近一段时间以来，程序的正义受到较为广泛的重视，一项法律决定的制作过程如果使人受到无视或者轻视，那么一种程序或者过程上的非正义也就随之发生了。程序上的不公正有各种各样的表现形式，如裁判结论在制作中不允许利害关系人直接参与，控辩双方受到明显的不平等对待，裁判者对控辩双方中的某一方有所偏袒，裁判者随意地作出裁决而不明确告知裁判的理由，等等。但笔者这里所要分析的是一种特殊的程序非正义，也就是由于正义来得过于迟缓或者不及时而造成的非正义。

这不禁令人想起了那句源自英国的法律格言：“迟来的正义为非正义”（Justice delayed is justice denied.）。

对于这一格言，有人可能提出辩驳：迟来的正义也是正义，只不过这种正义晚到一步而已。

实际上，迟来的正义之所以为非正义，倒不是因为实体结论发生了错误或者造成了实体上的不公正，而是由于实体结论的过迟产生造成了程序过程上的不公正。这种正义的迟到现象所损害的是司法裁判的及时性（timeliness）。

这种司法裁判的及时性一般有两个看似矛盾的要求：一是裁判的形成不得过于迟缓；二是司法程序的运作不得过于急速。换言之，及时性讲求的是一种典型的“中庸之道”，是在过于迟缓和过于急速之间确定的一种中间状态。在司法裁判过程中，过慢和过快构成了与程序正义直接背离的两种极端。

首先看过慢所带来的后果。一般来说，裁判结论形成得过于迟缓会导致结案周期的任意延长，与案件有关的证据可能大量流失，了解案情的证人可能出现记忆的模糊或者丧失，甚至死亡。即使是那些“当年”直接负责办理案件的“公检法”人员，也会因事过境迁而无力提供有关案件的一些必要线索。这些都会导致案件的事实真相随着时间的流逝而变得越来越难以查明，判决结果出现错误的概率在增加。可见裁判过程的迟缓和低效，所带来的很可能不是公正的裁判结论。

退一步说，即使迟来的裁判仍然是正义的结论，但有关各方却因为这种结论的迟到而受到直接的伤害。对于被告人而言，案件的久押不决会使他长时间地处于未决羁押状态，人身自由受到长时间的限制，其自由、财产甚至生命等实体性权利也因此一直处于待判定的状态，其法律身份和地位也一直处于不确定的局面。而对于被害人而言，案件一直不能形成生效的裁判结论，“真正”的凶手不能及时地绳之以法，其随犯罪的发生而来的报复的欲望得不到及时的实现，其权益也得不到及时的恢复和补偿。

这种迟来的裁判所造成的非正义对于不同的被告人、被害人所带来的影响可能会有所不同。不过，被告人、被害人往往对此都较为敏感。这种非正义感经常使被告人、被害人以及其他与案件结局有着直接利害关系的人，产生一种受歧视甚至被抛弃的感觉。他们会据此认为，司法裁判机构并没有将他们“当回事”，他们只不过是国家用来维护治安的手段或者工具，其人格尊严和应得的权益受到了深深的忽略和无视。因此，毫不奇怪的是，很多犯罪嫌疑人、被告人所不满的往往不是自己最终被判处什么罪，科处多少刑罚，而是在裁判过程中所受到的不公平对待方式。同时值得注意的是，一种在西方犯罪学界广为流行的“第二次伤害”(the second harm)理论，说的就是被害人因为在司法程序中受到忽视和慢怠而产生了被伤害、不公正的感觉；这里的“加害者”可能是代表国家行使刑事追诉权的警察、检察官，也可能是代表国家行使司法权的法官。

过于迟缓的裁判是形成非正义的一种源泉。但是，司法裁判是不是形成得越快越好呢？答案同样也是否定的。如果说裁判过迟、久拖不决会使被裁判者产生被慢怠的感觉的话，那么，过于急速的裁判则容易使被裁判者无法充分而有效地参与裁判的制作过程，其权益也同样会受到忽视。在以前强调“从重从快”地惩治犯罪的时期，很多地方经常发生在短时间内使犯罪嫌疑人受到侦查、起诉、一审、二审、死刑复核直至执行死刑的情况，民间甚至有案发7天后被告人被定罪并被剥夺生命的传言。这就是典型的裁判过于快速的例证。

裁判过快会大大限制被裁判者参与裁判制作过程的机会。毕竟，程序正义的维护是需要有一定的时间加以保证的。没有必要的时间投入，被告人、被害人及辩护人、诉讼代理人在调查证据、准备防御和有效影响裁判结论方面，就很难有所作为。没有必要的时间保证，诉讼各方在法庭上也难以展开充分的举证、质证和辩论，从而使法庭审判往往因此而流于形式。

裁判的急速进行对裁判者的公正形象也会造成严重的损害。因为裁判者在极短的时间里无法从容不迫地审查证据、听取各方的意见和辩论，也难以冷静地对案件存在争议的问题进行细致的评议。根据人类生活的基本经验，过于快速的裁判往往是在外部压力下造成的，因此，快速裁判经常与裁判不独立如影相随。这种情况一旦发生，法庭审理过程就将彻底失去决定裁判结论的能力，这种裁判往往与各方的参与甚至法庭审理过程毫无关系，而成为外部权威强加而来的非理性结论。到了这种地步，司法裁判的公正性也就随之丧失殆尽了。

归根结底，司法裁判活动不应过于迟缓，否则，“迟来的正义为非正义”。裁判也不应过于急速，否则，“急速而来的正义”会走向正义的反面。裁判制作过程无论是过于迟缓还是过于急速，所造成的都是程序上的非正义。

# 正义根植于信赖

## Justice is rooted in trust

审判公开又被称为“形式上的公开”，

而裁判的透明性则被视为“实质上的公开”。

↓

乔托创作于 1306 年的正义女神（Iusticia）壁画，此画是颂扬七美德的联画之一。作品绘画在意大利帕多瓦的斯克罗维尼礼拜堂（Cappella degli Scrovegni，Padua）内墙壁上，壁画高 120 厘米，宽 55 厘米。乔托·迪·邦多纳（Giotto di Bondone，1266~1337），意大利画家、雕塑家与建筑师，被认定为意大利文艺复兴时期的开创者；在造型艺术史上，他一向被誉为“欧洲绘画之父”，是现代绘画的奠基者。

审判公开作为一项原则已经在中国宪法和法律中得到确立，中国法院也将“贯彻审判公开原则”作为司法改革的重要举措。但以下景象却还是会发生在中国刑事审判之中：

景象之一：法庭上正在审理一件有重大影响的刑事案件，参加旁听的“群众”很多，辩护律师不经意间看了一眼，猛然发现旁听席上就座的都是他所熟悉的法官、检察官、警官，只不过他们没有穿制服，而是身着便衣。

景象之二：某外籍人士想去旁听一起公开审判的案件，数次到法院申领旁听证都遭到拒绝，最后被告知要去“高级人民法院外事部门申请特别许可文件”，而且要经过很长时间的审批。该外籍人士只好无奈地放弃旁听。

景象之三：一位对中国司法制度感兴趣的学者查看中国司法裁判文书网，发现在这些海量的裁判文书中，法院的无罪判决书和撤销原判的裁定书，数量仍然是有限的。尤其是最高人民法院的死刑复核案件，裁判文书不仅很不完整，而且不核准死刑的裁判文书仍然为数甚少。

景象之四：某辩护律师收到了法院送达的判决书，判决书认定的案件事实几乎都是从检察机关的起诉书中照抄而来，对于律师当庭提出的五条辩护意见，判决书都以“辩护没有事实和证据加以支持”为由，简单地予以驳回。

……

通过上述现象，我们不难看出这些法院尽管表面上做到了审判的公开，但实际并没有真正贯彻这一原则的要求。这是因为，旁听“群众”的范围受到有意的控制；在互联网时代，公开宣告判决却无法做到；法院判决制作的过程和理由无法为社会公众周知；裁判缺乏必要的透明度，等等。

事实上，与行政活动通常具有的秘密性和封闭性不同，司法裁判活动应当具有公开性和透明性。所谓公开性，是指司法裁判的全过程一般应当向社会公众开放，允许公众在场旁听，允许新闻媒介采访和报道。公开审判包括两大基本内容，即整个法庭裁判过程的公开和法院裁判结论的公开。一般认为，获得公开审判既是被告人的一项诉讼权利，也是普通社会公众的一项民主权利。为了保证被告人切实获得这一权利，法院的审理过程一般应采取口头和公开的形式，法院有义务将公开审判的时间和地点预先公之于众，并且为公众旁听法庭审判提供充分的便利。在审判过程中，法庭不得将在场旁听审判的人限制在特定的范围之内，而应允许当地人、国内其他地方的人甚至国际观察家在场旁听，并且允许新闻记者在场报道。

尽管采用公开的形式通常被视为司法裁判的基本特征，但考虑到司法裁判过程可能还涉及其他更加重要的价值和利益，因此，必须为这种公开性设定若干必要的例外，以防止这些利益和价值可能因审判公开而受到消极的影响。但是，审判公开的例外应受到法律的明确限制。法庭在作出不公开审判的决定之前，应当慎重考虑各种因素，尤其要审查不公开是否具有正当、合法的理由。当然，即使在不公开的情况下，向社会封闭的也只是法庭审理的过程，法院的裁判结论仍必须向社会公开。

按照一句著名的法律格言，“正义根植于信赖”，没有公开、透明的审判，公众无法对司法裁判的过程和结果进行监督，也无从获知裁判结果的产生依据和理由，当然也就无法形成对司法裁判的尊重和信任。“阳光是最好的防腐剂。”公开、透明的司法审判可以大大减少法官滥用自由裁量权的机会，降低法官进行权钱交易的概率。在某种程度上，公开、透明的审判本身就足以构成对普通法官的一种制度保护。正因如此，公开审判向来被视为司法公正的基本保障之一，甚至被各国宪法视为维护民主和法治的基本法律准则。

但是，仅仅强调审理过程和裁判结论的公开，仍然具有较强的形式意味。英国宪法学者詹宁斯指出：

> 公开审判的重要性很容易被夸大。公开审判仅意味着公众中的一些人可以旁听，如果报界认为案件很有趣，可以报道其中的一部分。①

我们可以假定这样一种情况：某法院将法庭审理的过程都予以公开，公众能够旁听到开庭、法庭上的证据调查、法庭辩论等庭审的各个环节；审理结束后，法院也将其所作的裁判结论向公众公开加以宣告。但是，人们注意到，这一公开宣布的裁判结论并没有建立在法庭审理的基础上，很多在法庭上提出和辩论过的证据都没有被法院采纳，而被法院作为裁判依据的则是未曾在法庭上提出和辩论过的证据；法院的审理过程与裁判的宣布之间，存在较长一段时间，法庭审理完毕后并没有立即进行评议和形成裁判结论；法院公开的只是裁判的结论，而并没有将裁判结论赖以形成的理由和根据进行详细的分析，因此，判决书的内容极为简要，等等。

显然，仅仅做到法庭审理过程的公开和裁判结论的公开，是远远不足以遏制司法不公现象的。因为审理过程的公开仅仅使公众了解到控辩双方争议的展开、证据的提出、双方的辩论等具体环节；而裁判结论的公开也仅仅使公众获知法院最后解决争端的意

---

① 参见[英]詹宁斯：《法与宪法》，龚祥瑞、侯健译，生活·读书·新知三联书店1997年版，第171页。

见。在公开的审理过程与裁判结论的形成之间，还缺少一个中间环节——裁判结论赖以成立的理由和根据的公开。旁听过法庭审理过程的公众，可能更想了解这一裁判结论“究竟是怎么形成的”，或者裁判结论“赖以制作的依据是什么”。这种裁判结论在形成过程、根据和理由方面的“公开”，其实是指司法裁判的透明。

这种裁判的透明性之所以得到强调，是因为审判公开有一个不容回避的界限：裁判者的评议过程必须是秘密的。这一方面可以保证裁判者能够从容不迫地整理自己通过庭审所形成的思路，客观而无顾虑地发表自己的裁判意见和理由；另一方面也可以防止控辩双方以及社会公众对自己的裁判施加非理性的影响。显然，裁判者的评议秘密必须加以保证。但是，这种不得已而为之的秘密评议，也给公众了解评议过程以及裁判赖以形成的依据和理由造成了困难，还给裁判者滥用裁判权甚至枉法裁断制造了机会。为此，现代法治国家一般设计出了一种旨在确保公众事后了解裁判形成过程和理由的制度：裁判结论公开后的理由说明以及判决书须详细载明理由。

根据前一制度，法院在宣布裁判结论以后，一般不得急于休庭，而是就裁判的事实和法律根据，以及裁判时所考虑的主要因素作一简要的说明，以便使被裁判者和旁听公众了解裁判形成的依据和理由。例如，德国《刑事诉讼法典》规定：

> ……宣告判决时，应宣读判决主文，告知判决的理由。告知判决理由时，可以宣读或者口头告知主要的内容……

而根据后一制度，法院就任一案件所作的判决书都必须详细公布控辩双方的各自证据、论点和主要争议点，说明接受某一证据的理由，拒绝采纳某一证据的根据，以及作出裁判所考虑的各项因素。甚至在一些国家的最高法院，判决书还要明确载明法官就案件的裁判存在的分歧及各自的理由。例如，德国《刑事诉讼法典》规定：

> （一）被告人被判决有罪的时候，判决理由必须写明已经查明的、具有犯罪行为法定特征的事实。证据如果是根据其他事实推断出来的时候，也要写明这些事实……
>
> （二）在审理中如果有诉讼参与人主张刑法特别规定的排除、减轻或者提高可罚性的情节的，对这些情节是否已经确定或者没有确定，判决理由必须予以说明。
>
> （三）此外，判决理由必须写明所适用的刑法和对量刑起决定作用的情节……
>
> （四）所有有权声明不服的人员，如果舍弃法律救济，或者在法律规定期限内没有提起法律救济活动时，判决理由必须写明已经查明的、具有犯罪行为法定特征的事实以及所适用的刑法……
>
> （五）被告人被判决无罪时，判决理由必须明确被告人是否没有实施被指控的罪行，或者是否以及因何原因认为已经查明的行为并不构成犯罪的事实。所有有权声明不服的人

> 员，如果舍弃法律救济，或者在规定的期限内没有提起法律救济的时候，只需明确被告人被指控的犯罪行为是由于事实还是法律方面的原因未被认定……

这种就裁判形成过程和理由的事后公开，实质上是在增强司法裁判的透明度，使社会公众对裁判结论的形成过程和理由一目了然，从而增强一种参与意识，加强对法院的信任。与此相关的是，不少法治国家还建立了判决书向社会公众开放的制度，使普通公众可以随时查阅法院的任一判决书，了解案件的裁判结论及其形成过程和依据。

应当承认，司法裁判的这种透明性并不是审判公开原则的本来要求。但是，不具有透明性，审判的公开也就毫无意义。无论是透明性还是公开性，两者的目的都是一致的：使社会公众真正全面地了解司法裁判的过程、裁决形成的依据，从而真正参与到裁判过程之中，对法院的裁判施加外部的影响和制约；使被裁判者——尤其是刑事被告人的各项诉讼权利得到全面的行使；使裁判者克服自己人性中固有的弱点，抵制住诸如私欲、偏见、先入之见等因素的影响，尽可能当庭形成裁判结论。正因如此，审判公开又被称为“形式上的公开”，而裁判的透明性则被视为“实质上的公开”。

从中国法律的有关规定来看，公开审判的原则得到了一定程度的贯彻，并有相应的程序和制度加以保证。例如，根据刑事诉讼法的要求，凡是属于公开审判范围内的案件，在法庭审理开始前都要向社会加以公告，使公众及时了解案情和审判的时间、地点，以便为到场旁听作准备；法律对不公开审理的案件作出了明确的限定，包括涉及国家秘密、个人隐私、未成年被告人等方面的案件；除法定允许不公开审理的案件外，一般案件都允许公众到场旁听，允许新闻界予以报道；无论是公开审理还是不公开审理的案件，法院都要向社会公开宣判，等等。这些程序和制度大体上能够满足形式上的审判公开要求。

近年来，人们越来越清晰地认识到，司法腐败之所以较为猖獗，是因为司法活动存在严重的"暗箱操作"情况，行使裁判权的人经常随意地进行秘密审理，避开社会公众的视线。这一点与司法制度中的其他缺陷结合起来，往往造成普遍的司法不公。于是，从最高人民法院到地方各级人民法院，一场以确保审判公开为主要标志之一的司法改革运动勃然兴起，并一直延续下去。

在这一运动中，审判公开原则得到了进一步的贯彻和实施：在许多地方，18 周岁以上的公民只要持个人身份证，就可以到法院旁听依法公开进行审理的案件；不少法院还改进了法庭设施，添置了电子屏幕等设备，使社会公众能够清楚地了解法院正在以及即将审理的案件；对于重大、复杂或者社会影响较大的案件，法院允许新闻记者充分报道，甚至允许电视记者进行现场直播，以保证社会各界较为普遍地了解案件庭审的过程。这些新的改革措施无疑能够促进审判公开原则的真正贯彻实施。

但是，目前就审判公开原则所采取的各项改革步骤，大多具有较强的形式化意味。事实上，审判公开所要求的不仅仅是法庭审判过程的公开，且还应是法庭裁判制作过程的公开。也许有人误以为两者是一回事。但是，那种对裁判结论的产生不具备任何决定意义的法庭审理过程，即使保持了公开的形式，也是毫无价值的。目前，困扰中国审判公开原则深入贯彻的问题主要表现在以下方面：

第一，合议庭在法庭审理过程中极少传唤证人、鉴定人出庭作证，而是直接宣读控诉方事先制作的询问笔录或鉴定意见，在法庭审理结束之后全面阅览控诉方的案卷材料。这直接导致法庭审理流于形式，法庭裁判结论往往不是在法庭上而是在法庭之外形成，导致裁判结论形成过程的不公开。

第二，法院判决书和裁定书内容极为简单，对判决的理由阐释得极为不够，尤其是缺少对控辩双方的证据采纳或排除，对双方意见的吸收或拒斥等方面的解释。这往往令人感到判决的结论缺少必要的推理和考量根据。既然判决的理由不能向社会公开，那么审判公开的实质性意义就具有内在的限制了。

第三，法院内部依然存在较为严重的行政化运作问题。通过2014年以来的司法改革，法院院长、副院长、庭长审批案件和签发裁判文书的情况，已经明显有所减少，"让审理者裁判"正在成为一种新的司法惯例。但是，院长仍然可以通过召集审判委员会，对案件行使决定权，并可以在法律适用问题上改变合议庭的意见。与此同时，上下级法院之间普遍存在的“请示汇报”制度，也使司法裁判的决定权最终被集中到上级法院手中，法庭上的公开审判有可能流于形式。

第四，法院对于社会公众相对自由地旁听审理仍然不能提供足够的程序保证。目前，我国各级法院依然采取“旁听证”制度，旁听人士必须事先向法院申请“旁听证”，才能被获准进入法庭。这种“旁听证”使旁听成为需要法院“审批”的活动，法院可能会有意无意地控制旁听者的范围，从而不利于审判向所有社会公众公开。

显然，为体现司法公开性和透明性的要求，应当逐步废除目前日益盛行的书面和间接式的审理方式，减少那种靠宣读警察、检察官在庭审前制作的证人询问笔录的做法，减少法官对于控方案卷的畸形依赖，真正从法庭审理的过程之中，并根据控辩双方的举证、质证和辩论制作自己的裁判。同时，还应逐步改革现行的判决书的制作方式，要求裁判者明确、具体并有针对性地阐明裁判的理由和根据，避免当前出现的判决书过于简单、缺乏必要解释和论证的缺陷。

# 既听取隆著者也听取卑微者

Shall hear the small as well as the great

无论原告、被告在地位、年龄、性别、种族、

肤色等方面有什么样的差异，

也无论他们在诉讼中代表的是国家还是个人，

法官都应当对他们一视同仁。

↓

西班牙莱昂大教堂里的一尊正义女神雕塑，西班牙雕塑师 **Diego Yanez** 完成于 1309 年。莱昂大教堂（**Catedral de Leon**）建于 13 世纪，高耸入云的塔尖和拱壁以及惊人的内部设计代表着城市的精神中心，是西班牙首屈一指的哥特式杰作。

20 世纪 90 年代以来，中国法官的服饰发生了重大的变化，原来的军便装式的制服被改成两种：一是法庭上使用的法袍；二是法庭外使用的西式制服。其中的法袍尤其得到人们的广泛赞誉。据说，这种服饰可以显示法官的“思想成熟”和“精神独立”。与此同时，检察官在法庭上的服饰也发生了变化，原来的军装式的检察官服已经变成现在的西式制服。有人说，这也显示出检察官从原来的“武将”向现在的“文官”的转变。

在法官、检察官相继改变法庭服饰之后，司法部和全国律协也为律师确定了出庭着装的新样式，中国律师也开始有了象征“铁肩担道义”的律师袍了。于是，每当参与重大案件的辩护或代理，或者遇到有特殊人物观摩庭审活动，在法院的明示、暗示或者首肯之下，律师在法庭上就可以穿着黑袍、红色领带进行诉讼活动。可以说，在法官身着法袍、检察官穿着制服、律师身着律师袍的法庭上，人们所能感受到的除了庭审的正规、庄严以外，更有控辩审三方理性对话、平等协商的氛围。

但是，在这场“着装改革”中，刑事法庭的布局似乎被忽略和遗忘了！我国刑事法庭的设置具有较为明显的“法制宣传”的功能，在审判席两侧分别设立公诉人席和辩护人席，公诉人和辩护人坐在呈“外八字”状的席位上，根本无法面向法官、陪审员发表质证和辩论意见，而是在发表诉讼观点时不得不面向旁听公众。而被告人的席位则位于法庭正中央，面向审判席，被告人或站或坐，位于一个特制的封闭栅栏之中，身后有至少两名法警监控。当然，自 2016 年以来，法院进行了“去犯罪标签化”的改革，除了不再为男性被告人剃光头、减少被告人佩戴的戒具以外，也不再安排被告人穿着看守所统一配发的囚服，而允许被告人当庭身着自己选择的衣服。但与民事审判庭仍然形成鲜明对比的是，刑事法庭上的被告人并没有跟自己的辩护人坐在一起，辩护人无法与被告人进行当庭商谈，遇有需要征求被告人意见或者核实证据材料的情况，律师只有在征得审判长同意后，通过法警将材料向被告人出示。这不禁让人产生疑问：法庭究竟是在审判案件，还是在处置这位面相不佳的“犯罪人”？

根据书本上的法律规定，被告人是“当事人”，享有“辩护权”，并有权获得“律师的辩护”。按理说，任何人都没有义务行使或者放弃自己的权利，任何人也不能因为行使权利而受到惩罚。但是，中国刑事司法仍然在践行着“坦白从宽，抗拒从严”的刑事政策，刑事诉讼法至今仍然保留着“如实回答侦查人员的提问”等方面的法律义务。无论是在庭审之前还是在庭审过程中，被告人假如拒绝作出有罪供述，或者存在“翻供”的行为，都有可能被视为“认罪态度不好”或者“无理狡辩”，法院可以将此作为对被告人从重处罚的“酌定情节”。相反，对于被告人当庭“认罪态度较好”，或者有“悔罪表现”的，法院则有可能对其作出从轻处罚。这种鼓励认罪、惩罚不认罪的价值取向，使被告人在法庭审理中经常陷入尴尬的境地，也使辩护律师在确定辩护思路时左右为难。在司法实践中，被告人往往因为坚持不认罪、当庭做无罪辩护而受到严厉的刑事处罚；被告人也经常因为当庭翻供，同时指责侦查人员存在违反法律程序的行为，甚至要求法庭排除非法证据，而因此无法获得宽大的刑事处理。结果，理论上享有辩护权的被告人，却经常因为充分行使无罪辩护权或者挑战侦查行为的合法性，而招致程度不等的严厉惩罚。既然如此，被告人在行使辩护权方面又怎么可能不顾虑重重呢？

令被告人在法庭上陷入困境的还远不止上面这些。被告人在庭前所作的有罪供述笔录可以随同案卷进入法庭，成为法庭调查的证据材料，而几乎不会遇到任何实质上的法律障碍。这简直成为使被告人陷入“万劫不复”境地的制度之源。稍有司法常识的人都知道，被告人在侦查阶段所作的有罪供述笔录，有可能是真实可靠的，也有可能是虚假的、靠不住的。现行的侦查讯问程序为侦查员获取被告人的有罪供述创造了“条件和便利”：讯问场所无论是在看守所还是在看守所以外，几乎都由侦查员完全控制着；讯问时机由侦查员决定，既可以是晚上 12 时，也可以是凌晨 3 时；讯问的持续时间由侦查员自由掌握，既可以在一两个小时内结束，也可以持续几天几夜，侦查员完全可以“三班倒”地进行连续审讯，直至击垮被告人的“心理防线”为止；讯问时只有侦查员和被告人双方在场，辩护律师至今仍然没有在场权；讯问过程由专人录音录像，但录音师和录像师却是侦查机关内部的技术人员，要听从侦查员的指挥和命令，而不具有独立性……

在被告人被迫作出有罪供述之后，侦查员通常还会反复进行审讯，从而获取被告人的多份有罪供述。考虑初次讯问或者最初几次讯问都可能出现口供不稳定的情况，侦查员还会通过多次反复讯问获取被告人“先后一致”的有罪供述。这些“重复自白”少则四五份，多则十余份，都以“供述笔录”的形式被置于侦查案卷之中，并随着诉讼阶段的进展，被随案移送检察机关乃至法院。在法庭审理中，被告人纵然当庭“翻供”，或者改作无罪的辩解，也很难说服法官不采纳庭前的有罪供述。即便被告人提出确凿的证据证明自己受到了“刑讯逼供”等非法取证行为，法院也极少作出违法侦查行为之宣告。即便法院将某一份有罪供述笔录认定为“非法证据”，并将其排除于法庭之外，一般也不影响其他口供笔录的证据能力。毕竟，法院即使排除了一两份供述笔录，也不影响其他供述笔录的法律效力。侦查员庭前所获取的多份重复自白在这时就发挥了极大的威力，甚至足以抵消被告人的当庭辩解和辩护律师的程序性辩护。结果，无论被告人如何辩解，也无论被告人当庭如何对其他证据进行质证，法院都会将其“自证其罪”的有罪供述采纳为定罪的根据。客观上，被告人庭前作出有罪供述的行为，就几乎决定了被定罪的诉讼结局。

被告人无法进行有效抗辩的不仅有自己所作的庭前供述笔录，还有侦查员收集到案卷之中的其他有罪证据。无论是证人证言、辩护人陈述、鉴定意见，还是物证、书证、视听资料、电子数据，甚或包括勘验、检查笔录，搜查笔录，提取笔录，辨认笔录等在内的一系列“笔录证据”，只要被收入侦查案卷之中，就都可能被无障碍地移送法院，成为法庭调查的对象。在绝大多数证人、鉴定人、被害人不出庭作证的情况下，这些记载侦查员讯问过程和证言内容的笔录，就可以经过极其简单粗糙的“法庭质证程序”，而被法院采纳为定罪的根据。无论是被告人还是辩护律师，都无法对证人、被害人、鉴定人、侦查员进行当庭对质，也无法对其进行交叉询问，而最多对公诉人择要宣读的“笔录材料”，提出毫无说服力的“质证意见”而已。

当然，这些都是在刑事司法实践中长期存在的问题。自 2012 年以来，我国法律确立了一些新的规则。诸如证人、鉴定人出庭作证的规则，非法证据排除的规则，确保犯罪嫌疑人自愿供述的规则等，就都有望对上述问题产生一定程度的缓解作用。不过，这些长期形成的问题，仅仅靠一部成文法的改革究竟能否解决，这是不无疑问的。

与被告人诉讼地位的“客体化”保持同步的，还有辩护律师诉讼地位的低下问题。

作为辩护人和诉讼代理人，律师在法庭上充当着极为重要的诉讼角色。他们作为当事人的法律帮助者，站在一个特殊的立场上，维护当事人的合法权益；同时，律师的参与也有助于法庭上出现一种控辩双方对立抗争的局面，使裁判者同时听取两种不同的声音，获得两方面的不同信息，从而“兼听则明”，尽量减少其裁判中的错误和不公。正因如此，几乎所有法治国家都将检察官与辩护律师设计成两种职能对立但地位完全相等的诉讼角色；作为控辩双方，检察官和辩护律师无论是从着装、座位、法庭义务还是从举证、质证、辩论等方面，都保持完全平等和对等的格局。无论在英国、美国，还是法国、德国、意大利，检察官与辩护律师的平等地位都得到了法律的有效保证。

但是，中国的律师却没有得到像西方国家同行那样的尊重，其法律地位也未能得到相应的承认。在中国法律中，控辩双方，尤其是刑事诉讼中的检察官与辩护律师，在诉讼地位方面的差距不仅长期存在，而且随着一些司法改革措施的实行，还呈现出越来越大的态势。在中国的法庭上，不仅律师与检察官的着装仍然存在重大的差异，而且连他们座位的高低、方位也带有一些“卑微”的色彩。检察官们似乎普遍存在一种道德上的优越感：自己在为国家利益、为社会正义服务，而不谋取个人的私利。而律师则因为在为个人“私利”而参与诉讼，因此有可能受到检察官“居高临下”的训斥、冷嘲热讽。不仅如此，检察官与辩护律师诉讼地位的不平等还体现在以下规定和实践之中：

（1）对于所有被告人，检察官都有权在宣读起诉书之后，直接进行讯问；而辩护律师则只能在审判长许可后进行发问。

（2）对于检察官提出的证人证言，法官经常准许当庭宣读，而任意免去证人出庭作证的义务；而对于辩护方的证人，法官一般都要求必须出庭作证，否则就拒绝将其证言作为定案的根据。

（3）在法院审判委员会讨论决定案件时，同级检察院的检察长或者副检察长有权列席会议，发表意见；而辩护律师则一般都被排除于审判委员会会议之外。

（4）在第二审程序中，凡是检察官提出抗诉的案件，二审法院必须开庭审判；而当事人提出上诉的案件，二审法院则很少举行开庭审判，只是进行书面审查。

（5）对于裁判已经发生法律效力的案件，辩护律师代当事人提出申诉的，法院要进行审查后才能决定是否启动再审程序；而对于检察官提出抗诉的案件，法院则一律启动再审程序。

……

以上种种规定和实践表明，在中国的刑事法庭上，检察官与辩护律师并不能进行平等的对抗。作为强者的检察官因为享有一系列的“特权”而显得更加强大；而作为弱者的被告人则因为受到一系列的程序限制而显得愈加弱小。正因如此，刑事法官可能会轻易地将天平的一端向检察官一方倾斜，而无视辩护方的存在，并忽略辩护方的基本权益。于是，中国刑事法庭会出现“一边倒”的现象，也就是整个法庭审判变成一种对检察官的起诉主张加以确认的活动，而不存在控辩双方之间本应存在的平等、理性的对抗。

但是，控辩双方不能进行平等的参与和对抗，这是违背程序正义基本要求的。其实，人类历史上最早的正义观念可能就是一种程序的正义，而这种程序正义的核心要求则是控辩双方之间的平等，以及法官对双方的一视同仁。《圣经》中曾明确要求法官“既听取隆著者也听取卑微者”（《旧约：申命记》，1：17）。在当代西方的法治理念中，控辩双方的“平等武装”（equality of arms）被视为程序正义的基本保障之一。换言之，无论原告、被告在地位、年龄、性别、种族、肤色等方面有什么样的差异，也无论他们在诉讼中代表的是国家还是个人，法官都应当对他们一视同仁，既不偏袒也不歧视，而应保持基本的平等对待态度。

为什么要给控辩双方平等对抗的机会呢？这是由法庭审判的性质所决定的。一般来说，受到平等对待的要求，源于“人类希望受到尊重”并且“不愿受他人统治”的愿望，“当那些认为自己同他人平等的人在法律上得到了不平等的待遇时，他们就会产生一种卑微感，亦即产生一种他们的人格与共同的人性受到侵损的感觉”（博登海默语）。在刑事法庭上，尽管原告为代表国家行使刑事追诉权的检察官，被告人是处于受追诉地位的个人，辩护律师则是为委托人提供法律帮助的专业人员，但他们都应受到平等的对待。在法庭这一特定的时空范围内，控辩双方不得不抛弃其原来所具有的社会角色和地位，而只有各自的诉讼角色和诉讼地位；他们必须使用与法庭审理相适应的语言、规范和逻辑推理方式，进行一种理性的交涉和平等的抗争。在这一由各方共同参与并交互作用的过程中，任何形式的不平等都会使法庭上的交涉、说服气氛受到破坏，而演变成为程度不同的压制、专横和强迫。作为弱者，被告人和辩护律师一旦不能得到与检察官平等的对待，他们内心之中就会生出强烈的不公正感：其人格尊严受到贬损，其基本权益和自由受到忽视，甚至连其说话和发出自己声音的机会都被强制剥夺。这种源于人性之中的被尊重的要求，一旦得不到满足，被告人、辩护律师就会对法庭审判的公正性产生深深的怀疑，对自己受到的不公正对待形成强烈的不满。而这种就程序过程所产生的不满和怀疑，会进而影响他们对裁判结论的信服和尊重。法庭审判一旦流落到这般境地，什么司法公正，什么程序正义，都将不复存在。

那么，究竟如何解决控辩双方不平等的问题呢？从根本上说，检察官相对于被告人甚至辩护律师的强势地位，是与中国人固有的“官贵民轻”“重国家，轻个人”的传统观念有着直接关联的。因此，通过司法改革以及进一步的政治改革，逐步消除滋生这种观念的制度环境，创造一种国家尊重个人、个人信赖国家的气氛，这应当是克服控辩不平等现象的治本之道。

当然，要使控辩双方真正能够平等对抗，必须逐步弱化甚至清除刑事诉讼中的行政治罪色彩，实现诉讼形态的回归。而要达到这一目标，检察机构的法律监督地位必须受到弱化并逐渐消除，警察机构的司法裁判权力也必须逐渐受到削弱并最终让位于法院，检警机构所实施的涉及剥夺、限制个人基本权益的行为也必须被逐渐纳入中立司法机构的审查和控制之中。与此同时，法院必须逐渐走向独立自主，摆脱外部对其司法裁判活动的干预；法院本身必须构建起以法官为中心的组织体制，使法官逐渐摆脱行政化，走向职业化。这样的改革举措无疑会使法官越来越独立、中立和超然；代表国家行使刑事追诉权的检察官越来越摆脱盛气凌人的态度，平心静气地行使国家公诉权。这才有利于造就一种控辩双方平等对抗的氛围。

# 平等武装

## Equality of arms

人们普遍相信，上帝会明察秋毫，

帮助有理的一方战胜无理的一方。

↓

正义女神雕塑，位于意大利比萨大教堂的红衣主教讲坛（**Pulpito del Duomo di Pisa**）旁边，是意大利雕塑师乔瓦尼·皮萨诺为比萨大教堂创作的寓意七种美德的雕塑之一，完成时间是1311年。比萨大教堂与著名的比萨斜塔为邻，比萨斜塔建造于1173年8月。

在现代司法制度中，有关控辩双方“平等武装”的理念体现在诉讼程序的方方面面。作为公正审判的基本要素，平等武装（equlity of arms）除了要求控辩双方在形式上进行平等对抗以外，还具有控辩双方“实质对等”的意思。形式上的对等，主要是指控辩双方应有平等对抗的机会、权利以及相应的制度保障。而实质上的对等，则是在控辩双方一方太强、另一方太弱的情况下，赋予双方进行平等对抗的诉讼能力。例如，一方是富可敌国的企业或者强势的国家机关，而另一方则是普通消费者或者接受行政处罚的相对人。假如不对这种诉讼对抗加以干预，而任由双方进行举证、质证和辩论，那么，诉讼的结局将是不言而喻的，诉讼将变成一种弱肉强食的争斗，司法最终实现的将是一种“丛林正义”。而纠正这种天然的控辩失衡情况，就需要赋予弱小的一方一定的“诉讼特权”，使其增强诉讼对抗的能力。与此同时，还要对强大的一方施加一些“特殊的义务”，以对其过于强横的对抗能力有所抑制。也就是说，将对抗能力天然失衡的控辩双方拉到一个平面上，使其能够进行大体上平等的诉讼对抗，这才是“平等武装”的题中应有之义。

“平等武装”从何而来？为什么将诉讼视为一种武装争斗？从字面意思来看，“平等武装”意味着控辩双方“武器的平等”。据说这起源于古代欧洲的“司法决斗”制度。欧洲早期在摆脱了原始的同态复仇制度之后，迎来了一种“神明裁判”制度。人们寄希望于万能的神灵，对那些重大疑难的案件，充当最终的裁判者。当时设计出来的宣誓断讼法、水审法、火审法等，无一不是由神灵或者上帝通过某种宗教仪式来断定孰是孰非，或者通过显示某种神迹来断定某个人是否有罪。其中，司法决斗就属于神明裁判的一种方式。这种断讼方式所体现的仍然是上帝充当裁判者的理念，也就是原告和被告通过武力决斗来解决争端，决斗胜出的一方获得胜诉；而决斗失败的一方则获得败诉，或者被直接定罪。因为人们普遍相信，上帝会明察秋毫，帮助有理的一方战胜无理的一方。

如同整个神明裁判制度一样，司法决斗被后世普遍视为非理性甚至野蛮的裁判制度。其违背科学常识的弊端是显而易见的。但是，即便在这种非理性的神明裁判中，控辩双方“平等对抗”的理念也得到了一定程度的体现。毕竟，在司法决斗中，假如一方年轻且体格健壮，而另一方则属于“老弱病残”，那么，这种决斗的结局将是没有任何悬念的。为了解决这一问题，那种对控辩双方决斗武器进行平衡的理念就逐渐产生了。英国学者卡德里就对这种司法决斗中的“平等武装”作出了形象的记述：

> 这种仪式要求原告和被告证明上帝将在战斗中支持自己。在武器被祈福之后，能让他人投降或者死亡的人将是胜利者。其中有一些细微的变化，即女人、教士和残疾人一般需雇请专业的斗士。日耳曼的司法管辖区经常采取其他的方法以平衡决斗中的不平等。例如，男人可能被埋在齐腰深的土里，手持钉头锤，他的女对手则被允许自由行走，但是只能拿一只装着石头的粗布袋……①

司法决斗作为一种诉讼制度早就成为历史，但欧洲早期为限制这一制度的滥用而确立的“平等武装”的理念，却得到了后世的接受和继承。在当代的诉讼制度中，那种对控辩双方诉讼对抗能力加以平衡的制度安排，逐渐成为确保公正审判的基本保障。只不过，当年所要平衡的是控辩双方对抗的武器——刀剑或者盾牌，而如今，则要对控辩双方参与诉讼的手段加以平衡，包括举证责任、证明标准、诉讼代理人、上诉不加刑、最后陈述以及法官的释明权等。“平等武装”的理念已经如此深入人心，以至于又被形象地称为“天平倒向弱者”或者“天平向弱势一方倾斜”，在刑事诉讼中则被直接称为“有利于被告人”原则。

1972年举行的第12届国际刑法协会大会就曾以“平等武装”



① ［英］萨达卡特·卡德里：《审判为什么不公正》，杨雄译，新星出版社2014年版，第28～29页。

为题讨论过刑事审判前程序中控辩双方诉讼地位的平衡问题。“平等武装”这一表述曾被欧洲人权委员会使用过。在对一起由奥地利人提起的申诉案件的裁决中，欧洲人权委员会认为，“检察官与被告人的程序平等（procedural equlity）一般可称为平等武装，则是公正审判的一项内在要素”。在这次国际刑法协会大会上，多数代表都认为，平等武装应为刑事审判程序的一项必要特征，但在审判前程序中却没有得到贯彻。有的学者即指出：“或许我们可以设想以下两位斗士之间的决斗，其中一个头戴盔甲，手握利剑，而另一个则只持渔网和鱼叉。刑事审判前阶段也可以被比喻成打猎过程。而在猎手和猎物之间是谈不上平等武装的。”①

其实，“平等武装”的理念不仅仅适用于刑事诉讼程序，在民事诉讼和行政诉讼中也得到了充分的贯彻。在民事侵权诉讼中，遇有控辩双方无法势均力敌的案件，法律确立了“举证责任倒置”的规则，将其视为“谁主张，谁举证”原则的例外，赋予被告方承担举证责任，并由此承担败诉风险。

例如，“高度危险作业致人损害的侵权诉讼，由加害人就受害人故意造成损害的事实承担举证责任”；

“因环境污染引起的损害赔偿诉讼，由加害人就法律规定的免

① 转引自陈瑞华：《刑事审判原理论》（第二版），北京大学出版社2014年版，第158页。

责事由及其行为与损害结果之间不存在因果关系承担举证责任”；

“因缺陷产品致人损害的侵权诉讼，由产品的生产者就法律规定的免责事由承担举证责任”；

“因医疗行为引起的侵权诉讼，由医疗机构就医疗行为与损害结果之间不存在因果关系及不存在医疗过错承担举证责任”；

…………

而在行政诉讼中，作为被处罚人的相对人一方提出行政诉讼请求的，作为行政处罚机关的被告方，要对其所作出的具体行政行为负有举证责任。该方不提供或者无正当理由逾期提供证据的，将被视为具体行政行为没有相应的证据，该行为将被裁判为非法行政行为。

很显然，在上述特殊民事侵权诉讼和行政诉讼中，法律对控辩双方之间的举证责任作出了特殊的制度安排，也就是将本来意义上的“谁主张，谁举证”改为“举证责任倒置”，也就是由被告方承担举证责任，从而被赋予了败诉的风险。究其原因，那种“平等武装”的理念发挥了影响力。首先，在上述特殊侵权诉讼中，原告方所面对的是强大至极的被告方，后者要么是高度危险作业的企业、造成环境污染的生产厂商，要么是生产出有缺陷产品的厂商、从事医疗服务的医院或其他医疗机构。原告方要证明这些强大的公司企业实施了侵权行为、侵权行为与损害结果之间存在因果关系或者涉案企业应承担法律责任，既不具备专业的知识、经验和技能，也往往不具有为进行这类诉讼所需要的财力。在此情况下，假如要由提出积极主张的一方承担举证责任，那么，作为被侵权者的原告方将会处境艰难，不得不处于被动挨打的境地。而唯有将举证责任倒置过来，责令这些公司企业承担举证责任，赋予其败诉风险，整个诉讼才能保证最基本的平等对抗。表面看来，原告被授予了免除举证责任的“诉讼特权”，被告则不得不承担一些特殊的诉讼义务，但这是避免被告方恃强凌弱的特殊制度安排，属于对控辩双方对抗能力天然不平等状态的一种程序矫正。

而在行政诉讼中，行政机关与被处罚人之间更是处于天然的不平等状态。作为被告方的行政机关，事先已经对相对人作出了行政处罚决定，该方可以轻而易举地提供作出处罚的事实根据和法律理由。而相比之下，由作为被处罚者的原告方来提出证据，证明对方行政处罚的无根据和不合法，则要困难得多。更何况，由行政机关承担举证责任，还可以对其行政执法行为产生相当程度的督促作用，时时刻刻做好出庭应诉和承担举证责任的准备，否则，其行政处罚决定的合法性将受到否定性的评价。因此，通过这种举证责任倒置的制度设计，行政机关承担了更多的败诉风险，相对人则处于相对有利的诉讼地位。行政机关只有举证证明自己的处罚决定具有充分的事实根据和法律理由，才能说服法院作出有利于本方的裁决。否则，行政机关无法证明其行政处罚合法性的，法院将否定其处罚决定的合法性。

与民事诉讼和行政诉讼相比，刑事诉讼中控辩双方无法保持势均力敌状态的问题则更为严重。在这种由国家机关发动的刑事追诉过程中，犯罪嫌疑人、被告人处于被动的境地。刑事诉讼法在制度设计上稍不谨慎，就难以遏制国家追诉机关的专横强势地位，就可能使刑事诉讼变成公权报复私人的活动，而失去基本的公正性。可以说，为国家追诉机关设置一系列的特殊义务，使其权力受到严格的法律限制，而为犯罪嫌疑人、被告人提供越来越多的诉讼特权，使其受到越来越严密的程序保护，这是刑事诉讼制度所面临的永恒主题。为体现“平等武装”的理念，刑事诉讼法确立了无罪推定原则和禁止强迫自证其罪原则，确立了特殊的司法证明机制，建立了法律援助制度，在审判环节确立了一些特殊的程序规则。

作为刑事诉讼中的最重要准则，无罪推定并不是对被追诉人自然状态的描述，而是在整个刑事诉讼过程中设定了一种法律状态——被告人在法律上处于无罪的地位。被告人无须承担证明自己无罪的义务，即便无法证明自己无罪，被告人也不因此被作出有罪裁决。相反，国家追诉机关则自始至终承担着证明被告人有罪的义务，并要达到“排除合理怀疑”或者“内心确信无疑”这一最高证明标准，否则就要承受司法机关裁断被告人无罪的法律后果。由此，无罪推定确立了一种由国家追诉机关承担败诉风险的机制，从而为国家追诉机关对被告人采取法律行动树立了最高的法律屏障和制度障碍。假如不能对指控的犯罪事实提供令人信服的证明，国家追诉机关既不能采取拘留、逮捕、羁押等强制措施，也不得实施搜查、扣押、查封、冻结、监听等强制性侦查手段，更不能作出提起公诉的决定乃至定罪的裁决。

作为刑事诉讼中的另一项基本原则，禁止强迫自证其罪原则为国家追诉机关设立了一系列最低限度的程序限制，那就是在采取刑事追诉行动过程中，不得采取法律所禁止的“强迫”行为，也就是不得在违背被告人真实意愿的情况下，迫使其作出不利的供述。作为这一原则的核心要素，讯问前的告知、保持沉默的自由、供述自愿性的保障以及对非自愿供述的排除规则，都发挥着双重功能：一方面为国家追诉机关的权力划定了边界，另一方面为被告人提供了最后的程序保障。尤其是面对国家追诉机关的讯问，被告人通过行使保持沉默的权利，来自由选择自己的诉讼角色。这几乎是被告人抵御国家强权的“最重要诉讼特权”。

在无罪推定和禁止强迫自证其罪的双重影响下，刑事诉讼中的司法证明机制得到确立，并为维持控辩双方的“平等武装”发挥了积极作用。首先，公诉方始终承担证明被告人犯罪事实的责任，这一证明责任是不可转移的，既不存在“证明责任转移”的空间，也不存在“证明责任倒置”的问题。其次，公诉方对其指控的犯罪事实的罪名，需要达到最高的证明标准，这一标准要么是“排除合理怀疑”（英美法的标准），要么是“内心确信无疑”（大陆法的标准），要么是“事实清楚，证据确实、充分”（中国法的标准），但都明显高于其他任何待证事实的证明标准。最后，对于其所指控的犯罪事实，公诉方没有证据加以证明，或者其证明无法达到法定的最高证明标准的，法院一律作有利于被告人的解释，也就是遵循“疑罪从无”的原则，直接将被告人的“无罪推定”改为“无罪的判定”。

为维持控辩双方的“平等武装”，犯罪嫌疑人、被告人需要获得律师的有效帮助。在一定程度上，所谓的“有权获得辩护”，其实就等于“有权获得律师的帮助”。本来，获得律师帮助是被告人自己的事情，需要自行委托律师担任辩护人。但是，对于那些因经济困难而无力聘请辩护人的被告人而言，假如没有外力支持其获得律师的帮助，那么，他们就只能孤零零地面对“武装到牙齿”的国家追诉机关了。由此，法律援助制度应运而生，成为一种为犯罪嫌疑人、被告人提供特殊诉讼保障的制度安排。最初，对于那些符合法定条件的犯罪嫌疑人、被告人，司法机关都通过指定辩护的方式为其提供免费的律师帮助。这种指定辩护在有些案件中是任意性的，也就是由犯罪嫌疑人、被告人本人加以选择和取舍。但在那些重大、复杂的案件中，指定辩护则带有强制性，也就是司法机关有义务为这些犯罪嫌疑人、被告人指定律师；否则，整个诉讼活动就将是不合法的，并因此被归于无效。此外，对于那些拘留、逮捕的犯罪嫌疑人而言，假如无法及时委托律师辩护，无论是国家追诉机关还是司法机关，都应当为其提供“值班律师”的帮助，也就是由那些设置在未决羁押场所或者法院的值班律师办公室派出律师为其提供临时性的、紧急性的法律帮助。这种“值班律师”颇有点像医院急诊室的医生，除了为病人提供紧急性的治疗以外，还可以为其安排正式的医生，使其接受正式的医疗。在不少国家，值班律师接受指派后，都要及时地与在押犯罪嫌疑人进行会面，为其申请变更强制措施，在侦查人员讯问时到场，帮助其起草申请书，并帮助寻找将来从事辩护的法律援助律师。无论是被指定辩护的律师，还是值班律师，都使那些无力聘请辩护律师的犯罪嫌疑人、被告人获得了必要的法律帮助，也使控辩双方的“平等对抗”不至于化为泡影。

而在刑事审判过程中，“平等武装”的理念则得到了更为充分的体现。在申请非法证据排除的过程中，特别是针对非自愿的有罪供述，各国法律通常都确立了证明责任倒置的规则，责令公诉方承担证明侦查行为合法性的责任。在法庭审判的结束之前，被告人享有最后陈述的权利，使其拥有最后一次影响裁判者的机会。而在由被告人提出上诉或者为被告人利益而提出上诉的案件中，二审法院不得加重被告人的刑罚，也不得作不利于被告人的裁判变更。在有些普通法国家（如美国），基于“禁止双重危险”的理念，对于一审法院所作的无罪判决，检察机关被剥夺了提出上诉的机会。而在有些大陆法国家（如法国），基于“一事不再理”的原则，在案件产生生效裁判之后，法院不得启动不利于被告人的再审，更不得作出不利于被告人的再审改判。

那么，“平等武装”在我国刑事诉讼中究竟应如何加以贯彻呢？可以说，要实现控辩双方的“形式对等”，在我国仍然有很长的路要走。而要确保控辩双方的“实质对等”，则需要经历更为曲折的改革历程。

从理念上看，无论是无罪推定还是禁止强迫自证其罪，都已经在法律上得到部分确立，但在制度安排和程序设计上仍然存在明显的问题。例如，在审判前阶段，由于不存在司法审查的机制，侦查机关自行决定采取大多数强制措施，自行决定实施强制性侦查行为；因此，无论是强制措施还是强制性侦查行为，都只是服务于侦查的需要和刑事追诉的便利，而没有受到合理的法律限制。结果，未决羁押的适用率仍然居高不下，与非羁押性强制措施相比，羁押还远远没有成为一种“例外”，而更属于一般性的强制措施。再加上对羁押必要性的审查并没有引入真正的司法审查机制，作为国家追诉机关的检察机关，被赋予进行这种羁押必要性审查的权力，而羁押期限与办案期限完全合二为一，法律并没有确立最高羁押期限；因此，对犯罪嫌疑人、被告人动辄进行长时间羁押的现象仍然屡禁不止。反过来说，这种高羁押率和超长的羁押期限，又对法院的裁判产生了较大影响，很多法院经常不得不迁就刑事追诉机关的未决羁押决定，避免其承担国家赔偿责任，则不得不在证据不足的情况下，作出“留有余地”的有罪裁决。

又如，2012 年以后，尽管刑事诉讼法有了“禁止强迫自我归罪”的原则性条款，但沉默权并没有得到确立，犯罪嫌疑人对侦查人员的提问“如实回答”的义务仍然得到了保留。结果，面对侦查人员的讯问或者面对法庭上的讯问，犯罪嫌疑人假如被认为没有“如实供述”，如作出无罪辩解，或者保持沉默，公诉方就可以将其视为“认罪态度不好”或者“无理狡辩”，法院也可以将此作为一种从重量刑的情节，对其作出严厉处罚。这种“如实回答”义务的保留，从根本上剥夺了犯罪嫌疑人、被告人自由选择诉讼角色的权利，属于“强迫自证其罪”的典型表现，也是刑事被告人诉讼地位“客体化”的主要标志。

再如，尽管刑事诉讼法确立了一些体现无罪推定原则的条文，但在社会、政治、经济、文化等层面上，那种将犯罪嫌疑人、被告人加以妖魔化，或者对案件过早加以定性的做法仍然屡禁不止。这不仅造成法院不得不过早接受刑事追诉机关的结论，而且还使被告人的诉讼地位更加恶化，也使法庭上的“平等对抗”变得既不可能也毫无实质意义。例如，在检察机关作出批准逮捕决定后，一些公安机关就组织所谓的“公开逮捕大会”，或者“发还赃款赃物大会”，将逮捕决定公之于众，或者对涉案财物作出实质性的处分。又如，在案件刚刚进入审判阶段时，一些公安机关就组织所谓的“立功嘉奖大会”，对破案有功的侦查人员进行公开表彰和嘉奖。再如，在案件刚刚侦破之后，一些公安机关就将案发经过和侦查破案经过公之于众，在新闻媒体予以公开报道，对犯罪嫌疑人加以妖魔化，对案件作出单方面的定性定调。不仅如此，在那些涉及国家公务人员遇害的刑事案件中，案件刚刚进入侦查机关，有关部门就将受害的公务员公布为“革命烈士”，使检察机关和法院在以后的诉讼过程中承受极大的政治压力……

从制度安排角度来看，我国法律对于刑事追诉机关所设定的特殊义务仍然不足，远远没有达到对其权力加以限制的地步；更没有为犯罪嫌疑人、被告人设置必要的诉讼特权，远远没有达到与公诉方进行“平等对抗”和“理性对话”的程度。

例如，无论是侦查机关还是公诉机关，均可以对辩方证人进行多方面调查核实，甚至对其采取强制措施，使其改变证言。但辩护律师未经批准或者未经被害方同意，则被禁止单方面向控方证人、被害人等进行调查取证；甚至在辩护律师调查取证之后，证人提供伪证或者改变证言的，刑事追诉机关竟然以此为由，直接对辩护律师采取刑事追诉行动，使律师普遍面临被追究“妨害作证”的刑事责任的危险。这种纵容刑事追诉机关滥用刑事追诉权的制度安排，对于“平等武装”原则的贯彻是极为不利的。

又如，自2012年以来，我国刑事诉讼中的强制性指定辩护被限定在四类重大或特殊案件之中。但经过2014年以来的司法体制改革，在普通刑事审判程序中逐步推广“刑事辩护的全覆盖”，在认罪认罚从宽案件中则推广“法律援助值班律师”，这使更多的犯罪嫌疑人、被告人可以获得法律援助律师的帮助。但是，在法律援助经费无法得到足额保障，从事法律援助的律师无法得到最基本报酬的情况下，这种法律援助的质量是令人担忧的。不仅如此，目前的法律援助值班律师，除了为那些认罪认罚的犯罪嫌疑人、被告人提供一些法律咨询、代为申请变更强制措施、代为起草申请文书或者在犯罪嫌疑人、被告人认罪认罚的具结书上进行签字确认以外，还很难为犯罪嫌疑人、被告人提供更为有效的法律帮助。这些认罪认罚的犯罪嫌疑人、被告人其实是得不到真正的律师辩护的。

再如，在刑事审判中，法院经过开庭审理，可以对起诉书指控的犯罪主体和犯罪事实加以改变，也可以变更起诉书所指控的罪名。这就是说，检察机关的起诉书并没有发挥界定法院审判范围的作用，法院对指控事实和指控罪名的变更，意味着它可以随时成为第二“公诉人”，在刑事追诉方面发挥“拾遗补漏”的作用，而被告人的辩护乃至法庭审理过程，则被规避和架空。

总体而言，为被告人提供一系列特殊的诉讼权利和程序保障，意味着司法机关要树立一种“天平倒向弱者”的理念，为犯罪嫌疑人与侦查员、被告人与公诉人进行平等理性的诉讼抗争，确立一个最基本的诉讼空间。在中国目前的制度下，这种“实质上的对等”要得到实现，确实面临一系列的困难。但无论如何，没有控辩双方的平等对抗，法庭审判就不可能具有真正的诉讼形态，司法公正的彻底实现也就是一句空话。

# 正义先于真实

## Justice before truth

确保审判的基本公正，

遵守公正审判的基本要求，

这是第一位的；

哪怕“有损于事实真相”，

也在所不惜。

↓

奥地利克恩顿州菲拉赫（**Villach Carinthia**）小镇 **Maria Gail** 的教区教堂外墙上的浮雕。

持天平与剑的浮雕为大天使圣米迦勒，吹号角和持十字架的是圣加百列。

浮雕创作于 1300 年前后。

法国比较法学家勒内·达维德在《当代主要法律体系》一书中，曾发出感慨：欧洲大陆法国家的法学家“一贯把他们的注意力主要地集中于确定每个人的权利与义务（法的实质性规定），而英国法学家则集中注意力于程序问题”。“如果你遵守仔细规定的、光明正大的诉讼程序，英国法学家认为你几乎可以有把握地获得公正的解决办法。”相反，“法国法学家会告诉你法官怎么样才是公正的解决办法，如果法官指导这样的解决办法，人们就会想不应该把诉讼程序和证据规定得太仔细，以便妨碍他达到这个结果”。英国的亨利·梅因甚至将英国法视为“在程序的缝隙中渗透出来的”产物。梅特兰更是认为，“我们废除了诉讼的程式，但它们还在坟墓中统治着我们”。①



① ［法］勒内·达维德：《当代主要法律体系》，漆竹生译，上海译文出版社 1983 年版，第 337 页。

英国法对诉讼程序的重视，可以用一句著名的法律格言来加以形容："救济先于权利。"（Remedies precede rights）达维德认为，最初普通法的内容只是一定数量的程序（forms of action），法院通过这些程序作出判决，但对判决的实质内容是说不定的。"首要的问题是使皇家法院同意受理，并在同意受理之后，把充满形式主义的程序进行到底。至于最后将作出什么样的判决，没有任何确定答案：普通法只是逐步发展到内容包含确定每个人权利与义务的规定。"与此相反，欧洲大陆的法学家则把法看成社会秩序的各项原则，"他们力求从这些原则的角度来确定它，改善它，他们提出政治自由原则，社会权利原则，所有权与契约神圣不可侵犯原则，而把实施这些原则的任务交给开业律师"。①

当然，随着法律制度的发展，英国的诉讼程序逐渐变得简化，而实体法则得到了丰富的发展。在实体法所确立的权利、义务和责任方面，英国法已经具有了与欧洲大陆法相似的复杂的法律体系。与此同时，欧洲大陆法的诉讼程序也得到了显著的发展，并逐渐接受了英国法有关公正审判的基本理念。有一些关于程序正义的思想，甚至还随着法律移植和国际人权公约的实施而被传播到世界各地，成为全人类共同接受的法律遗产。

---

① ［法］勒内·达维德：《当代主要法律体系》，漆竹生译，上海译文出版社1983年版，第337页以下。

这里有必要讲一讲另一句著名的法律格言："正义先于真实"（Justice before truth）。

所谓"正义先于真实"，有两层含义：一是诉讼程序本身必须符合自然正义的基本要求，也就是程序本身必须是公平公正的，要确保被告人获得"公正的审判"（fair trial）；二是不承认在公正审判之前或者之外有一个理想的裁判结果，因此，确保审判的基本公正，遵守公正审判的基本要求，这是第一位的，哪怕"有损于事实真相"，也在所不惜。

"正义先于真实"的上述第一项要求，仅仅注重诉讼程序达到程序公正的基本要求，这只是程序正义的"形式要素"。而上述第二项要求，则强调程序正义对结果公正的决定和塑造作用，甚至为实现程序正义，而不惜牺牲实体结果的真实性。这可以被称为程序正义的"实质要素"。

在程序与结果的关系问题上，美国思想家罗尔斯曾提出过三种程序正义的概念，它们分别是"纯粹的程序正义"（pure procedural justice）、"完善的程序正义"（perfect procedural justice）以及"不完善的程序正义"（imperfect procedural justice）。在罗尔斯看来，如何设计一个社会的基本结构，从而对基本权利和义务作出合理的分配，对社会和经济的不平等以及以此为基础的合法期望进行合理的调节，这是正义的主要问题。要解决这些问题，可以按照纯粹的程序正义观念来设计社会系统，"以便它无论是什么结果都是正义的”。[1]

罗尔斯所说的“完善的程序正义”，是指有关公平的分配问题存在一个独立的标准，而且设计一种保证达到这一预期结果的程序是有可能的。典型的例证是公平分配蛋糕的情形：为了保证公平地分配蛋糕，最好的程序设计是让一个人划分蛋糕并得到最后的一份，其他人都被允许在他之前得到，这样他就不得不平等地划分蛋糕，以便自己能够得到尽可能最大的一份。

而不完善的程序正义，则是指存在判断结果正确性的独立标准，却没有保证达到它的程序。典型例证是刑事审判：这里结果正确的独立标准是“只要被告人犯有被控告的罪行，他就应当被宣判为有罪”，但是即使法律被正确地遵循，过程被公正恰当地引导，还是有可能达成错误的结果——一个无罪的人被宣判为有罪，而一个有罪的人却逍遥法外。因为设计出一种总是能够达成正确结果的审判程序是不可能的。

不同于上述两种程序正义类型，纯粹的程序正义的特征是：不存在任何有关结果正当性的独立标准，但是存在有关形成结果的过程或者程序正当性和合理性的独立标准；因此只要这种正当的程序得到人们恰当的遵守和实际的执行，由它所产生的结果就应被

① ［美］约翰·罗尔斯：《正义论》，何怀宏译，中国社会科学出版社 1988 年版，第 80～83 页。

视为是正确和正当的，无论它们可能会是什么样的结果。最典型的例证是赌博：在赌博活动中没有关于结果正当性的标准，只要遵循正当的赌博程序，任何一种分配参加赌博者现金的结果都被视为公正的。

罗尔斯就是在对这种纯粹的程序正义进行分析的基础上，对他视为公正的政治结构和经济、社会制度安排之基础的公平机会原则进行了论证。在他看来，公平机会原则的作用就是从纯粹的程序正义的角度保障分配的正义得到实现，因为纯粹的程序正义具有巨大的实践优点：在满足正义的要求时，它不再需要追溯无数的特殊环境和个人不断变化着的相对地位，从而避免了由这类细节引起的复杂原则问题，并使分配的正确性完全取决于产生分配的合作体系的正义性以及对介入其中的个人要求的回答。① 罗尔斯的程序正义理论是从社会、政治、经济等更为宏大的层面来确立程序规则的。但法律领域中的诉讼程序则具有一些特殊性。法院一旦受理一起案件，就要在特定的时空范围内给出一项旨在解决纠纷的裁判结论。在这种情况下，我们究竟是要预先设定一种理想的裁判结果然后再来设计法律程序，还是先遵循公正的法律程序并将由此所获取的裁判结果一律视为正当的结果呢？很显然，正常的诉讼活动应当是后者。也就是说，"正义先于真实"的本质含义，比较接近于罗尔斯所



① 参见［美］约翰·罗尔斯：《正义论》，何怀宏译，中国社会科学出版社 1988 年版，第 80～83 页。

说的“纯粹的程序正义”，也就是只要遵循的是公平公正的程序，由此所获得的结果就应当被视为公正的结果。

这显然说明，罗尔斯对刑事审判的认识存在一定的偏差。其实，从理论上讲，在刑事审判这一领域，确实存在公正的程序，也存在理想裁判结果的标准。但是，就每一案件而言，所谓的“理想结果”根本是不存在的。检察机关将案件一旦起诉到法院，那么，未经法庭审理，公正的审判结果究竟是有罪判决还是无罪判决，究竟是罪重判决还是罪轻判决，究竟是从重判决还是从轻判决呢？法庭只要预先给出判断或者预测，那么，公正审判就不复存在了。而真正令人信服的理想裁判结果，恰恰是不可预测的裁判结果，也就是说，在预先不给出判断的前提下，遵循公正审判的全部要求，通过完整的、正当的法庭审理过程，最终确定的裁判结论，才属于公正的裁判。所以，那种认为刑事审判领域存在一种“独立的公正结果标准”的看法，貌似成立，其实是经不起推敲的。

那么，仍然是以刑事审判为例，公正的程序与公正的结果之间究竟具有怎样的关系呢？

首先必须承认，我国法院一直存在一种失败的审判实践，那就是“庭审形式化”，也就是说，法庭审理只是一种可有可无的形式，对于实体裁判结论的产生不发挥任何实质性的决定作用。但经验表明，“法庭审判流于形式”的显著标志，在于先有一种具体的裁判结果——通常是定罪判刑的裁判结果，然后再进行法庭审理程序。

这就是法庭审判失败的标志，也是我们通过司法改革所要克服和解决的基本问题。正因如此，我们才提出了“以审判为中心的诉讼制度改革”方案，并进一步推进了“庭审实质化”改革。

而所谓“庭审实质化”，表面看来意味着发挥法庭审理的实质性作用，确保在法庭上举证、在法庭上质证、在法庭上形成裁判结论；但从实质上看，实质化的庭审有一个最重要的标志，也就是在法庭审理开始之前，法庭对案件事实认定和法律适用不存在任何预选的判断和预定的结论，而唯有通过完整的审判过程，在遵循公正审判要求的前提下，法庭才能形成权威的裁判结论。一言以蔽之，“庭审实质化”就意味着通过法庭审理过程形成裁判结论，而只要遵循了公正审判的基本要求，就应将裁判结论视为公正的裁判结论。

既然如此，那么我国如何认识公正的程序对裁判结果的影响和作用呢？

要回答这一问题，需要掌握一个前提和四个要素。“一个前提”是指诉讼程序本身必须符合程序正义的基本要求，满足包括参与性、中立性、对等性、合理性、及时性和终局性等在内的一切程序正义要求。而“四个要素”，则是指诉讼程序必须对裁判结果具有实质性的影响。具体说来，公正的程序对于裁判结果的影响应主要体现在四个方面：一是在诉讼程序之前和之外，不能存在任何预定的裁判结果，一切结果都必须产生于诉讼程序结束之后，形成于诉讼程序过程之中；二是诉讼程序对于案件裁判结果的形成具有决定和塑造作用；三是在诉讼程序中，裁判者对于不同裁判结果具有选择权；四是对于不符合公正审判标准的裁判结果，法院可以将其宣告无效，或者重新启动形成裁判结果的过程。下面对此略作分析。

首先，裁判结果的形成必须具有不可预测性，不能形成于庭审之前和庭审之外。一旦形成于庭审之前，即意味着法官事先产生了预断和偏见；而假如形成于庭审之外，则等于承认法外因素对法官的裁判进行了干预和影响，导致法庭审判的独立性不复存在。只有确保裁判结果形成于庭审之后，诉讼程序对裁判结果的决定作用才能得到保障；也只有确保裁判结果形成于诉讼程序之中，控辩双方的举证、质证和辩论也才能对裁判结果具有直接的影响，双方的参与也才富有意义。在无法确保裁判结果形成于庭审之后和庭审之中的情况下，审判程序即使在形式上符合程序正义的标准，也是毫无意义的。

其次，诉讼程序对裁判结果具有决定和塑造作用。在刑事审判中，一方面，被告人在辩护律师的帮助下，通过有效地行使辩护权，提出有利于被告人的证据、事实和法律主张，对裁判者发挥直接的影响，从而对案件的定罪量刑结果发挥程度不同的决定作用。另一方面，被告人及其辩护人通过行使各项诉讼权利，包括申请回避、变更管辖、排除非法证据、证人出庭作证、重新鉴定等，说服法官摆脱对公诉方案卷笔录的依赖，促使其关注那些有利于被告人的证据，特别是那些足以证明被告人无罪的证据。通过这种有效行使辩护权和充分行使诉权的活动，被告方就有可能促使法官重视不利于被告人和有利于被告人这两个方面的证据和事实，不受公诉方观点和主张的控制，以开阔的心胸和兼听则明的气度，在庭审过程中重新确定适当的裁判结论。可以说，诉讼程序越公正，被告人及其辩护人的参与就越加充分而富有成效，诉讼程序对于裁判结果的决定和塑造作用也就越加明显。

再次，诉讼程序对于不同的裁判结果具有选择作用。一项公正的审判过程，必然会促使司法裁判者通过遵守正义的底线来恰当地行使自由裁量权。尤其是在遇到疑难和复杂案件的情况下，法官往往处于左右为难、游移不定的状态。比如，在现有证据存在重大矛盾和疑问，在被告人是否实施犯罪问题上同时存在两种可能性的情况下，法官究竟如何作出选择呢？或者，在适用刑法条文方面，法官面临着应是判处重罪还是轻罪、究竟是否认定存在从重情节的情况下，法官应何去何从呢？其实，诉讼程序越是公正，法官也就可能越加保持中立和超然的地位，在行使自由裁量权方面也就更有可能"将天平向弱者倾斜"，从而作出"疑问时作有利于被告人的解释"。相反，在一个不公正的程序中，一个倾向于追诉犯罪的法官，往往会选择"疑罪从有"或者"留有余地的裁判方式"，或者在罪名和量刑情节的选择上作出偏向于刑事追诉方的裁判。

最后，诉讼程序越是公平公正，二审法官就越有可能对那些违反法律程序的一审判决宣告无效，或者进而将案件退回到违法行为发生前的状态。对于一审法院违反法律程序的行为，尤其是违反回避制度、违反公开审判制度、违反审判组织制度或者剥夺、限制当事人诉讼权利的行为，二审法院只要秉承公正审判的基本理念，就可以尽量作出宣告无效的裁决，也就是撤销原判，发回原审法院重新审判。由此，一审法院通过不公正的程序所作的裁判结论，无论其是否发现了案件事实真相，也无论其是否恰当地适用了刑事实体法，都将被二审法院予以撤销。这种撤销原判制度，其实就等于承认法院通过不公正的程序所作的裁判结论，一律不具有法律效力。这是“正义先于真实”这一理念的体现。

# 一事不再理

## Non bis in idem

司法裁判活动一经结束，

就不能再逆向运行——重新使业已裁判的案件处于待判定状态。

这尊正义女神雕塑出自意大利雕塑师 **Tino di Camaino**（1280~1337）之手，雕塑完成的时间无法确定，大约在 1325~1335 年。作品陈列于意大利菲耶索莱（**Fiesole**）。

↓

在一次有关程序正义问题的课堂讨论中，一位在法院任职的学员引用了这样一个案例：

> 潘某原系某法院法警，因怀疑其妻有外遇，开枪将其妻打死。案发后，潘某被抓获，对其杀人行为供认不讳；但辩称其妻有外遇，不负家庭责任，作风不检，导致夫妻关系恶化，其妻有过错，因此要求减轻其刑事责任。某中级法院一审以故意杀人罪判处潘某死刑。潘某不服，以被害人有过错为由，上诉至省高级法院。省高级法院组成合议庭，对此案进行了书面审理。经重新调查取证，认定潘某之妻确有外遇，有过错，因此建议改判潘某死刑缓期两年执行。意见上报省高级法院审判委员会后，有关领导及省政法委员会批示：对此案加以复议。之后，省高级法院收到了来自被害人方面的信访材料。被害方指称被告人残忍地杀害被害人后还损害其名誉，绝对不可宽恕。被告人则痛陈自己如何忍辱负重，

拉扯孩子，顾念家庭，努力缓解夫妻矛盾，而其妻却在外寻欢作乐，不负责任，自己是出于一时激愤而杀人的。省高级法院审判委员会几经复议和讨论，最后决定按照合议庭的意见，作出死缓判决。判决生效后，潘某被投入劳动改造部门服刑。但在此后的一段时间里，被害人方面多次向省委、省政府、省人大等部门提起申诉和上访，各级领导对此案重新作出了批复。省高级法院迫于压力，遂自行决定提出再审程序。该院另行组成合议庭，经过重新调查取证，认定潘某之妻有外遇的事实不存在，潘某论罪该杀，故对其重新判处死刑立即执行。潘某被押赴刑场，执行枪决。此案就此终结。

这一案例显示出中国再审程序在启动方面具有相当大的灵活性和任意性。实际上，类似的案例并不是十分罕见的。一些具有广泛社会影响的案件，如辽宁刘涌案件、云南李昌奎案件等，当初都是由高级法院以种种理由改判死缓，但在生效判决引起社会强烈质疑的情况下，法院自行启动刑事再审程序，并改判被告人死刑立即执行。在法院主动启动刑事再审程序的背后，几乎都存在法院的裁判逻辑遭到普遍的质疑、舆论广泛关注以及有关权威部门责令改判以“平息异议”等诸多方面的问题。

但是，这种由法院通过自行启动再审来加以改判的做法，是十分危险的。一方面，法院在这类案件中普遍屈从于民众的压力，听从了权威部门或上级法院的内部指令，审判的独立性受到了消极的影响。另一方面，在当事人没有提出申诉、检察机关没有提出抗诉的情况下，法院自行撤销原来业已生效的判决，而通过重新审判，对被告人处以更为严厉的刑事处罚，其事实上充当了刑事追诉者的角色，代行了检察机关的职能。不仅如此，被告人因为同一行为在已经生效判决作出定罪判刑的情况下，又再次受到新的刑事追诉，意味着国家对被告人的刑事追诉可以无休无止地进行，被告人因为一个行为可能遭受多次追诉和审判。这显然违背了司法裁判的终结性原则。

所谓“终结性”，是指在法院作出生效裁判之后，非依法律明确规定，不得启动对该案件的再审程序；控辩双方之间的利益争端一旦由裁判者以生效裁判的形式加以解决，一般就不得再将这一争端纳入司法裁判的范围。“终结性”是对司法裁判活动在终结环节上的要求，也就是要求某一案件的诉讼程序在裁判结论产生之后即告终止，生效裁判应具有“定分止争”的效力。

在刑事诉讼中，司法裁判的终结性一般又被称为“一事不再理”（Non bis in idem），或者“对同一罪行不得两次惩罚”（Non bis in idem crimen）。

根据这一理念，法院的判决一经生效，就具有了“既判力”。考虑“既决事项被接受为真实的”（Res iudicata pro veritate accipitur），法院不得对那些已经具有既判力的案件重新审判，也不能对被告人所实施的同一犯罪行为进行两次以上的刑事处罚。

在当代大陆法国家的刑事诉讼制度中，“一事不再理”属于一项极为重要的诉讼原则。根据这一原则，刑事追诉机构和司法裁判机构，对于任一业已经过生效裁判的案件，一般不再重新启动追诉或裁判程序。为此，对生效裁判的再审一般被视为一种例外，在申请主体、申请理由、申请时效等方面应受到极为严格的限制。在大陆法国家的学者看来，"一事不再理"原则的贯彻可以维护法的安定性，防止因为再审的随意开启而破坏法律实施的稳定性和安全性。

英美法一般不存在抽象意义上的"一事不再理"原则，而是极为严格地限制对同一被告人的同一行为的双重性追诉。英美法确立了"禁止双重追诉"或"免受双重危险"的原则，并将"任何人不因同一行为而受到两次以上的追诉危险"视为一项宪法权利。这一原则既对国家刑事追诉权构成一种限制，又使那些处于被追诉地位的个人受到一种特殊的保护。具体而言，国家的刑罚权必须被限制在一定范围之内，而不能无限扩张和不受节制；对个人的刑事追诉一旦进行完毕，无论裁决结论如何，都不能使其重新陷入被追诉的境地，否则个人就会因同一行为反复承受国家的追诉或审查，其权益反复处于不确定、待审查、被判定的状态。而这恰恰是对个人权益甚至人格尊严的不尊重，是非正义和不公正的。

大陆法国家的"一事不再理"原则与英美的"禁止双重追诉"原则，尽管在宗旨方面各异其趣，但都强调司法裁判活动一经结束，就不能再逆向运行——重新使业已裁判的案件处于待判定状态。再审的启动必须受到严格限制：司法机构本身绝对不得重新启动再审程序；再审的案件更多地被限制在有利于被告人的事项上，不利于被告人的再审要么遭到禁止，要么受到极为严格的控制；等等。

司法权的终结性是与司法裁判的目的直接相关联的。一般来说，法院作为解决利益争端、为个人提供权利救济的权威司法机构，在裁判任何案件时，都必须给出一个最终的裁决方案，并使该方案具有稳定的法律效力。只有这样，司法机构才能在社会公众中树立基本的威信，其裁判活动和结论也才能得到社会的普遍尊重。相反，如果“朝令夕改”，法院可以随意撤销已经生效的裁决，那么司法裁判程序将永远没有一个最终结束之时，利益争端将长期得不到终局性解决，国家建立司法裁判制度的意义也就丧失殆尽。另外，随意逆向运行的司法裁判程序还可能使当事人反复陷入诉讼的拖累之中，其利益和命运长期处于不确定和待裁断的状态。尤其是刑事被告人，还可能因再审的反复启动而受到多次重复的刑事追诉，从而面临多次遭受刑事处罚的危险。而这对处于弱者地位的当事人而言，是不具备起码的公正性的。

当然，司法权的终结性必须建立在合理的司法制度设计的基础上。这需要司法裁判程序具备最低限度的公正标准，作为裁判者的法官必须具有良好的品行并遵守职业道德，法院的审级制度也必须尽可能合理，以确保争议各方有充足的获得普通司法救济的机会。

中国刑事诉讼法对于追诉程序的发动作出了一些限制。例如，对任何一个公民提起公诉，都要事先经过严格的立案审查、侦查和审查起诉程序；对任何人提起刑事自诉，也要由法院就案件是否具备起诉的条件，进行严格的程序审查；对于任何一个受到不立案、撤销案件或者不起诉处理的人，侦查机关要重新启动刑事追诉程序，都要进行重新立案；对于那些业已被生效裁判确定有罪或者无罪的人，法院要对该案件重新进行审判，也必须经过法定的“审判监督程序”。显然，无论是对终止刑事追诉的决定，还是对法院所作的生效裁判，公检法三机关如果要将其撤销并启动新的追诉程序，都不会轻而易举地获得成功，而要遇到一系列法律上的障碍。这对于防止任何公民因同一行为而遭受两次以上的刑事追诉，避免其生命、自由或财产权长期处于待判定或者不确定的状态，无疑构成较为重要的程序保障。

但是，基于所谓“实事求是”“有错必纠”的诉讼理念，中国立法机关和司法机构无论是对“一事不再理”原则还是“免受双重危险”的理念，都持一种怀疑甚至批判的态度。无论是在再审程序的启动还是刑事追诉的重新发动方面，公检法三机关都拥有相当大的任意处置权。这就意味着，任何一个因为涉嫌犯罪而曾经受到过刑事追诉的人，都有可能随时遭受新一轮的刑事追诉。在这里，无论是检察机关所作的不起诉决定，还是法院所作的生效裁判，都不具备“既判力”，也都可以因为诸如“认定事实错误”“适用法律不当”等方面的理由而被撤销。为了说明这一问题，笔者将首先观察中国再审程序的启动情况，然后再分析不起诉、撤销案件、不立案等决定的法律效力问题。读者将会看出，我国现行《刑事诉讼法》在确保公民“免受双重危险”方面，确实存在一些缺陷。

按照我国现行《刑事诉讼法》和最高人民法院的司法解释，再审程序在启动方面所受的法律限制是不多的。我们可以假设某一公民被原审法院作出了生效的无罪判决，而这一判决事后又被认为在认定事实方面"确有错误"。为了纠正这种"错误"，剥夺该公民因为法院的"错误"裁判而获得的不当利益，法院可以通过多种途径重新发动审判程序。

首先，法院有权随时启动再审程序。原审法院的院长可以将案件提交本院审判委员会进行讨论，以直接发动重新审判程序；上级法院如果发现这一判决"确属错误"，既可以指令原审法院或者其他下级法院重新审判，也可以直接提审；最高人民法院如果发现这一判决有错误，可以指令原审法院或者其他下级法院重新审判，必要时也可以直接提审。

其次，检察机关如果发现原审法院所作的无罪判决在认定事实上"确有错误"，也可以通过抗诉发动"审判监督程序"。这种抗诉一般有两种情况：一是上级检察机关就该错误裁判，直接向其同级法院提出抗诉；二是最高人民检察院就该错误判决，直接向最高人民法院提出抗诉。根据《刑事诉讼法》的规定，检察机关一旦提出这种再审抗诉，法院就必须依法开启再审程序。这就使检察机关事实上拥有发动再审程序的权威。

最后，对于这一生效的无罪判决，被害人或者自诉人如果不服，还可以依法向法院或者检察机关提出申诉。法院、检察机关分别对这种申诉进行审查后，如果发现申诉具有法定的正当理由，就可以按照各自的程序，发动再审程序。显然，被害人、自诉人尽管可以就生效判决提出申诉，但是再审程序的最终启动权却掌握在法院和检察机关手里。

值得注意的是，对于原审法院所作的生效判决，法院、检察机关在提起再审程序方面，是不需要有明确、严格的理由限制的。只要它们认为原审判决在认定事实或者适用法律方面“确有错误”，就可以发动有利或者不利于被告人的再审程序。尤其值得注意的是，我国《刑事诉讼法》对这种不利于被告人的再审程序的启动是没有期间限制的。从理论上讲，一项生效的刑事裁判一旦被发现“确有错误”，那么，无论该裁判已经经过多长的生效期间，法院和检察机关都可以提起再审程序。

不利于被告人的再审既然可以较为容易地启动，那么有利于被告人的再审又怎么样呢？事实上，中国《刑事诉讼法》并没有以是否有利于被告人这一标准对再审程序进行区分。我们完全可以推断，法院在对被告人不持偏见的情况下，既可以提起有利于被告人的再审，也可以提起不利于被告人的再审。但是，检察机关名为“国家法律监督机关”，实际又肩负着部分侦查和全部提起公诉的工作，其刑事追诉活动的成功往往要建立在被告人受到有罪裁决的基础上，因此，面对法院所作的生效无罪或者罪轻裁判，检察机关通常都会从其职业利益出发，提出再审抗诉，从而引发再审程序。而在司法实践中，检察机关为被告人的利益而提出再审抗诉的情况是极其罕见的。

不难看出，检察机关通过提起抗诉所引发的再审一般都是不利于被告人的再审程序。相反，被告人及其法定代理人、辩护人通过申诉所引发的再审，几乎都是为追求无罪或者罪轻判决而提起的再审，也就是有利于被告人的再审。相比之下，有利于被告人的再审实际要比不利于被告人的再审更加难以启动。这充分显示出，一名公民一旦处于“犯罪嫌疑人”“被告人”的境地，法院一旦对其作出了生效的有罪判决，那么，他所面临的将不仅是“双重危险”，而可能是多重危险。

# 没有原告，就没有法官

Nemo iudex sine actore

法官的使命是裁断，

而不是发现。

↓

一尊藏于意大利佛罗伦萨圣母玛丽亚百花大教堂南侧钟楼里的正义女神高浮雕作品，

托斯卡纳的雕塑师 **Andrea Pisano**（1290~1348）大约创作于 1343~1360 年。

在司法裁判过程中，法官究竟应保持消极中立的地位，只根据控辩双方提交的证据、事实和主张来作出裁判，还是积极主动地发现事实、适用法律，从而实现正义的裁判结果呢？对于这一问题，法律界向来存有争议。一种观点认为，根据“不告不理”的理念，法官应当保持基本的中立性和被动性，只对当事人提交的证据、事实和主张作出裁断。另一种观点则认为，法官假如始终保持这种被动性和中立性，在审判中就将难有作为。根据“司法能动主义”的基本理念，法官应当善于适用法律、解释法律，必要时还要创制法律规则。因此，法官可以主动地、积极地影响社会生活，推动法律的发展和变革。

上述争议在一定程度上体现了人们对法官法律地位和社会角色的不同认识。但假如我们认真分析一下两种观点的语境和适用条件，就不难发现，第一种观点在“事实认定”领域具有更大的合理性，而第二种观点在“法律适用”领域则具有较大的说服力。毕竟，在法律适用过程中，法官要将抽象的成文法适用到具体的个案情景之中，既需要恰当地行使自由裁量权，也需要运用经验、理性和良知，来选择某一恰如其分的法律解决方案。尤其是在没有现成成文法可供适用的情况下，法官还有可能对法律条文做出创造性的解释，必要时还要根据法律原则和基本理念来发展成文法。在此情况下，法官一味地保持消极被动的地位，那是远远不可行的。相反，在事实认定过程中，法官假如过于积极主动，将控辩双方没有提出过的证据进行调查取证，将控辩双方没有提出过的事实主动加以审理并进行认定，那就超越了裁判权的适用范围，造成事实上的“不告而理”，要么帮助原告指控被告，要么协助被告抵御原告，这就失去了基本的公正性。

由此看来，无论是强调司法的被动性，还是注重法官的“不告不理”，都主要适用于“事实认定”环节。但在我国司法实践中，法官面对控辩双方提交的证据、事实以及指控的罪名，真的能保持基本的被动性和中立性，从而做到“不告不理”吗？

一个偶然的场合，笔者接触了两份裁判文书，其中一份是广东省中山市人民检察院的起诉书，另一份则是中山市中级人民法院就同一案件发布的刑事判决书。根据起诉书的指控：

> 被告人谭某、王某身为国家司法工作人员，在民事审判活动中，故意违背事实和法律作枉法裁判，收受贿赂，情节严重，其行为已触犯《中华人民共和国刑法》第 399 条第 2 款之规定，构成民事枉法裁判罪……特提起公诉，请依法惩处。［中检刑诉（1998）35 号起诉书］

而中山市中级人民法院在判决书中则认为：

> 被告人谭某、王某在民事审判活动中，故意违背事实和法律作出裁判，但其行为未造成直接的经济损失和重大的社会影响，不属情节严重，故均不构成枉法裁判罪。公诉机关指控两名被告人所犯罪名不能成立，不予采纳。被告人谭某及其辩护人辩称指控枉法裁判罪缺乏事实和证据，经查证属实，依法不构成犯罪。被告人王某及其辩护人辩称其行为不属于情节严重，不构成枉法裁判罪，经查属实，可予采纳。法院最后判决“被告人王某犯受贿罪，判处有期徒刑一年，缓刑二年”，同时“宣告被告人谭某无罪”。（中中刑初字第38号判决书）

表面看起来，这两份法律文书是没有问题的。因为我国法院在判决时对检察机关起诉书指控的罪名加以变更，也就是通常所说的“改变定性”，这已经为人们所司空见惯。对于这种变更，我国现行《刑事诉讼法》并没有予以禁止，而有关的司法解释则明确赋予这种做法以合法性和正当性。

根据最高人民法院的司法解释，“起诉指控的事实清楚，证据确实、充分，指控的罪名与人民法院审理认定的罪名不一致的，应当作出有罪判决”。

迄今为止，各级法院都是根据自行认定事实来确定所要适用的罪名，而不受检察机关起诉的罪名的约束。据说这在不少地方还引发了检法两家机关的争议。原因是法院对罪名作出变更，意味着法院单方面对案件的“定性”作出变更，这往往难以被检察机关所接受。在不少情况下，法院对起诉罪名的变更就是在检察机关不同意，甚至提出强烈抗议的情况下，自行进行的。由此看来，笔者手里的这两份法律文件所涉及的就不再是一个特例，而属于带有普遍性的法律问题了。

按照通常的理解，法院是“维护社会正义的最后一道堡垒”，其天职是以符合正义的方式解决各种社会争端和纠纷，使每一个为维护个人权益而诉诸司法的人都能获得公正对待。要完成这一使命，法院必须在发生争端的双方之间严守中立，既不偏袒一方，也不歧视另一方，更不直接介入控辩双方之间发生的争端，帮助一方对另一方实施攻击或者防御。法院只有保持这种中立无偏的地位，才能不仅在实质上而且在外观上具有公正的形象，取得控辩双方的共同信任，从而以人们能够“看得见”的方式实现社会正义。根据司法裁判活动的规律，裁判者的中立地位与司法裁判的被动性有着密切的关系。什么是裁判者的被动性呢？用诉讼法学的专门术语来解释，就是所谓的“不告不理”。德国学者将司法裁判的这一特征直接称为“控告原则”。[①] 而在美国学者格雷看来：

---

① 关于德国诉讼制度中的“控告原则”，读者可详见陈瑞华：《刑事审判原理论》，北京大学出版社 1997 年版，第四章第一节。

> 法官是一种由某一有组织的机构任命，并应那些向其主张权利的人申请而确定权利和义务的人。正是由于必须有一项向他提出的申请他才采取行动这一事实，才将法官与行政官员区别开来。①

一百多年以前，托克维尔通过考察美国司法制度的运作情况，就对司法权的被动性作出过形象的描述：

> 从性质上来说，司法权自身不是主动的。要想使它行动，就得推动它。向它告发一个犯罪案件，它就惩罚犯罪的人；请它纠正一个非法行为，它就加以纠正；让它审查一项法案，它就予以解释。但是，它不能自己去追捕罪犯、调查非法行为和纠察事实。②

可以说，被动性是司法活动区别于经常带有主动性的行政活动的重要特征之一。在罗马法中，这种司法的被动性经常在一些法律格言中体现出来。诸如**“没有原告，就没有法官”(Nemo iudex sine actore)**、**“法官只应裁断向其提出和证明的事实”(Iudex iuxta et probata iudicare debet)**、**“法官不能自动审判”(Ne procedat iudex ex officio)**，就都显示出法官不告不理、被动裁判的意思。正因如

① 转引自 Donald L.Horowitz, *The Courts and Social Policy*, the Brookings Institution, 1977, pp.22-23。

② [法]托克维尔：《论美国的民主》(上卷)，董果良译，商务印书馆 1988 年版，第 110 页。

此，我们才经常强调："法官的使命是裁断，而不是发现。"

裁判者的被动性首先体现在司法程序的启动方面。其基本要求是，法院的所有司法活动只能在有人提出申请以后才能进行。没有当事者的起诉、上诉或者申诉，法院不应主动受理任何一起案件。换言之，法院不能主动对任何一项争端进行裁判活动，它也不能主动干预社会生活，而只能在有人向其提出诉讼请求以后，才能实施司法裁判行为。同时，法院一旦受理当事者的控告或者起诉，其裁判范围就必须局限于起诉书所明确载明的被告人和被控告的事实，而绝不能超出起诉的范围去主动审理未经指控的人或者事实。换句话说，法院或法庭的裁判所要解决的问题只能是控诉方起诉的事实和法律评价，即被告人被指控的罪名是否成立；如果认为成立，就应按照控方主张的罪名作出有罪裁判；如果不成立，则应作出无罪判决。法院如果超出这一限制，而主动按照控方未曾指控的罪名给被告人定罪，就与司法程序的被动特征和"不告不理"原则直接发生冲突。

显然，保持被动性的司法权具有明显的对控告请求进行应答的特征。正是基于这一点，人们通常又将这种被动性直接称为"应答性"。这种司法裁判权尽管有时显得较为强大，但其裁判范围却不能由其自行加以确定，而掌握在控告者或其他诉讼请求者手中。

司法裁判权的被动性不仅体现在第一审程序，也体现在上诉审和再审程序之中。我们注意到，无论在英美法国家还是大陆法国家，尽管上诉审的审级设置以及上诉审的构造各不相同，但上诉审法院在就未生效判决进行重新审查时，几乎无例外地都要受制于上诉申请的事项范围。换言之，上诉审法院对于控辩双方未曾提出异议的裁决内容，一般均视为已被双方接受，而不再进行审查或作出重新裁判。对于初审裁决结论，控辩双方如果并不持有任何异议，而在法定上诉期内放弃上诉权，那么上诉审程序也就没有必要发动。与此同时，两大法系国家的再审程序尽管各具特色，但有一点是共同的：任何法院都不得自行主动撤销某一已经发生法律效力的裁决，从而启动再审程序；再审只能由检察机构和被告人双方申请启动。

司法权的这种被动性不仅体现在实体性裁判之中，而且也体现在程序性裁判活动中。法院无论是就警察的逮捕、搜查、扣押、羁押等进行司法授权、初次听审，还是就被羁押者的申请进行司法审查，都只能在有人提出诉讼请求的前提下进行。换言之，为那些权利受到侵害的人提供救济的司法审查，本身就是一种被动性的制度设计：没有有关的诉讼请求，法院不会进行这种司法裁判活动；法院对那些程序性事项的合法性审查，也主要局限在申请者提出的诉讼请求范围之内。

那么，法院在启动司法裁判程序方面为什么要保持被动性呢？这可以从以下几点得到解释：

首先，只有被动地运用司法权，法院才能真正在争议各方之间保持中立和不偏不倚。而主动地发动裁判程序，或者主动将某一事项纳入司法裁判的范围，只能使法院丧失中立裁判者的立场，实际帮助案件的原告或者被告与对方进行诉讼抗争。

其次，法院不主动干预控辩双方之间的讼争，可以为双方平等地参与司法裁判过程、平等地对法院的裁判结论施加积极的影响，创造基本的条件。

再次，法院不主动发动新的诉讼程序，有助于裁判的冷静、克制和自律，防止出现裁判者在存有偏见、预断的心理预期的前提下，进行实质上的自我裁判活动。按照拉德布鲁赫的说法，如果原告就是法官，那只有上帝才能充当辩护人。①

最后，司法权的被动性是确保裁判过程和结论获得争议各方普遍认同，使裁判者的公正形象得到社会公众信赖的基本保证之一。

前文提到的案例所违背的恰恰就是司法裁判的被动性原理。在这里，法院在未征求控方意见的情况下，判定被告人王某犯有起诉书未曾指控的新罪名——受贿罪，对未经检察机关起诉的罪名进行审理并作出裁判，超越了起诉书指控的范围，实际充当了第二公诉人的角色。与此同时，法院在未曾向辩护方事先告知的情况下，

① 参见［德］拉德布鲁赫：《法学导论》，米健等译，中国大百科全书出版社 2003 年版，第 121 页。

突然在判决书中认定被告人犯有受贿罪，这既剥夺了被告人事先获知指控罪名和理由的权利，也剥夺了被告人进行防御准备的机会。

在中国司法实践中，法院不仅可以直接变更检察机关起诉的罪名，甚至还可以直接追加起诉的罪名，或者追加新的被告人。换言之，对于检察机关未曾起诉的新的罪名或者新的被告人，法院都有权根据“以事实为根据”的原则，自行提起刑事追诉。这与变更起诉罪名一样，也违背了司法裁判的被动性原理。

或许，有人会为法院进行辩解：如果起诉的罪名真的不能成立，被告人也真的犯有其他罪名，而检察机关却不愿改变起诉的罪名，这时仍然要求法院仅仅围绕起诉的罪名是否成立进行裁判，岂不造成有罪的人逃脱法网吗？对于这一问题，其实读者略微转变一下思路就不难给出答案。本来，国家建立刑事诉讼制度的目的就在于约束和限制国家有关官员的权力，建立一种确保公民个人与国家进行理性争辩的程序机制。无论被告人最终被定罪还是获得无罪释放，这种诉讼结局都只能从国家与个人的平等对抗过程中形成。相对于有效地追诉犯罪这一目标而言，刑事诉讼法似乎更加重视对公民个人诉讼能力和对抗水平的“武装”，因为诸如辩护制、两审终审制、合议制、审判公开原则、回避制等程序设计，无一不是用来保障公民有效地与国家追诉机构进行对抗。而如果不对公民进行这方面的武装或者特殊保护，那么面对强大无比的国家追诉机构，公民个人根本不足以进行任何富有意义的防御，刑事诉讼将可能沦为国家对个人的报复和镇压。在这种情况下，刑事诉讼活动将失去最基本的公正性。

当然，对于变更起诉或者追加起诉问题，大陆法国家与英美法国家采取了不同的解决方式。以英美陪审团审判为例。检察机构将案件起诉到法院之后，陪审团通过听审，有权对起诉的罪名是否成立作出裁断，而法官则只能在陪审团定罪之后才能就量刑问题作出判决。一般说来，起诉的罪名如果不能成立，那么陪审团会作出无罪的裁断，而不会将被告人判处另一个罪名，更不会将那些未被起诉的罪名或被告人予以治罪。

相反，大陆法国家对此则采取了不同的处理方式。例如，在德国，法庭经过审理，如果发现起诉的罪名明显不能成立，被告人实际犯有另外一项罪行，或者案件有新的罪名、被告人需要追加，就可以征询检察机关的意见，在其同意的情况下，使其撤回原来的起诉，重新送达变更后的起诉书，然后重新就新的指控进行法庭审判。而在重新审判之前，法庭必须将新的起诉书重新送达被告人、辩护人，使其进行防御的准备。但无论如何，法院都不得自行变更起诉，或者主动追加新的罪名或新的被告人。这一点，是诉讼上的控告原则或者“不告不理”原则的基本要求。

看来，从司法裁判的被动性出发，我们还必须进一步思考法庭审判的价值究竟何在的问题。本来，就民事诉讼而言，当事人在将案件提交法院之前，可能已经求诸和解、调解、仲裁等各种非诉手段，最后诉诸司法程序完全属于不得已的事情。而就刑事诉讼来说，公诉案件在法院受理之前，都会经过侦查机构的侦查和检察机关的审查起诉活动，并在这些机构认为具备起诉条件之后才会移送法院起诉。可以说，司法裁判要么成为当事人维护自己权益的最后一线希望，要么成为决定受国家追诉的个人最终命运的关键阶段。而国家建立司法裁判制度的最大目的，就在于通过法院和法庭这一窗口，给予每一个公民以公正的关怀，对每个人的权益给予同等的关注；即使对于那些依法必须追究其刑事责任的人，也必须尊重其人格尊严，给予其充分的争辩、理性的协商和有效的防御机会，防止其成为消极等待国家处理、被动承受国家追究的诉讼客体，或者沦为社会和国家用来实现其整体利益的工具和手段。只有这样，社会公众对于国家的法庭、法院、司法程序甚至法律制度才会产生自觉自愿的尊重和信任，并具有维护这一法律制度的良性动力。对于国家和社会而言，不应仅仅强调公民对自己权威的服从，而更应考虑如何保证他们得到基本的关怀和重视；而对于每一个公民而言，一旦在自己的权益面临威胁的关头仍能得到国家的尊重和宽容，自己就会更加主动地维护现有的秩序。可以说，现代社会的诸多矛盾、冲突、争端，如果能被合理地吸纳进司法裁判活动的轨道，并按照法律程序的逻辑进行消解和处理，那么许多政治性的问题都可以化解为法律问题，公正的法院会替代政治权威承担更多的责任和风险。换句话说，公正的司法裁判制度是国家长治久安的前提。

分析到这里，读者就不难看出在我国进行司法改革的必要性和艰巨性了。说其“必要”，是因为大量有违程序正义的做法甚至制度正在司法实践中得到奉行，这些做法和现象实际属于另一类型的“司法不公”。说其“艰巨”，是因为司法实践的现实与现代司法裁判活动的基本规律存在相当大的距离，人们不得不在迁就现实与批判现实中寻求平衡点。不过，面对日益功利化的社会和更加功利化的法律制度实践，确实需要有一种冷静的道德评判，也需要为司法改革提供一些基本的价值评价标准和尺度。以裁判者的中立性标准为例，人们可以批评其模糊性和相对性，却不能怀疑其客观性和必要性，尤其不能否认存在一些最低限度的中立性尺度。

司法裁判究竟应保持主动性还是被动性，这对于立法决策者、司法官员甚至法学研究者而言，都是一个有待解决的理论难题。长期以来，中国法律一直对此加以回避。不过，根据这一法律的精神，法院在行使裁判权时确实应具有一定的被动性。例如，所有刑事案件都要首先由公诉机构或自诉人提出起诉，然后法院才能加以受理，并作出裁判。法院不能主动将一个案件提到法庭上自行加以审理。这显然体现了“不告不理”的基本精神。

又如，在法庭审理过程中，法官不再像过去那样过于主动地提出和调查证据，几乎所有证据都由检察官、辩护人向法庭提出，并由他们自行进行询问和质证；控辩双方如对某一证据或程序问题有异议，可向法庭提出异议，法庭在对有关理由进行审查后，作出是否准许的裁决。显然，即使是在程序性裁判事项方面，刑事诉讼法也要求裁判者只能在诉讼主张提出之后，才能进行裁判活动。

然而，如果按照被动性的原则重新加以衡量的话，那么法律的不少规定其实都是值得深刻反思的，我国法院的很多裁判方式也都是存在争议的。

其一，在我国刑事诉讼中，二审法院一旦接受上诉或者抗诉，就应对案件在证据采纳、事实认定和法律适用等方面进行全面的审查，而不受上诉或者抗诉范围的限制。这种所谓的“全面审查”原则不仅体现在刑事诉讼中，而且在民事诉讼和行政诉讼中也都得到了贯彻。但很显然，二审法院对于一审裁判中未引起控辩双方异议的部分都自行加以审查，这实际意味着法院成为主动提起诉讼的一方，背离了司法被动性的基本原则。

其二，被告人被判处死刑的案件要经过专门的死刑复核程序，而这种程序的启动权却不属于控辩双方，而是在下级法院直接向最高人民法院或者高级法院进行行政性的报批后自行运行。这种死刑复核程序的启动方式，显示出法院“不告而理”的特征，从而使这种程序带有极强的行政化色彩。

其三，对于已经发生法律效力的裁判，各级法院院长、上级法院和最高人民法院如果发现在认定事实或适用法律方面“确有错误”，就可以按照法定程序提起可导致再审的审判监督程序。在这一制度和实践中，法院也没有甘于担当被动裁判者的角色，而是在控辩各方没有提出诉讼请求的情况下，自行对各种事实或法律问题进行了审理，主动发动了新的诉讼程序，并作出新的裁判结论。法院所获得的或许是个案中的“正确裁判”，但它所丧失的则是基本的中立地位，以及作为司法裁判者所本应具有的中立态度。

其四，法院无论是在一审阶段还是在二审环节，在结束了法庭审理程序之后，经常继续主动进行庭外调查核实证据活动，要么自行收集某些实物证据，要么向有关证人进行单方面询问，要么单方面组织司法鉴定，要么接受控辩双方提交的一份新的证据材料。通过这种庭外调查核实证据活动，法院通常获取了新的证据、新的询问笔录或者新的鉴定意见。但是，未经恢复法庭调查，法庭就直接将这类证据材料采纳为定案的根据。根据现行法律，未经法庭举证、质证和辩论的证据，不得作为定案的根据。但是，对于一审法院违反这一规定的行为，二审法院经常不闻不问，不作出撤销原判、发回重审的裁定；对于二审法院擅自将二审中发现的新证据采纳为定案根据的行为，当事人即便提出再审申请，法院也很少以此为由，作出再审的决定。

其五，法院通过法庭审理，一旦发现检察机关指控的罪名不能成立，不是裁判指控不能成立，而是直接改变罪名，将一个未经起诉、未经辩护也未经法庭审理的新的罪名，强加给被告人。对于这种做法，刑事法官的普遍观点是，只要检察机关认定的“犯罪事实”是成立的，那么，对该事实构成何种罪名的评价，应由法院独立作出。不仅如此，对于检察机关指控的单位犯罪，法院经过审理，既可以将单位犯罪改为自然人犯罪，也可以在裁判时追加单位被告人。法院这种裁判方式，就连指控的犯罪主体都予以变更了。这显然属于一种变相的“不告而理”。

由此看来，要实现真正的“不告不理”，要将法院审判的范围限制在检察机关起诉的范围之内，要实现司法裁判的被动性和中立性，我们还面临一系列观念上的障碍，也还有很长一段路要走。

# 无救济则无权利

A right without remedy is not right

即使法律对公民权利规定得再完备、列举得再全面，

如果在侵权行为发生之后，

公民无法获得有效的法律救济的话，

那么，这些法律上的权利也都将成为一纸空文。

↓

位于英格兰什鲁斯伯里市圣玛丽教堂（St. Mary's Church，Shrewsbury）里的以正义女神为主题的花窗玻璃。该教堂拥有雄伟庄严的尖顶，是英格兰最高的尖顶教堂之一，教堂里的高大窗户是由 14 世纪中叶罕见的英格兰玻璃制作的。

自2012年以来，我国法律为辩护律师确立了一系列新的诉讼权利。例如，律师在侦查阶段无论是受委托从事辩护活动，还是被指定提供法律援助，都拥有了“辩护人”的身份和地位；除法定特殊案件以外，律师只要携带三种证件到看守所，看守所就应无条件安排会见，而无须取得办案机关或办案人员的同意；律师会见在押嫌疑人，不被监听，法律也禁止侦查人员在场；自审查起诉之日起，辩护人在会见在押犯罪嫌疑人、被告人时，可以向他核实有关证据；在审查起诉和开庭前阶段，律师都可以到检察机关和法院查阅、摘抄、复制有关案卷材料，并可以使用诸如“拍照”“扫描”等较为便捷的阅卷手段；在庭前会议阶段，律师可以申请法院调取新的证据，通知证人、鉴定人、侦查人员、有专门知识的人出庭作证……不仅如此，在审判前阶段，律师还可以向侦查人员、审查批捕的检察官以及审查公诉的检察官当面发表辩护意见，其书面辩护意见还要被载入案卷笔录。律师还可以参加甚至启动庭前会议，就回避、证人出庭、非法证据排除等程序争议事项发表辩护意见。

但是，在辩护律师权利得到扩大的同时，人们不禁也会提出一个疑问：新增加的诉讼权利和程序保障真的可以得到有效的实施吗？假如侦查人员、公诉人或者法官拒绝辩护律师的诉讼请求，或者故意侵犯律师的诉讼权利，律师究竟应向哪里申诉呢？受理这种申诉的司法机关又如何处置来自公检法机关的侵权行为呢？

这不禁令我们想起一句著名的英国法谚："无救济则无权利。"这句法谚有时还被表述为："一项没有救济的权利根本不成其为权利。"

这句法律谚语告诉我们：即使法律对公民权利规定得再完备、列举得再全面，如果在侵权行为发生之后，公民无法获得有效的法律救济的话，那么，这些法律上的权利也都将成为一纸空文。面对自己的权利被侵犯的局面，公民经常会有"有冤无处申""有苦无处诉"的感觉，甚至会濒临"状告无门""申请无路"的困境。因此，国家的宪法和法律不能仅仅满足于进行权利条款的列举，还必须建立若干种权利救济的途径，使那些权利被侵犯、自由被剥夺的公民，能够诉诸法律，获得司法审查和司法救济的机会。正因为司法救济对公民权利保障具有如此重要的作用，人们才将获得庭审的权利视为第一人权，也就是其他所有实体性权利、自由得以实现的中介和桥梁。

普通公民的权利需要救济机制的保障，辩护律师的权利也不例外。法律在不建立基本救济机制的情况下，继续扩大律师辩护权利的外延和范围，最多只能达到在书本法律中列举更多“权利条款”的效果，而并不会带来律师辩护效果的实质性改善。而这些书本中的辩护权利一旦因为无法得到有效救济而变得形同虚设，那么，刑事诉讼法的实施就将成为一句空话，立法机关建立法律规范的预期目的也将化为泡影。因此，在刑事司法改革过程中，应当认真地对待辩护权利的救济问题，并将其作为检验刑事诉讼法是否得到有效实施的原则问题。

通常说来，权利救济主要分为两个层面：一是“结果性救济”；二是“过程性救济”。所谓“结果性救济”，是指针对那些违反法律规定、侵犯公民权利的行为，法律所设置的制裁性后果。对于侵权者而言，这种制裁足以构成一种剥夺其利益的惩罚措施；而对于被侵权者来说，这种制裁则具有补救、抚慰等方面的功效。按照制裁的方式不同，“结果性救济”大体可分为两类：一是“实体性制裁”，也就是直接剥夺侵权者利益的惩罚性后果，如追究侵权者的民事责任、行政责任、刑事责任等，其核心特征在于令侵权者的利益受到损失；二是“程序性制裁”，也就是针对侦查机关、公诉机关、法院违反法律程序的行为，法律确立一种旨在宣告其无效的程序性制裁措施，如对侦查人员违法所得的证据（非法证据）确立排除性的后果，对于法院违反法律程序所作出的判决作出撤销的裁决，等等。考虑到实体性制裁主要由刑法、民法和行政法所设定，诉讼法所确立的独特制裁方式却是以宣告无效为标志的“程序性制裁”，因此，刑事诉讼中的“结果性救济”，主要是指这里所说的“程序性制裁”。

另一种救济方式则是“过程性救济”，也就是为被侵权者所提供的诉诸司法裁判程序的救济机制。无论是自然人还是法人团体，在其基本权利遭受侵犯之后，都有一种获得权利救济的本能欲望。而要实现这一愿望，法律就必须设置多种程序机制。其中，由法院所提供的司法救济就属于最后的、也是最为有效的救济机制。被侵权者一旦将其遭受侵权的情况诉诸司法机关，后者就应为此举行专门的司法庭审程序，使被侵权者可以与侵权者进行面对面的举证、质证和辩论，司法机关作为裁判者，通过庭审活动，来认定案件事实和适用法律。而在刑事诉讼中，作为被侵权者的犯罪嫌疑人、被告人、辩护律师，要获得这种“过程性救济”，就要针对侦查机关、公诉机关、法院剥夺其辩护权利的行为，获得向法院申请司法裁判的机会，促使法院对侦查、起诉或审判程序的合法性进行司法审查。

中国刑事诉讼法尽管对律师在审判前程序中的各项“诉讼权利”作出了列举式规定，但却没有确立任何“结果性救济”条款，也没有为律师设定获得“过程性救济”的出路。这使得几乎每一项权利条款在其被转化成为“法律规则”之时，就属于一系列“不可救济”的权利。除非侦查机关、检察机关主动执行这些规则，自愿为律师的辩护活动提供便利，否则，这些权利条款几乎是无法真正实现的。

例如，在会见在押犯罪嫌疑人问题上，刑事诉讼法尽管确立了所谓的“无障碍会见权”，允许辩护律师会见在押的犯罪嫌疑人，向犯罪嫌疑人了解有关案件情况，但是，假如看守所要求律师会见需要取得侦查机关的批准，而侦查机关又拒不批准，或者看守所以律师所持有的证件或者携带的文件不符合“有关规定”为由，拒绝律师会见的，法律对此没有确立任何明确的制裁性后果。又如，刑事诉讼法尽管为律师设置了两次查阅、摘抄、复制案卷材料的机会，但假如检察机关或者法院无理拒绝律师查阅某一重要控诉证据，律师究竟能否要求法院强制调取该份证据，这是非常不明确的问题。检察机关假如拒绝提供这份证据，或者法院拒绝帮助律师调取这份证据，法律也没有确立任何程序性制裁后果。再如，法律尽管允许律师帮助被告人提出排除某一非法证据的请求，但是，假如法院拒绝受理而又不提供任何理由，或者法院对律师的请求一律驳回，律师还能向上级法院重新提出排除非法证据的请求吗？二审法院究竟是重新审查排除非法证据的申请，还是对下级法院无理拒绝排除的裁决进行司法审查呢？对此，法律都没有确立明确的救济方式。

其实，律师在辩护活动中所遇到的困难，可以被归结为法律对侵权行为不设定任何制裁性后果的问题。作为一种强调“程序中心主义”的制裁方式，程序性制裁并不一定导致侵权者个人承担法律责任，却可以产生“剥夺违法者违法所得之利益”的功效，最大限度地消除违法者侵犯诉讼权利的动力，从而迫使其不得不遵守法律所规定的诉讼程序。只有这样，违法者的侵权行为才能够得到遏制，法律程序规则也才有得到实施的可能性，那些为法律所设定的权利也才能得到救济。

令人遗憾的是，在辩护制度的改革过程中，人们习惯于为解决现实问题而扩大权利保障的外延和范围，或者设定一些新的诉讼权利条款，并将此视为解决中国问题的“灵丹妙药”。但是，如果连已有的权利保障条款都无法得到实施的话，那么，新增程序设计条款不也会面临被搁置、被规避甚至被架空的风险吗？

而从“过程性救济”的层面来看，由于法律没有对那些限制律师辩护权利的行为确立明确的程序性制裁条款，律师向法院寻求司法救济也就没有任何法律基础了。无论是会见在押犯罪嫌疑人、查阅案卷材料、申请变更强制措施还是申请法院调查取证，律师在这些辩护活动中一旦遇到困难，都无法将问题诉诸司法裁判程序，法院也不会对侦查机关、检察机关甚至下级法院拒绝为律师提供法律保障的行为，进行任何形式的合法性审查。在某种程度上，律师在获得司法救济方面所面临的困境，与任何一个普通的申诉信访者的境遇，几乎没有任何实质性的差别。

早在20世纪末，一些律师针对那种极其严重的侵犯会见权的行为，曾将公安机关告到法院，法院以行政诉讼的方式进行了受理，甚至在极个别的案件中，律师还获得了胜诉，法院以行政裁判的方式支持了律师的会见请求，并宣告公安机关剥夺律师会见权的行为属于违法行为。但是，随着最高人民法院的司法解释将侦查行为排斥在行政诉讼的“受案范围”之外，这种通过提起行政诉讼来获得权利救济的道路最终被堵死。

2010年以来，随着非法证据排除规则的逐步确立，我国法律建立了法院对侦查行为的合法性进行司法审查的制度。根据这一制度，被告人及其辩护律师向法院提出侦查人员存在违反法律程序行为，要求排除非法证据的，法院只要认为这一诉讼请求符合法定的受理条件，就应当终止对案件的实体审理，优先解决侦查行为的合法性问题。在这种程序性裁判中，公诉方要承担举证责任，传召侦查人员及其他证人出庭作证，出示案卷笔录，播放录音录像资料，以证明侦查行为的合法性。由此，在中国刑事审判制度中，首次出现了一种针对侦查行为合法性问题举行的程序性裁判机制。这是一种“诉中诉”、“案中案”或者“审判之中的审判”，是中国刑事审判制度的重大发展。

显然，这种针对侦查行为合法性所确立的程序性裁判机制，是由法院在刑事诉讼过程中所启动的司法审查之诉。相对于我国已有的刑事诉讼、民事诉讼、行政诉讼而言，这种司法审查之诉属于“第四种司法裁判形态”。既然法院可以对侦查人员涉嫌刑讯逼供等方面的侦查行为进行司法审查，那么，对于侦查人员任意剥夺律师会见权的“非法侦查行为”，法院为什么就不能进行类似的司法审查呢？假如这种程序性裁判机制能够从非法证据排除规则扩大到对律师会见权的保障问题上，那么，辩护律师遇到会见权受到侵犯的情形，岂不就可以在刑事司法体系中获得司法救济了吗？

通过律师的诉讼权利在刑事司法领域中所遭遇的困境，我们还可以进一步讨论中国其他方面的权利救济问题。

例如，在行政诉讼领域，国家法律和司法解释往往对法院的受案范围作出了严格的限制，将那些具有立法性质的“抽象行政行为”的合法性、合宪性以及各种行政行为的合理性问题，一律排除在诉讼对象之外。

又如，无论是公安机关的治安处罚，还是其他行政机关的行政制裁，都仍然沿袭了“行政处罚先行、行政诉讼后续”的救济方式。行政机关一旦作出行政处罚，包括轻微的警告、罚款以及较为严厉的行政拘留、行政收容、责令停产停业等，都立即发生法律效力，并直接引发行政机关的执行程序。而那些被处罚的“相对人”，无论是自然人还是单位，都只能在接受行政处罚之后，向法院提出被俗称为“民告官”的行政诉讼。但这种司法审查之诉即便被受理，也不影响行政处罚的生效和执行。从实质上看，这种带有事后救济性质的行政诉讼，其实与刑事诉讼中的“再审程序”在救济效果上并无实质差异。一些有识之士早就指出：在行政处罚方面，最有效的救济方式不是“民告官”，而应是“官告民”。设想，行政机关在准备作出行政处罚之前，向法院提起诉讼，将案件诉诸司法程序，法院经过审理，作出裁决，确认行政机关的处罚为合法的，这种处罚才产生法律效力；而认定行政处罚不合法的，则驳回行政机关的处罚请求。由此，行政机关就从行政处罚的决定者变成了申请者，相对人则从行政处罚的被处罚者变成辩护者。通过这种由“民告官”向“官告民”的程序转变，相对人的权利就可以获得更为有效的救济。

在权利救济方面存在缺陷和漏洞的还远不止行政法。我国宪法至今都没有建立旨在为公民权利提供最终法律救济的宪法裁判制度。宪法对公民的基本权利作出了较为详细的列举式规定，确立了公民的受教育权、劳动权、工作权、休息权、生命权以及其他经济、社会、文化方面的权利。同时，宪法还确立了公民的游行、结社、集会、出版、言论、选举、被选举等政治性权利，规定公民的人身自由不受任意侵犯，公民在面临刑事追诉时有辩护权……但在上述权利得不到保障，尤其是遭受来自政府机构甚至司法机构的侵犯之时，公民通过什么途径获得有效的司法救济呢？对于这一点，宪法并没有给出明确的答案。而中国的宪法实践也表明，那些权利、自由受到国家机构侵犯的公民，在用尽法律提供的普通救济机制之后，比如，在自己的案件被两级法院审理终结之后，如果仍然不能获得有效的救济的话，一般也就没有其他的司法救济机会了。更进一步地说，地方各级司法机构如果拒不为其提供权利的救济，甚至对其案件根本就不予受理的话，那么，处于弱者地位的公民将无法诉诸国家的宪法裁判机制。

显然，宪法裁判作为公民权利的最后一道司法救济机制，并没有在中国建立起来。结果，一旦用尽了极为有限的两审终审的司法救济途径，一旦自己的起诉、申请不能为普通法院所受理，一旦国家公权力机构严重践踏人权而又不能受到法律的明确约束，公民都将无法以宪法条款为依据，将案件诉诸专门的宪法裁判机构。在目前的制度框架内，宪法本身不具有可诉性和可救济性，宪法很难成为法院裁决的直接法律依据；宪法也没有对公民基本权利和自由设定明确的救济机制；国家没有建立专门的宪法裁判机构，使违宪审查成为遥不可及的理想。在这种情况下，对公民权利和自由的法律保障将很难具备宪法上的依据，也因此丧失了最为坚实的宪法基础。

由此看来，在今后的法制建设中，公民权利的救济问题应当与公民的权利保障一起，受到同样的认真对待。罗马法时代还曾有另一句著名的谚语："有权利则必有救济。"（Ubi jus ibi remedium）无论是立法者还是司法改革的决策者，在扩大公民权利的保障范围，增加公民权利的种类的同时，还需要扪心自问：这些权利一旦遭受侵犯，法律应对侵权者设定怎样的惩罚性后果呢？被侵权者应当向哪个机构去"讨说法"呢？只有认真地回答这些问题，公民的法律权利才能从"书本"走到"现实"，那种"有冤无处申""有理无处诉"的悲剧也才能发生的少一些。

# 如果原告就是法官，那只有上帝才能充当辩护人

Wer einen Ankläger zum Richter hat,
braucht Gott zum Advokaten

法官既然同时是原告，

那么，所谓的“法庭”也就等于“私设公堂”，

所谓的“审判”也就相当于“谋求一己之私”。

↓

这尊正义女神雕塑由意大利雕塑家 **Bonino da Campione**（1325~1397）

创作于 1357 年，

藏于美国国家艺术博物馆（**National Gallery of Art**）。

“如果原告就是法官，那只有上帝才能充当辩护人”，德国法学家拉德布鲁赫曾援引这一格言来评价欧洲中世纪的纠问式诉讼制度。在他看来，纠问式诉讼程序的贡献在于“使人们认识到追究犯罪并非受害人的私事，而是国家的职责”，但“其严重错误则在于将追究犯罪的任务交给法官，从而使法官与当事人合为一体”。这一制度“允许在没人控告的情况下，由法官‘依职权’干预”，从而造成整个程序“只有法官和被控人两方”，“被控人面对具有法官绝对权力的追诉人，束手无助”。[①]

那么，这句格言究竟要表达什么样的意思呢？

“原告就是法官”，是说追诉犯罪的职能与司法裁判职能混为一谈，由一个机构同时充当控告者和裁判者，也就是通常所说的“控



① ［德］拉德布鲁赫：《法学导论》，米健等译，中国大百科全书出版社2003年版，第121页。

审合一”。而“上帝才能充当辩护人”，则是指被告人陷入“有冤无处申”“有状无处告”的境地，根本无法行使辩护权。两者结合起来，是说只要控诉职能与裁判职能不分离，而同时集中在同一机构身上，那么，被告人将无法进行有效的辩护，甚至就连辩护的法律空间都没有。

纠问式诉讼作为一种制度，早已成为历史。然而，这一对纠问式诉讼作出否定评价的格言，却总结了刑事司法改革的经验和教训，提炼出了刑事司法活动的普遍规律，因而有着超越时空的意义。

在刑事诉讼中，辩护权属于犯罪嫌疑人、被告人所享有的一项基本诉讼权利。甚至就连宪法都保障每个公民在面对刑事指控时，享有获得律师辩护的权利。被告人要有效地行使辩护权，除自身可以行使法律所赋予的辩护权以外，还要通过有效地获得律师帮助权来实现。在很大程度上，“辩护权”其实就是“获得律师帮助权”的代名词。正因如此，在几乎所有国家的刑事司法改革中，犯罪嫌疑人、被告人获得律师辩护的机会都被视为维护辩护权的重要标志。而建立和完善法律援助制度，确保尽可能多的贫穷被告人获得无偿的律师帮助，则被视为保障被告人获得辩护的重要制度安排。当然，从“有权获得辩护”到“有权获得律师辩护”，只不过是律师辩护制度发展的第一步而已。辩护律师作用的真正发挥，还有赖于“有效辩护”的实现。也就是说，被告人不仅有权获得“律师辩护”，而且还应获得律师的“有效辩护”，也就是律师通过辩护活动，切实有效地达到了辩护的效果。而假若律师作出了“无效辩护”的话，那么，被告人的辩护权就遭受了侵害，公正审判无从谈起。在此情况下，经历无效辩护的审判程序就不应再具有法律效力，甚至那些不尽职、不尽责的律师，都应该受到职业纪律方面的惩戒。

以上这些无疑是刑事辩护制度发展的基本经验。但是，仅仅关注被告人获得“律师帮助”，或者仅仅督促律师从事“尽职尽责”的辩护，被告人就可以获得“有效辩护”了吗？答案显然是否定的。至少，在“原告就是法官”的情况下，被告人即便得到了最好律师的法律帮助，即便律师在刑事诉讼中提出了最好的辩护意见，辩护效果也是难以尽如人意的。

为什么在“原告就是法官”的程序中，被告人无法获得有效辩护呢？这是因为，在追诉犯罪的职能与司法裁判的职能合二为一的制度中，司法官员同时充当控告者和裁判者角色，整个案件处理过程不具备最起码的诉讼形态。由于“原告本身就是法官”，这一活动缺乏中立的第三方，也就是不存在一个超然的、客观的、利益无涉的裁判者。而那种形式上的“裁判者”，无论是由法官充当，还是由其他司法官员担任，都会同时肩负着追究犯罪的使命，并因而倾向于追求追诉犯罪的目标。换句话说，法官既然同时是原告，那么，所谓的“法庭”也就等于“私设公堂”，所谓的“审判”也就相当于“谋求一己之私”。这样的“法庭”，这样的“审判”，都无法实现正义的目标，而最多以“司法裁判”之名，掩盖其滥用国家刑事追诉权之实。

面对这种享有司法裁判权的原告方，被告人纵然委托到了最优秀的律师进行辩护，受委托的律师纵然使出浑身解数，充分发挥其诉讼攻防、当庭论辩的能力，也无法说服裁判者接受本方的诉讼观点。君不见，在“原告就是法官”的制度中，被告人越是进行激烈的抗辩，法庭就越会将其视为“认罪态度不好”“无理狡辩”甚至“抗拒”，并动辄对其训斥、警告，甚至从重处罚。而在裁判者倾向于追诉犯罪的程序中，辩护律师越是尽职尽责，充分行使辩护权，就越可能与“裁判者”直接发生冲突乃至对抗。相反，那些采取实用主义策略、善于察言观色的律师，与裁判者极尽奉承、配合之能事，反而会在这种程序中“如鱼得水”，可能在量刑上为被告人谋取一定的利益。但是，律师一旦选择无罪辩护的策略，试图完全推翻公诉方的公诉事实，或者选择程序性辩护的方案，直接将侦查人员或公诉方诉讼程序的合法性作为挑战的对象，就有可能激怒那些倾向于追诉的裁判者。这样的辩护要么受到阻挠，要么干脆不起任何作用。

面对控诉职能与裁判职能的集中所带来的问题，我们不得不重新反思“辩护”的真正含义。从字面意义上看，“辩护”就是被控告的一方针对指控所作的申辩。在社会生活中，面对任何形式的起诉或者指控，被控方都有着进行辩解的愿望，目的在于推翻或者削弱指控，以达到正本清源、维护自己利益的目的。这是人之常情，也是一个人的本能反应。但是，在法律科学中，“辩护”却具有特定的含义，也就是为推翻或者削弱犯罪指控，被告人及其辩护人从事实上和法律上说服裁判者接受本方辩护意见的活动。可以看出，“法律意义上的辩护”并不是那种简单的申辩或者辩解，而是在第三方面前，将自己有关被告人不构成犯罪或者应当从轻、减轻或免除刑罚的辩护意见加以陈述和论证的活动。陈述和论证本方观点，其根本目的在于说服裁判者接受自己的观点。正因如此，“法律意义上的辩护”其实是一种“说服法官的诉讼活动”。在一定程度上，刑事辩护的艺术也就是说服法官的艺术。

在“原告就是法官”的制度中，无论是被告人还是辩护律师，所能做的最多只是一种自然意义上的申辩，而无法从事法律意义上的辩护。这一制度造就出一种程序困境：名义上的“裁判者”要么本身就是原告，要么倾向于追诉犯罪，而根本无法维持“控辩双方平等对抗”的环境；被告人及其辩护人不得不陷入“求情”或者“哀告”的窘境，而无法对裁判者进行有效的交涉和说服；裁判者面对被告人、辩护人的积极抗辩，本能地心存抵触和反感，就根本无法耐心听取其辩护意见了。

“如果原告就是法官，那只有上帝才能充当辩护人”，这句格言足以告诫我们：在进行刑事司法改革、发展辩护制度的过程中，我们不仅要关注犯罪嫌疑人、被告人获得律师帮助的权利，而且还要努力将国家追诉犯罪的活动纳入诉讼的轨道。为此，我们需要建立最低限度的诉讼形态，确立控诉、辩护与裁判三元共存的诉讼构造，促使追诉犯罪的职能与司法裁判的职能彻底分离。唯有如此，才能造就出一种真正中立的第三方，为“法律意义上的辩护”创造基本的制度空间，使刑事辩护不再仅仅流于被动的求情或者无奈的哀告，而真正成为“说服法官的艺术”。

通过这句格言，我们还可以对近年来的刑事司法改革进行一些反思。从1996年以来，我国的刑事辩护制度一直发生着积极的变革。那一年通过的《刑事诉讼法》首次允许律师介入审判前的诉讼活动，尤其是在侦查阶段，可以通过会见在押的犯罪嫌疑人，为其提供一些必要的法律帮助。而在审查起诉阶段，律师更是可以通过有限度的阅卷和调查活动，来维护犯罪嫌疑人的权利，并为法庭上的辩护进行必要的诉讼准备。而到了2012年，律师在审判前阶段的参与则是出现了实质性的突破。律师在侦查阶段首次取得了“辩护人”的地位；律师可以直接向侦查人员发表辩护意见，其书面辩护意见还要被载入侦查案卷笔录，并随案移送；律师可以向负责审查批捕的检察官发表辩护意见，以说服检察官作出不批捕的决定；律师可以向负责审查起诉的检察官发表辩护意见，其书面辩护意见也要被载入审查起诉案卷笔录，并随案移送法院……不仅如此，原来一直遭遇困难的“会见”问题也发生了重大的变化：律师在侦查阶段可以“无障碍地会见在押犯罪嫌疑人”，除法定特殊案件以外，会见一般无须向侦查机关申请批准；在律师会见过程中，侦查人员不得在场；律师会谈的内容、时间和次数不受无理限制；律师与犯罪嫌疑人的会谈过程不被监听；自审查起诉之日起，律师在会见在押犯罪嫌疑人、被告人时，可以向其核实有关证据。而在解决“阅卷难”方面，2012年《刑事诉讼法》也作出了积极的努力：辩护律师在审查起诉阶段可以到检察机关查阅、摘抄、复制案卷材料，而在法院开庭之前，还可以再次进行这些阅卷活动。

但是，在刑事辩护制度发生重大变化的同时，我国刑事诉讼程序却并没有发生构造上的实质变革，无论是侦查还是审查起诉，都仍然带有“行政治罪”的特征。在这两种程序中，法官都无法参与其中，更谈不上对审判前阶段的追诉行为实施司法审查了。在没有中立第三方参与的情况下，侦查和审查起诉都不具备基本的诉讼形态，“原告就是法官”，侦查员、检察官本身就是“裁判者”。在这种程序中，犯罪嫌疑人、辩护律师要作出有效的辩护，或者要成功地说服侦查员、检察官接受本方的辩护意见，无疑将是十分困难的。

在侦查环节，无论是搜查、扣押、勘验、检察、辨认、鉴定，还是包括窃听、窃录、秘密监控电子邮件在内的“技术侦查措施”，都是由侦查机关自行授权、自行延长、自行实施的，而根本无须经过中立司法机关的司法审查，其实施也不以法官发布许可令状为制度前提。事实上，作为一种事实调查活动，侦查程序的实质在于侦查人员既是一系列侦查行为的决定者，又是亲自实施侦查行为的人，甚至还是侦查程序的发动者。侦查人员既是“原告”，又是裁判者，他们集追诉犯罪与司法裁判两项诉讼职能于一身。结果，在这些带有侵犯人权性质的强制性侦查措施的实施过程中，犯罪嫌疑人只是被动承受追诉活动的对象，他们或许会提出一些无足轻重的申辩，却根本无法实施法律意义上的辩护活动。既然如此，《刑事诉讼法》允许律师直接向侦查人员提出辩护意见，又能有多大的实质意义呢？

辩护律师无法向第三方作出辩护的情况绝不仅仅限于侦查程序。在那些旨在剥夺或限制人身自由的强制措施的实施过程中，“原告就是法官”的情形照样普遍存在。除逮捕以外，包括刑事拘留、监视居住、取保候审、拘传在内的强制措施，也都是由侦查机关自行授权、自行实施的剥夺人身自由的措施。与那些强制性侦查行为一样，这些强制措施的实施过程也意味着侦查人员将追诉职能和裁判职能集中于一身，而没有中立第三方的参与。当然，逮捕是由检察机关决定或者批准的，这至少意味着，在公安机关行使侦查权的案件中，那些负责批准逮捕的检察官具有形式上的“第三方”的地位。但是，检察机关作为国家公诉机关，从根本上还是将追诉犯罪作为其主要使命的，它在审查批捕方面不可能具有真正的中立性和超然性。我国检察实务中对检察官不批捕比例的严格控制，就从一个角度说明了检察官更多的是将“避免有罪的人逃避逮捕”作为主要工作目标的。更何况，在检察机关自行侦查的贪污、贿赂案件中，检察机关既是侦查机关，又是批捕机关，还是公诉机关，所谓的“审查批捕”，不过属于自我审查、自我批准罢了，这就连形式上的“司法审查”都不复存在了。

而在审查起诉程序中，检察机关基本上以行政化的方式来审查案件是否达到了提起公诉的条件。检察官尽管可以讯问犯罪嫌疑人，询问被害人，听取辩护律师的辩护意见，但由于不存在中立的第三方，没有实现追诉犯罪与司法裁判的职能分离，因此，这种“审查起诉”活动也不具有最基本的诉讼形态。而审查起诉程序要真正发挥“程序过滤”“程序分流”以及“避免无根据的起诉”等项诉讼功能，就只能由与侦查、公诉无关的中立司法机关来主持这一程序，并为此构建最基本的司法裁判机制。否则，那些接受检察机关审查的嫌疑人，照样不过是刑事诉讼的客体，律师即便向检察官提出了十分精准的专业辩护意见，也难以说服那些充满预断和偏见的检察官，甚至还有可能出现“律师越是敬业，检察官越是固执己见”的尴尬局面。

“如果原告就是法官，那只有上帝才能充当辩护人”，这句格言还可以让我们对我国刑事审判制度的改革进行一定的反思。

从形式上看，我国刑事审判程序确实具有了控诉、辩护与裁判相互制衡的诉讼构造，追诉犯罪与司法裁判职能基本上实现了分离。这似乎意味着“原告就是法官”的局面已经不复存在，这显然与审判前程序的情况是不可同日而语的。但是，“法官”假如仍然倾向于追诉犯罪，或者在感情上仍然偏向于“原告”，那么，“法官”的中立性、超然性和客观性也仍然无法得到维持，被告人的辩护权也就无法得到保障，律师辩护的有效性也难以得到实现。1979 年《刑事诉讼法》建立了庭前移送案卷的制度，法官通过庭前阅卷和调查核实证据工作，对被告人的犯罪事实事先产生内心确信，然后再进行法庭审判工作。1996 年以后，庭前移送案卷的制度受到废除，取而代之的则是庭后移送案卷制度。法官在完成了形式化的法庭审理程序之后，竟然要通过全面阅卷来形成对被告人犯罪事实的认定。2012 年以后，《刑事诉讼法》则恢复了庭前移送案卷制度，重新允许检察官将全部案卷笔录庭前移送法院，法官在开庭前就可以通过全面阅卷来了解案件证据情况。

无论是庭前移送案卷，还是庭后移送案卷，法官对案件事实的认定都不是通过法庭上的举证、质证和辩论来形成内心确信的，而是通过查阅侦查员和检察官的办案流程和书面记录来形成主观认识。这显然意味着，侦查机关、检察机关与法院事实上在进行一种流水作业式的追究犯罪活动，侦查、审查起诉、审判犹如追究犯罪流水线上的"三道工序"或"三条流程"。这三个"国家专门机关"也如同处在同一跑道上的运动员一样，将案卷笔录当作了接力比赛中的"接力棒"，同心协力、同仇敌忾地完成追究犯罪的使命。对于那些处在最后一道工序上的法官而言，他们要么在庭前全面地进行阅卷，要么在庭审结束后全面阅卷，并通过阅卷接受了侦查人员和公诉方的诉讼主张，对被告人构成犯罪这一点形成了先入为主的预断。在这一制度背景下，法官即便不是"原告"，却持有与"原告"一样的心态和判断，对于被告人构成犯罪已经深信不疑，对于不放纵有罪的人负有责任。法官既然已经倾向于追诉犯罪，那么，他对被告人及其辩护人的辩护意见还能听进去多少呢？尤其是被告人、辩护人提出的无罪辩护意见，经常与法官的判断产生直接的冲突，甚至造成法官与被告人乃至辩护律师的立场对立。在中国刑事审判中，与辩护律师发生冲突的经常是居于裁判者地位的法官，而不是作为公诉人的检察官，这就是"法官倾向于原告"的必然结果。

"在刑事诉讼中，法官、原告和辩护人都集中到一个人身上，这种集中是和心理学的全部规律相矛盾的。”① 马克思的这句名言也揭示了刑事诉讼中追诉犯罪与司法裁判发生职能分离的重要性，并与拉德布鲁赫的格言相辅相成，互为印证。在中国未来的刑事司法改革中，重温拉德布鲁赫和马克思的上述名言，深入思考追究犯罪与司法裁判的职能分离问题，构建最低限度的诉讼形态，维护司法裁判者的中立性，这对于维护辩护制度的健康发展，确保辩护的有效性，无疑具有很大的启发意义。



① 参见《马克思恩格斯全集》(第一卷)，人民出版社 1995 年版，第 30 页。

# 疑义时，作有利于被告人的解释

## In dubio，pro reo

对有疑问的事，

加以拒绝或否定总比加以肯定要好。

↓

湿壁画。正义女神面前侧身坐着的是查士丁尼一世（**Giustiniano**）。14 世纪意大利画家 **Andrea di Bonaiuto**（1343~1379）创作的壁画《圣托马斯·阿奎纳的胜利》（**Trionfo di San Tommaso d'Aquino**）的正义美德部分。查士丁尼怀抱法典，他以组织编撰罗马帝国《民法大全》而被人们世代赞美。湿壁画位于佛罗伦萨圣玛利亚教堂中的西班牙礼拜堂（前会议厅）西墙上。托马斯·阿奎纳（1225~1274）是历史上最伟大的神学家，“神学界之王”，死后被封为天使博士（天使圣师）或全能博士，他撰写的最知名著作是《神学大全》。

2010年前后发生的赵作海案件，使中国刑事司法改革问题再一次引起社会各界的强烈关注。[①] 作为这一刑事误判案件的附带效应，经高层决策部门痛下决心，"两高三部"通过了两个有关刑事证据适用的规范性文件。[②] 正因如此，有人对赵作海案件与当年的孙志刚案件进行了比较，认为这又是以一个公民遭受错判、身陷囹圄为代价，换来了中国法制的些许进步。

然而，经过认真研究赵作海案件的来龙去脉，我们不难发现，这一误判案件"出炉"的过程和原因，与数年前曾引起同样广泛关注

① 参见邓红阳:《赵作海曝"留有余地"潜规则，监督制约流于形式》，载《法制日报》2010年5月13日。

② 2010年5月30日，最高人民法院、最高人民检察院、公安部、国家安全部、司法部联合发布了《关于办理死刑案件审查判断证据若干问题的规定》和《关于办理刑事案件排除非法证据若干问题的规定》。

的杜培武案件[1]、佘祥林案件[2]，几乎如出一辙。同样是侦查人员采取刑讯逼供等违法手段，同样是在鉴定、辨认、勘验、检查等诸多侦查环节出现重大失误，同样是法院发现案件事实不清、证据不足，在定罪问题上存在一系列疑点，同样是公检法机关在定罪量刑问题上发生了争议，甚至上级法院屡屡以证据不足为由发回重审，同样是政法委员会进行了协调，同样是对尚不够定罪条件的案件勉强作出了有罪判决，同样是为了避免“错杀”而没有选择死刑立即执行……在这些“冤假错案”的背后，存在一种为中国法院长期坚持的司法裁判逻辑，那就是疑罪从轻、“留有余地”。

其实，在这些引起社会各界强烈关注的“冤假错案”中，“留有余地”的裁判方式不过是其中显露出来的问题之一，这既没有引起社会舆论的重视，更没有成为司法改革决策者研究的主要课题。人们似乎更为关注诸如刑讯逼供、政法委员会协调案件等热点问题。但在另外一些曾引发各界激烈争议而又没有酿成“冤假错案”的案件中，这种“留有余地”的裁判方式似乎得到了更加充分的体现，甚至引发了当事人各方乃至社会公众的激烈批评。例如，在河北承德发生的连续两起抢劫杀害出租车司机的恶性案件中，陈某清等四名被告人从 1994 年第一次被判处死刑立即执行，历经河北省高级人

① 参见曾粤兴、王达人：《正义的诉求——美国辛普森案和中国杜培武案的比较》，法律出版社 2003 年版，第 195 页。

② 参见孙春龙等：《透视湖北杀妻冤案》，载《瞭望东方周刊》2005 年 4 月 14 日。

民法院连续三次发回重审，最终于2004年由河北省高级人民法院以判处三名被告人死刑缓期两年执行、一名被告人无期徒刑的结果，“留有余地”地了结了这起刑事案件。[①]甘肃安西发生了一起被告人涉嫌残忍杀害三人的恶性案件，法院最终因为案件事实不清、定罪存在一些疑点，判决被告人构成故意杀人罪，却“留有余地”地选择了死刑缓期两年执行的量刑结果。[②]

“留有余地”的裁判方式引起了极大的争议。在被害方看来，既然法院已经宣告被告人构成犯罪，而这种犯罪行为又是极其残忍并造成严重后果的，那么，不判处死刑立即执行就显然属于“重罪轻判”。在被告方看来，既然法院明确指出案件事实不清、证据不足，在认定被告人构成犯罪问题上存在明显的疑点，根据“疑罪从无”的原则，就应作出无罪判决，但法院这种“疑罪从有”的判决显然违反了无罪推定原则。甚至在一些极端案件中，法院选择这种“留有余地”的裁判方式，竟然“两头不讨好”，引发了被害方与被告方同时的申诉、上访行为。[③]

令人困惑不安的是，众多的刑事法官对这种“留有余地”的裁判方式都持一种默认甚至麻木的态度，认为这是法院所能选择的最

---

① 参见郭国松:《一个“留有余地”的死刑判决?》,载《南方周末》2004年4月1日;郭国松:《三次死刑,三次刀下留人》,载《南方周末》2000年8月10日;郭国松:《四次死刑四次刀下留人?》,载《南方周末》2003年7月31日。

② 参见王健:《“疑罪从无”还是“留有余地”?》,载《民主与法制》2006年第3期。

③ 同上。

好的裁判结局。对这种裁判方式的质疑和批评往往会被法官看作对司法制度的苛求。有些法官甚至极为推崇这种裁判方式，将其视为法院兼顾程序公正与实体公正、兼顾法律公正与社会和谐的制度创新。在佘祥林案件被证明属于误判案件之后，湖北省高级人民法院的新闻发言人曾向社会公开声称：

> 省高院二审期间，承受了来自外界的巨大压力，“死者”的亲属上访并组织220名群众签名上书，要求对杀人犯佘祥林从速处决。省高院不为“民愤”所左右，于1995年1月10日作出（1995）鄂刑一终字第20号刑事裁定，坚决撤销一审判决，将该案发回重审，避免了冤杀无辜，维护了司法审判的独立性和法律的严肃性。[①]

湖北省高级人民法院的这一表态一度引发了社会各界的激烈争议。赞同该法院观点的人士认为，该院在面临来自被害方和地方双重压力的情况下，仍然拒绝对被告人判处死刑立即执行，是难能可贵的，对法院不能过于苛求。持不同观点的人士则批评说，该法院明明没有坚持“疑罪从无”的勇气和智慧，滥用了发回重审之裁定，造成下级法院面临难以抗拒的压力，却想当然地认为自己维护了独立行使审判权，这是令人难以苟同的。有人甚至批评说，法院

① 参见梅华峰等：《丈夫被错判杀妻续：妻子家属曾要求从速执行死刑》，载《湖北日报》2005年4月1日。

这种“留有余地”的裁判方式本身，就是造成诸多“冤假错案”的重要推手。

应当说，在今天的中国刑事司法中，面对“事实不清，证据不足”的刑事案件，法院不计后果地宣告有罪并判处极刑的情况已经极为罕见了。刑事法官们似乎普遍掌握了证据运用的规律，一般都能判断何为“证据不足”、是否存在“合理的怀疑”以及“案件是否形成了完整的证据链”。有些法官无论是在判决书中，还是在内部“审理报告”中，都能对公诉方指控证据的漏洞、不足和缺陷给出恰如其分的分析。但是，法官证据意识的提高并没有带来司法裁判方式的实质性进步。明明案件并没有达到“事实清楚，证据确实充分”的程度，明明刑事诉讼法明文授权法院可以作出“证据不足，指控犯罪不能成立的无罪判决”，但法院就是不作无罪判决，而是选择宣告有罪但在量刑上“留有余地”的裁判方式。这甚至还被各级法院相互传授为一条较为稳妥的司法经验，是法院在当下司法环境中谋求生存的智慧之路。

面对中国法院所创造的这种“留有余地”的裁判方式，笔者不禁想起罗马法时代的著名格言：“疑义时，做有利于被告人的解释。”(In dubio, pro reo)对于这一格言，罗马法时代还有另外的表述方式：一是“对有疑问的事，加以拒绝或否定总比加以肯定要好”(In re dubia, magis inficiatio quam affirmatio intelligenda)；二是“相对于惩罚无辜者而言，放纵罪犯要更好一些”(Satius est impunitum relinqui facinus nocentia quam innocentem damanari)。

“疑问时，做有利于被告人的解释”，在刑事诉讼中还可以被表达为“疑罪从无”。用现代刑事诉讼法学的语言解释，就是被告人受到无罪推定的程序保护，享有“被推定为无罪”的事实假定。检察官要推翻无罪推定，就要承担证明责任，向法院提出证据，证明被告人的“犯罪事实”。假如检察官没有提出任何证据，或者所提出的证据无法证明被告人构成犯罪，或者所进行的证明无法达到“排除合理怀疑”的程度，那么，法官就可以无罪推定没有被推翻为由，认定检察官指控的犯罪事实不能成立。很显然，“疑罪从无”应当是无罪推定的题中应有之义。

早在1996年，中国刑事诉讼制度就吸收了无罪推定原则的一些要素。那些受到刑事追诉的人，在检察机关提起公诉之前，一律被称为“犯罪嫌疑人”；而在检察机关提起公诉之后，再称为“被告人”。这种就“犯罪嫌疑人”与“被告人”概念所作的区分，排除了被追诉者被视为“犯罪人”“人犯”的可能性，确立了被追诉者在法院确定为有罪之前“被推定为无罪”的地位。不仅如此，1996年修订的《刑事诉讼法》还明文确立了“疑罪从无”的原则，要求法院对于“证据不足，指控犯罪不能成立”的案件，直接作出无罪之宣告。这一原则的确立，相对于长期以来一直奉行“疑罪从有”或“疑罪从轻”原则的中国刑事司法而言，确实具有制度上的突破性。

2012年以后，我国法律在贯彻无罪推定原则方面又取得了一些新的进步。该法明确确立了检察官的“举证责任”，也就是证明被告人犯罪事实的责任；二审法院对于“事实不清，证据不足”的案件，只能有一次撤销原判、发回重审的机会，在被告人上诉或检察机关抗诉之后，仍然认为事实不清、证据不足的，就要一律改判。当然，令人遗憾的是，2012 年修订的《刑事诉讼法》仍然保留了二审法院对于事实不清、证据不足的案件“撤销原判、发回重审”的规则。这显然并不符合“疑罪从无”的理念。

为什么对于这一在理论上没有异议的“疑罪从无”原则，中国刑事诉讼法始终没有完全确立呢？为什么对于“疑罪从无”原则，中国法院一直不能接受，甚至以“留有余地”的裁判方式取而代之呢？

其实，在法院的独立审判面临重重困难的环境中，公检法机关都与刑事诉讼的结果存在程度不同的利害关系，因此，法院基于一种成本、收益和风险的综合权衡，会优先选择这种“疑罪从有”的裁判方式。

按照我国现行《刑事诉讼法》的要求，无论是侦查机关、公诉机关还是审判机关，都不应与案件的当事人及案件结果存在利害关系，否则，即有可能影响案件的公正处理。同时，无论是侦查人员、公诉人还是审判人员，也都不应与案件存在特定的利益关系，不能对案件存有先入为主的偏见或预断，否则即应通过回避程序退出案件的诉讼过程。但是，中国刑事司法中普遍存在的“潜规则”，却使公检法机关与刑事案件的处理结果存在各种各样的利害关系，导致那些从事侦查、公诉和审判工作的司法人员程度不同地陷入与案件的利益关联之中。对于那些事实不清、证据不足，在定罪方面存有疑点的案件，法院如果作出无罪判决，将会使公诉机关受到极为负面的评价，使公诉人承担严重的负面考核结果；检察机关一旦作出不起诉、不批捕的决定，也会使侦查人员甚至负责侦查监督的检察官承担负面的考核结果。于是，遇有法院打算宣告无罪、检察机关准备不起诉的场合，侦查机关、公诉机关甚至下级法院都会异口同声地提出反对意见，通过各种手段阻挠这种“疑罪从无”结果的发生。

从近期发生的几起冤假错案来看，导致公检法机关与案件结果发生利益关系的因素大致有以下几种：一是公安机关在案件尚未经法院作出有罪宣告之前，即对侦破案件的有功人员进行所谓的“立功嘉奖”，并对此进行公开的媒体报道和舆论宣传。一些地方公安机关举行所谓的“公开逮捕大会”，将犯罪嫌疑人公开予以“妖魔化”，造成既定的“犯罪事实”。结果，检察机关、法院即便发现案件存在事实不清、证据不足的情况，也很难再改变公安机关确定的结论。二是公检法机关在案件尚未产生生效有罪裁判的情况下，即对所追缴的赃款赃物进行实质性的处理，将赃款赃物转化为本单位的办公经费。例如，在对那些涉及黑社会性质组织的刑事案件的侦查过程中，公安机关通常都会将犯罪嫌疑人的“赃款赃物”予以查封、扣押甚至直接进行处分；在那些涉及国家工作人员贪污受贿的案件中，负责侦查的检察机关也会通过追缴赃款赃物，将犯罪嫌疑人的涉案财产予以处置……结果，在刑事案件尚未产生裁判结论之前，公检法机关就已经成为对被告人加以定罪的“实际受益者”。三是每年年终举行的绩效考核，以诉讼程序中后一机关处理案件的结果来评价前一机关办案人员的成绩。例如，对侦查人员的考核，要以检察机关侦查监督部门的批捕率和批捕数为标准；对侦查人员和批捕人员的考核，要以公诉部门的不起诉率为标准；对侦查人员、批捕人员和公诉人的考核，要以法院的有罪判决率为标准；对下级法院法官的考核，要以上级法院发回改判和改判率为重要标准；等等。四是现行国家赔偿制度确定了所谓的“赔偿义务机关”，使法院的生效判决成为确定公安机关是否存在“错误拘留”、检察机关是否存在“错误逮捕”甚至下级法院是否“错误定罪”的主要依据。“赔偿义务机关”制度的存在，造成国家赔偿变成事实上的“部门赔偿”，法院一旦作出无罪判决，将会直接带来公安机关、检察机关承担一定的国家赔偿责任，甚至就连负责办案的警察、检察官也会受到“责任倒查”和“错案责任追究”。杜培武、佘祥林和赵作海案件一经被确定为“冤假错案”，那些负责办案的侦查人员、公诉人乃至审判人员所受到的责任追究，就充分证明了宣告无罪对地方公检法机关乃至办案人员如同一场可怕的梦魇。

从理论上说，法院面对一个“证据不足”、应当依法宣告无罪的疑难案件，可以有三种可能的结果选择：一是作出无罪判决；二是作出有罪判决，并且作出罪刑相适应的量刑裁决；三是作出有罪裁决，但在量刑上选择宽大处理。尤其是那些可能判处死刑的重大刑事案件，法院所面临的困境是究竟选择无罪判决还是有罪判决，而如果选择有罪判决，那么，究竟是选择死刑裁判，还是非死刑裁决。

作为一个倾向于趋利避害的理性人，刑事法官本能地会放弃无罪判决，而选择有罪判决。这是因为，在整个刑事司法体制都抵触无罪裁判的环境中，对那些疑难案件作出有罪的裁判，无疑会大大降低刑事法官的诉讼成本。法官不必动辄向庭长、主管院长作出汇报，不必启动审判委员会讨论案件的程序，更不会经历诸如“向政法委员会汇报”或者“与公检机关协调”等内部的烦琐程序。相对于无罪判决所要经历的复杂报批过程而言，有罪判决的宣告无疑会大大节省法院的办案时间，减少大量的中间环节。

对疑难案件作出无罪判决之宣告，法院固然会借此体现坚持正义的勇气，但也会将自己置于非常尴尬和危险的境地。无罪判决的宣告，会使法院与侦查机关、公诉机关处于直接对立的境地，观念的冲突、利益的矛盾以及责任的划定，会使法院成为众矢之的，也就是一切矛盾的焦点。无论是前面所说的错案追究、国家赔偿，还是赃款赃物的追缴、公检法内部的业绩考核，各种迫使公检法机关与刑事案件发生利害关系的机制，都使法院要以“冒天下之大不韪”的代价来维护法律和正义。因此，其作为一个理性人，是不会轻易同意作出无罪判决的。

当然，作为一个意识清醒的裁判者，刑事法官对于那些证据不足的疑难案件，也不会动辄选择最严厉的刑事处罚，尤其是死刑裁判。而是会在量刑上作出宽大的裁决，也就是用量刑上的从宽处理，来弥补定罪上的条件不足，使那些本应被宣告为无罪的被告人受到“量刑上的较大优惠”。杜培武案件、佘祥林案件和赵作海案件，尽管发生的时间跨度达到10年以上，但都体现了这种裁判逻辑。为什么会出现这种局面呢？难道这些法院不担心将来会酿成“冤假错案”吗？

其实，按照成本收益的视角来分析的话，法院作出“疑罪从有”的选择，是将司法风险降到最低限度的体现，也是追求其司法利益最大化的标志。这是因为，通过选择有罪判决，法院已经规避了绝大多数政治风险，为自己创造了足够大的生存空间。但是，假如法院遽然选择最高的刑事处罚，尤其是像死刑这样的最严厉处罚，却会面临另一方面的风险。对于中国公安机关的侦查水平之低，检察机关审查批捕、审查公诉标准之宽，刑事法官其实是心知肚明的。法官假如完全迁就于侦查机关、公诉机关的要求，对被告人选择最严厉的刑事处罚，将会面临纵容“冤杀”“错杀”的极大风险。对中国法院来说，同样是“冤假错案”，“错误地认定被告人有罪”与“错误地作出死刑判决”还是有着实质区别的。毕竟，死刑是一种不可逆转的极端刑罚，一旦宣告并加以执行，即意味着这将成为无法补救的刑事制裁措施。将来一旦发现案件属于错判，法院将会面临最严重的消极政治后果。相反，对于这类疑难案件，法院在不得不选择有罪判决的同时，放弃最严厉的刑事处罚，尤其是放弃死刑判决之宣告，而作出一种较为轻缓的刑事处罚，这一方面达致了一种“定罪标准从宽”与“量刑标准从严”的平衡，另一方面也为未来留下了“退路”和“余地”——案件即便最终被证明属于“冤假错案”，也不至于带来最严重的负面后果。毕竟，“留得青山在，不怕没柴烧”。只要不对被告人判处极刑，法院就有为其“平反昭雪”的机会，被告人的“冤假错案”也就有得到纠正的那一天。刑事法官们甚至会认为，他们当初没有作出死刑判决，而选择了一种宽大的刑事处罚，这本身就是他们坚持独立行使审判权的体现，也体现了在现行体制下“夹缝里面求生存”的政治智慧。这也就是为什么在佘祥林案件发生之后，湖北省高级人民法院的新闻发言人发出类似评论的主要原因。

由此看来，要真正贯彻“无罪推定”和“疑罪从无”原则，仅仅依靠成文法的修改还是远远不够的。一个难以独立行使审判权的法院，无论如何是肩负不起维护司法正义之使命的。尤其是在不放纵犯罪与不冤枉无辜之间面临艰难选择的时候，在有可能面对公安机关、检察机关乃至当地政法决策当局齐声反对的时候，要指望法院敢于“冒天下之大不韪”般选择无罪判决，这的确是有点强人所难了。

# 任何人不得从其不法行为中获得利益

**Nemo potest ex suo delicto consequi emolumentum**

要促使人们遵守法律，

不去实施违法行为，

就不能不“剥夺违法者所得的利益”。

绘画：正义女神。意大利画家贾科贝洛·德尔·菲奥雷（**Jacobello del Fiore**，1370~1439）创作于 1421 年。原作藏于意大利伦巴第大区贝尔加莫市的卡拉拉美术学院（**Accademia di belle artilegalmente riconosciuta Carrara di BERGAMO**）。

↑

2003年，辽宁省高级人民法院对刘涌等涉嫌组织和领导黑社会组织案件作出了终审判决，改判刘涌死缓。判决生效后，引起了社会各界的广泛关注。其中，有关刘涌是否遭受刑讯逼供、对侦查人员刑讯逼供行为应否适用非法证据排除规则等问题，引发了一些激烈的争论。大多数人的意见是，辽宁省高级人民法院以“不能从根本上排除刑讯逼供”为由，对刘涌改判死缓，这是没有法律依据的。但也有人认为，对刑讯逼供行为采取排除非法证据的制裁方式，容易带来放纵犯罪的后果。“谁采取了刑讯逼供，就应对谁予以制裁”，法院完全可以采取追究办案人员个人责任的方式解决刑讯逼供问题，而没有必要将被告人的有罪供述予以排除。在社会舆论的强大压力下，最高人民法院对此案主动启动了刑事再审程序，对刘涌改判死刑立即执行。最高人民法院的裁判意见是：

> 对于再审被告人刘涌及其辩护人提出的公安机关在本案侦查阶段存在刑讯逼供的辩解及辩护意见，经查，庭审中

公诉人出示的参与刘涌一案的预审、监管、看守人员的证言证明，公安人员未对刘涌及其同案被告人刑讯逼供；辽宁省人民政府依法指定的鉴定医院沈阳市公安医院2000年8月5日至2001年7月9日对刘涌及其同案被告人先后进行的39次体检病历载明，刘涌及其同案被告人皮肤黏膜均无出血点，双下肢无浮肿，四肢活动正常，均无伤情。刘涌的辩护人在庭审中出示的证明公安人员存在刑讯逼供的证人证言，取证形式不符合有关法规，且证言之间相互矛盾，同一证人的证言前后矛盾，不予采信。据此，不能认定公安机关在侦查阶段存在刑讯逼供，刘涌及其辩护人的辩解和辩护意见，本院不予采纳。①

这一案件最终以刘涌被改判死刑立即执行而告终。但是，最高人民法院的判决书不仅没有解决对侦查人员刑讯逼供所得的证据能否予以排除的问题，反而给后来类似案件的审理留下了不少难题。2010年，最高人民法院终于下决心解决刑讯逼供问题，通过颁行两个刑事证据规定，正式确立了非法证据排除规则。2012年《刑事诉讼法》还将非法证据排除规则正式确立于国家基本法律之中。根据这些法律规定，对于侦查人员采取刑讯逼供等非法手段获取的

① 有关刘涌案件的具体情况以及三级法院对刑讯逼供问题的裁判情况，读者可参见最高人民法院所作的（2003）刑提字第5号刑事判决书，载《法制日报》2003年12月24日，第2、3、4版。有关的评论可参见陈瑞华：《判决书中的正义——从刘涌案件改判看法院对刑讯逼供的处理问题》，载《政法论坛》2003年第5期。

被告人供述，法院不得将其采纳为定案的根据。法律还确立了非法证据的排除程序，允许被告人及其辩护律师向法院申请排除非法证据，法院经过初步审查，对侦查程序的合法性存有“疑问”的，可以启动非法证据的调查程序。而在非法证据调查程序中，公诉方须承担证明侦查行为合法性的责任，且必须要将这一点证明到最高的标准。法院对于侦查人员是否实施非法取证行为存有疑义，或者不能排除非法取证可能性的，一律作出排除非法证据的裁决。

非法证据排除规则在中国法律中尽管建立起来了，但是，对于侦查人员采取刑讯逼供等非法手段所获取的非法证据，究竟能否排除于法庭之外，这一点并没有在司法界形成普遍的共识。自 2010 年最高人民法院实施非法证据排除规则以来，各级法院真正将公诉方的非法证据予以排除的案件实属罕见；而因为排除非法证据而作出无罪裁判的案件，则更是凤毛麟角。毫无疑问，非法证据排除规则在我国刑事司法中面临着较大的实施障碍。

其实，在法律科学中，非法证据排除规则属于一种特殊的制裁方式。如果说传统的法律制裁属于实体性制裁的话，排除非法证据则带有“程序性制裁”的性质。现代社会的绝大多数法律，包括民法、行政法和刑法等在内的“实体法”，所确立的都是实体性制裁制度。实体性制裁的基本方式是追究违法者个人的民事责任、行政责任或者刑事责任，使那些民事侵权者、违约者承担民事赔偿责任，行政违法者受到行政处罚，构成犯罪者被定罪科刑。与此不同的是，程序性制裁所追求的则是宣告无效的后果，也就是那些受到程序性违法行为之直接影响的证据、起诉、判决、行为以及羁押命令，不再具有法律效力，也不能产生其预期的法律后果。可以说，宣告无效就是程序性制裁的独特追究责任方式。

例如，非法证据排除规则的实质在于非法证据被宣告无效，也就是不再具有可采性或证据能力；终止诉讼制度的适用所带来的则是有关起诉无效，有关该项起诉的刑事诉讼程序就不再继续进行；撤销原判的实质则是原审判决无效。甚至按照大陆法中的诉讼行为无效理论，被宣告无效的诉讼行为将被视为“从未发生过”，任何一方都不得在诉讼中引用该项诉讼行为作为支持本方诉讼主张的依据。

法院将侦查人员非法所得的证据予以排除，就属于这种宣告无效的制裁方式。对于这种程序性制裁方式，几乎所有国家都经历了一个从排斥到逐步接受的过程。而在理论上，对这种制裁方式加以批评的声音则从来没有中断过。

反对排除规则的首要理由，是警察以侵犯公民宪法权利的手段所获得的证据，尤其是通过非法搜查而取得的实物证据，其可靠性和关联性往往是没有问题的；法官将这种证据排除于法庭之外，在很多案件中都削弱了检控方指控的基础，甚至直接导致起诉的撤销或者无罪裁决的产生。这必然使相当多的有罪被告人逃脱法网。当年，美国联邦最高法院卡多佐大法官曾对非法证据排除规则提出过著名的质疑：“因为警察违法，就放纵犯罪？”而刑事司法的经验表明，在那些警察过于热心地从事调查的案件中，排除规则更明显地会带来放纵犯罪的效果。1990年5月7日的《华尔街日报》曾有报道称，自1961年联邦最高法院作出**Mapp**案的判决以来，美国全国的暴力犯罪出现了惊人的增加，其中，“谋杀案件增长了一倍，强奸案件增加了三倍，而抢劫案件则有四倍的飙升”。①

一些法学界人士认为排除规则直接带来了大量犯罪者逃脱法网的恶果：

> 排除规则的首要“代价”，是那些逃避有罪裁决的犯罪人的数量增加，而原因仅仅在于不利于他们的证据被排除。按照保守的估计，仅仅因为(法官)以第四修正案为根据批准有关排除证据的动议这一点，就导致每年有1万名犯有重罪和5.5万名犯有轻罪的人逃避了法律的制裁。②

排除规则既然有如此大的负面作用，那么它在抑制警察违法方面究竟是否发挥了积极效果？相当多的法官对此也持否定态度。美国联邦最高法院前任首席大法官伯格曾在1971年的一份判决中发表过反对意见：“指望在刑事审判中通过排除非法证据的方法”，来确保宪法第四修正案得到实施，“这不过是一个可望而不可及的



① *Wall Street Journal*, May 7, 1990, at A14, Col.1.

② Slobogin, “Why Liberal Should Chuck the Exclusionary Rule”, *University of Illinois Law Review*, 1999, p.363.

梦想”；迄今为止，“还没有任何经验性的证据证明该规则对于执法官员的违法行为实际起到了抑制作用”。[①]

另外，批评排除规则的人士还提出了其他一些反对理由：排除规则的适用迫使大量调查的警察不得不在法庭上作伪证，以反驳被告人提出的有关动议；排除规则导致大量有罪者逃脱法网，容易削弱公众对司法制度的信任和尊重；排除规则事实上不仅没有使那些违反宪法的官员受到惩罚，反而通过放纵犯罪而惩罚了被害人乃至整个社会；排除规则的适用使犯罪人从警察违法中获得巨大的利益。[②]

在美国，有不少人士提出过废除非法证据排除规则，而代之以新的制裁方式的改革方案。一些法官和学者主张以民事侵权诉讼和行政纪律惩戒制度来取代排除规则。

例如，美国联邦最高法院前任首席大法官伯格就认为，应当通过立法来建立一种特别的法庭，使那些受到无理搜查和扣押的受害者，可以有更大的机会从政府部门那里获得经济赔偿。这是取代排除规则的最好救济方式。

---

① Wayne R.LaFave and Jerold H.Israel, *Criminal Procedure*, second edition, China Law Press, 1999, p.108.

② Stephen A.Saltzburg and Daniel J.Capra, *American Criminal Procedure: Cases and Commentary*, Sixth Edition, West Pub.Co., 2000, pp.454-456. 另参见 Stuntz, “The Virtues and Vices of the Exclusionary Rule”, *Harv.J.L.and Pub.Pol.*, Vol.20, 1997, p.443。

又如，有的学者指出，如果将抑制非法侦查行为作为主要目标的话，那么，排除规则显然不是一个有效的方法。事实上，“改变或者抑制某一行为是一件非常复杂和困难的工作”。尤其是在这种行为得到同事、上级甚至社会公众或明确支持或默许的情况下，纠正这一行为就显得格外困难。“如果不建立一种消除这种行为动机的强大机制，这种行为还将会继续。”因此，一种能够使违法官员及其所属的机构都能受到直接制裁的制度，显然要比排除规则在抑制违法行为方面更加有效。他所设想的这种有效救济制度有以下几个核心要素：一是为所有违宪行为支付损害赔偿金，根据普通官员的工资而确定；二是在损害赔偿金总额中确定违法官员的个人责任；三是在损害赔偿金总额中确定违法官员所属部门的责任；四是各州为违宪行为的受害者支付法律援助费用；五是建立一种专门受理这类案件的法庭。①

再如，美国耶鲁大学法学院的一位学者进一步指出，只要对侵权救济制度作出一系列的改革，这一制度就可以提供有效抑制警察违法行为的能力，排除规则也可以借此得到废除。他提出了五个方面的改革建议：一是建立政府部门为警察非法行为承担民事责任的制度，使侵权诉讼的被告真正有经济支付能力，并且在政府政策制定层面上发挥抑制违法的作用。二是建立高额经济赔偿制度，扩大



① Slobogin, “Why Liberal Should Chuck the Exclusionary Rule”, *University of Illinois Law Review*, 1999, p.363.

惩罚性赔偿的适用标准，在赔偿侵权行为受害者的同时，使一部分额外的赔偿金逐渐集中起来，从而建立“第四修正案基金”(**Fourth Amendment Fond**)。该基金可用来教育美国人民了解第四修正案的意义，并对犯罪的受害者和警察侵权的受害者予以必要的抚慰。三是建立专门的集团诉讼制度，被侵权者即使提出的是小额赔偿诉讼，其律师费也应被列入政府法律援助的范围。四是适当放宽受害者在申请法院强制令方面的现有限制。五是建立一些必要的行政救济通道，使一部分侵权案件可以得到迅速快捷的解决，而不必非得经过民事诉讼这一正式途径。[①]

那么，诸如此类的改革建议究竟命运如何呢？从美国最近三十多年来的法律改革情况来看，这种通过建立特殊的民事侵权之诉或行政制裁制度来替代排除规则的改革努力，并没有取得成功。美国联邦最高法院尽管不断地增加了排除规则的例外，但还没有任何迹象显示，该法院会将非法证据排除规则彻底废止。

反观中国的司法现实。针对非法侦查行为，法律确立了国家赔偿、追诉刑事责任和行政纪律制裁等多种“实体性制裁”方式。但从实施效果来看，这些实体性制裁措施都有一个共同的特征：它们只针对那些情节严重、足以构成实体性违法的程序性违法行为，而

---

① Akhil Reed Amar, “Fourth Amendment First Principle”, *Harvard Law Review*, Vol.107, 1994, p.757.

对一般的程序性违法行为则根本无法起到抑制作用。也就是说，程序性违法行为只有在恰巧符合实体性违法之构成要件的情况下，才可能受到实体性制裁。但在绝大多数情况下，刑事诉讼中的程序性违法根本就不可能构成犯罪、民事侵权或者行政违法。

以刑讯逼供的情况为例。根据刑法的规定，侦查人员在侦查讯问中对嫌疑人采取刑讯逼供行为，造成严重法律后果的，才会构成刑讯逼供罪。所谓“严重后果”，通常是指造成了犯罪嫌疑人人身伤亡，或者酿成了冤假错案的后果。相反，如果警察的刑讯逼供行为既没有造成人身伤害或死亡，也没有造成冤假错案的发生，那么，这样的刑讯逼供行为就几乎不可能受到任何形式的刑事追究。但在刑事诉讼中，那些造成严重后果的刑讯逼供只占据了极小的比例，绝大多数情况下的刑讯逼供都是无法受到刑事追究的。

那么，对这些无法受到刑事追究的大多数刑讯逼供行为，采取国家赔偿的方式又当如何呢？事实上，根据中国现行国家赔偿法的规定，刑讯逼供也只有在“造成公民身体伤害或者死亡的”情况下，才属于国家赔偿的适用范围。这就使国家赔偿与追究侦查人员的刑事责任几乎都仅仅适用于“造成严重后果的刑讯逼供行为”，而对绝大多数普通的刑讯逼供行为根本无法起到制裁作用。

如果说国家赔偿无法被用来制裁绝大多数刑讯逼供行为的话，那么，侦查机关能否以行政纪律惩戒的方式来抑制刑讯逼供呢？我们可以假设两种情况：一是警察以刑讯逼供的方式获得被告人的有罪供述，该供述又被公诉机关作为指控证据提交给法院，而法院最终采纳了该供述，并对被告人作出了有罪判决；二是警察同样以刑讯逼供的方式取得了有罪供述，法院也对被告人作出了有罪裁决，但是后来经过“审判监督程序”，法院的有罪判决被推翻，案件被证明属于冤假错案，警察刑讯逼供的问题也“浮出水面”。

在中国刑事司法制度下，侦查人员在上述第一种情况下是不会因刑讯逼供而被追究行政责任的。毕竟，以侦查破案为天职的公安机关、检察机关，对于侦查人员成功地破案并促使法院最终定罪的案件，是不会计较他们是否实施过刑讯逼供行为的。只要侦查人员的刑讯逼供没有造成被告人人身伤亡的严重后果，那么，刑事追诉的成功足以遮蔽一切程序性违法行为。这种“重实体，轻程序”的现象根本不是侦查人员法律观念的问题，而是职业利益使然。很难设想，公安机关会仅仅因为普通的刑讯逼供行为，而对一个成功地将犯罪人“绳之以法”的警察，作出撤销职务、开除公职之类的行政处分。

而在后一种情况下，由于警察的刑讯逼供行为最终造成了冤假错案，严重影响了公安机关、检察机关的形象，造成了较为严重的社会影响，因此，追究侦查人员行政责任的情况时有发生。有时候，不仅直接实施刑讯逼供的警察会因为冤假错案的发生而被追究刑事责任，而且就连侦查部门的负责人以及相关的官员也会受到行政纪律处分。[①] 这就说明，在没有造成冤假错案的情况下，普通的刑讯逼供行为一般并不会引起行政纪律处分，甚至在一些所谓的“大案要案”的侦破过程中，刑讯逼供行为还会受到一定程度的默许甚至鼓励。侦查人员在通过刑讯逼供方式最终成功地破获某一影响重大的案件后，还有可能受到不同程度的嘉奖，甚至会获得新的晋升机会。

由此可见，即使对刑讯逼供这一经常发生的程序性违法行为，追究刑事责任、国家赔偿和行政纪律处分等实体性制裁措施所能发挥的作用也是十分有限的。这些实体性制裁措施只能适用于那些造成人身伤亡、冤假错案等严重后果的程序性违法行为，并取决于公安机关、检察机关所承受的职业压力、主观认识、人事关系等一系列复杂的因素，从而具有明显的偶然性和不确定性。经验表明，对于绝大多数一般的刑讯逼供行为而言，这些实体性制裁措施不可能有效地遏制刑事诉讼中的程序性违法行为。它们无论是在制裁程

---

① 典型的例证是云南昆明的杜培武案件。在杜培武故意杀人案最终被证明属于冤案之后，公安机关的侦查人员对杜培武实施刑讯逼供的问题也浮现了出来。基于这一案件的重大社会影响，云南省人民代表大会常务委员会颁布了《关于严禁刑讯逼供和严格执行办案时限等规定的决定》；中共云南省委政法委员会也出台了《关于提高执法水平，确保办案质量的意见》。云南省委常委、政法委书记还主持召开专题会议，要求“坚持错案追究责任制，依法依据查处有关责任人。省市公检法都要写出书面检查，并对刑讯逼供、错办、错诉、错判等问题进行总结，提出具体整改措施，并进行内部通报”。云南省人民检察院和公安厅也向新闻媒体作出了“严禁刑讯逼供”的承诺。与此同时，对于在杜培武案件中实施过刑讯逼供的两名刑警支队的负责人还追究了刑事责任。在杜培武冤案被发现前后发生的另外三起刑讯逼供案件中，除了直接实施刑讯逼供的警察被追究了刑事责任，还有八名“负有领导责任”的县市公安局局长、政委或分管局长和七名派出所所长、刑警队长受到纪律处分，其中五名被免除职务。参见陈昌云：《路漫漫其修远兮——杜培武出狱以后》，载《工人日报》2000 年 12 月 8 日。

序性违法还是在提供权利救济方面，都具有极为明显的局限性和不可靠性。

既然对于侦查人员违反法律程序的行为，要通过实体性制裁措施加以惩罚和抑制，确实是不切实际的想法，那么，通过宣告无效的制裁方式，岂不就成为无法回避的责任追究方式了吗？就非法证据排除规则而言，我们还需要回答这样一个问题：排除侦查人员非法获取的证据，究竟有什么样的正当性？

对于这一问题，刑事诉讼理论一般是从以下几个角度加以论证的：一是通过排除非法证据，法院可以为那些受到侦查人员侵害的被告人提供有效的司法救济；二是通过宣告侦查人员的行为属于非法行为，并拒绝采纳由此获取的非法证据，法院不仅可以避免成为侦查人员违法行为的“帮凶”或“共犯”，而且还可以促使侦查人员遵守法律程序，成为执法守法的楷模；三是通过将非法证据排除于法庭之外，法院可以有效地抑制侦查人员违反法律程序的动机。

在非法证据排除规则的正当性问题上，该规则的适用究竟能够达到怎样的实际效果，经常引起人们的广泛争论。赞同者认为，排除非法证据可以有效地遏制警察违反法律程序的冲动。但反对者则坚持认为，即便将非法证据予以排除，法院也只不过惩罚了那些并无过错的检察官、被害人，而对实际存在违法行为的侦查员并不会产生实际的惩戒作用。

其实，我们在讨论非法证据排除规则的实际效用时，应当区分两个方面的问题：一是这一程序性制裁方式能否彻底遏制刑讯逼供等非法取证行为；二是这种宣告无效的制裁对于侦查员的行为究竟会产生哪些遏制作用。从现实主义的角度出发，有效地适用非法证据排除规则，对于侦查人员的侦查行为还是会产生程度不同的遏制作用的。

罗马法时代曾有一句著名的格言："任何人不得从其不法行为中获得利益。"（**Nemo potest ex suo delicto consequi emolumentum**）假如那些实施违法行为的人，能够从中获得利益，而法律又不能有效地将这些利益加以剥夺，那么，要对这些违法行为加以遏制，几乎是不切实际的。换句话说，要促使人们遵守法律，不去实施违法行为，就不能不"剥夺违法者违法所得的利益"。这是彻底消除违法者违法动机的必由之路。

法院假如有效地将某一侦查行为宣告为"非法侦查行为"，并将由此获取的非法证据排除于法庭之外，使其无法转化为定罪的根据，至少可以对侦查人员产生以下几个方面的遏制作用：一是通过宣告侦查行为的违法性，对其违反法律程序的行为足以产生谴责作用；二是通过一种"民告官"的程序安排，使侦查人员成为程序上的被告，并为其侦查行为的合法性作出辩解，接受法庭的司法审查；三是通过宣告非法所得的证据不具有法庭准入资格，使其违反法律程序的行为不能产生任何实际的效果；四是通过宣告非法证据不能转化为定罪的根据，使其本来有可能完成的刑事追诉活动最终归于失败。

尽管侦查人员本人与刑事诉讼的结局并不具有利害关系，但是，法院通过排除非法证据所带来的连带效果，使侦查人员无法完成刑事追诉的使命，从而令其产生程度不同的职业挫败感。尤其是在中国刑事诉讼制度中，检察官一旦因为法院排除非法证据而无法实现定罪的结果，侦查机关的刑事拘留就有可能被认定为“错误拘留”，检察机关的逮捕就可能被视为“错误逮捕”，侦查机关会因此承担国家赔偿责任，侦查人员也有可能受到负面的“绩效考核”结果。这多多少少就与侦查人员的利益发生了牵连。法院将非法证据排除于法庭之外，最终还是剥夺了侦查人员违法取得的利益——通过侦查破案获得职业成功的结果。这对于消除侦查人员程序违法的动机显然还是具有积极效果的。

迄今为止，关于适用非法证据排除规则究竟能否遏制侦查人员程序违法，还一直属于一个理论问题。由于法院排除非法证据的案例少之又少，我们无法对此进行富有意义的实证研究和经验分析。我国2012年《刑事诉讼法》已经确立了非法证据排除规则，并将非法言词证据列为主要排除对象。将来随着法院适用非法证据排除规则的案例逐渐增加，我们有可能对这一规则的实施效果进行一些科学分析。或许，到那时，“剥夺违法者违法所得的利益”这一命题，就不再仅仅只是理论假设，而有可能得到某种程度的验证了。

自由裁量权在于通过适用法律来发现正义

Discretio est scire per legem quid sit justum

在法律条文的尽头，

才是自由裁量的开始。

↓

托寓画：正义女神（Giustizia）。意大利画家 Piero del Pollaiolo(1443~1496) 创作于 1469~1470 年，它是画家创作的七美德中的一幅。原作收藏于意大利佛罗伦萨乌菲齐美术馆（Galleria degli Uffizi）。乌菲齐美术馆是世界著名的绘画艺术博物馆，历史上曾作为市政厅使用过。

我国是成文法国家，主要的法律渊源都是各种成文的法律、行政法规、司法解释和地方性法规。但是，成文法有一个天然的局限性，那就是在适用到个案之时始终存在法律解释的难题，而对于任何抽象的法律规范而言，司法官员在适用时都不可避免地存在自由裁量的空间。可以说，抛开成文法的立法过程不谈，在各种司法活动中，法官多多少少都会面临如何运用自由裁量权的问题。

广东省高级人民法院的一份判决书就属于法官运用自由裁量权的典型范例。判决书指出：

> 对于违反法律规定，无证搜查而收集的物证能否采信，这涉及对非法取证所收集物证的证据能力的评判标准。本案侦查行为发生时的1996年《中华人民共和国刑事诉讼法》对此评判标准无相应规定，根据“实体从旧，程序从新”的原则，应依据现行刑事法律的规定进行评判。现行《中华人民共和国刑事诉讼法》第五十四条规定，对收集物证、书证不符

合法定程序，可能严重影响司法公正的，应当予以补正或者作出合理解释；不能补正或者作出合理解释的，对该证据应当予以排除。《最高人民法院关于适用〈中华人民共和国刑事诉讼法〉的解释》第九十五条第二款对“可能严重影响司法公正”作了解释，即应当综合考虑收集物证、书证违反法定程序以及所造成后果的严重程度等情况。具体到本案，侦查人员在没有出现相关办案程序规定所列明的五种紧急情形的情况下，无证对陈的住处进行搜查，构成了无证搜查，属于严重违反法定程序。搜查证日期与被搜查人署名日期的不一致及被搜查人在二审庭审中的指证，不排除侦查人员在时隔近八个月后补办搜查证，把该搜查证的日期倒签至搜查当天，试图隐瞒真实取证过程的可能性。现陈某昊及其辩护人提出侦查机关非法搜查、栽赃陷害的控告及排除非法证据的申请，导致本院无法判明上述搜查行为收集的物证的真实来源，而这些物证对定案具有关键的证明价值。侦查人员的上述行为已经严重影响了本院对案件事实的准确认定。因此，本院认为无证搜查行为造成了严重的后果，参与搜查的二名侦查人员在二审庭审中均无法对无证搜查及是否存在补办搜查证的行为作出合理的解释。

鉴于此，本院决定支持辩方有关排除非法证据的申请，除了陈某昊本人无异议的张某璐的黄褐色布挂包及飞利浦手机二项物证之外，侦查机关于2009年2月24日对陈某昊租住处搜查所收集的一部黑色直板诺基亚 8310 型手机、现金人民币 62.5 元、银行卡、张某璐的学生证、白色金属链及吊坠等物证，本院认定无证据能力，属非法证据，予以排除。[①]

这是涉及实物证据的证据能力问题的裁判文书。对于实物证据，我国刑事诉讼法确立了裁量性排除规则，法官对于侦查人员非法取得的物证、书证，唯有在达到“可能严重影响司法公正”的程度，并且办案人员无法进行补正或者给出合理解释的，才可以将其予以排除。如何理解“可能严重影响司法公正”，就成为适用这一排除规则的关键。对于这一点，刑事诉讼法并没有作出明确规定，最高人民法院的司法解释也只是笼统地认为，对“可能严重影响司法公正”的适用，需综合考虑收集物证、书证违反法定程序以及所造成后果的严重程度等情况。而这份判决书则认为，侦查人员无证搜查，试图隐瞒真实取证的过程，严重违反法定程序，这次非法取证行为已经导致法院无法判明搜查所获得的物证的真实来源，严重影响法院对案件事实的准确认定，造成了严重的后果。因而，侦查人员的非法搜查行为属于“可能严重影响司法公正”的行为。

在我国现行的司法体制下，这种对“可能严重影响司法公正”的解释，体现了法院对正义底线的坚持，也是法官在司法裁判中积累的一种法律智慧。在法院与公安机关、检察机关乃至监察委员会



① 广东省高级人民法院刑事附带民事判决书，(2014)粤高法刑一终字第 351 号。

的综合政治力量对比中，这种从维护正义的角度行使自由裁量权的裁判方式，殊为不易，证明了刑事法官敢于担当的精神。但是，我们也不得不遗憾地指出，类似这种恰当行使自由裁量权的情况，在司法实践中还是少之又少。对于法律所确立的一些原则性较强的条款，法院要么拒绝从立法原意上行使自由裁量权，要么在行使自由裁量权方面去接近立法原意，作出难以违背正义底线的法律解释。

比如，刑事诉讼法在设定回避的法定事由时，有一项“兜底条款”：“与本案当事人有其他关系，可能影响公正处理案件的。”

对于这一条款，最高人民法院没有作出过认真的解释，而几乎所有地方法院遇有当事人提出法官回避申请时，都想当然地认为，除非当事人能证明法官与当事人存在的某种关系，足以影响案件裁判结果正确性的程度，才构成法官回避的否定事由。但是，要让当事人承担举证责任，证明法官与案件当事人存在的某种关系已经达到影响案件裁判结果正确性的地步，这几乎是一种强人所难的要求。本条款的立法原意应当是，当事人只要证明法官与某一方当事人的某种社会关系，具有影响其公正裁判的可能性，或者具有影响公正裁判的“现实危险”，就应当成为回避的根据了。

再如，刑事诉讼法对于一审法院的审理有违反法律规定的诉讼程序的法定情形的，应当撤销原判，发回原审法院重新审判，其中，“违反本法有关公开审判的规定的”，“违反回避制度的”，以及“审判组织的组成不合法的”，都属于较为明确的法定情形，但是，“剥夺或者限制了当事人的法定诉讼权利，可能影响公正审判的”，却属于一条弹性十足的法定情形。很明显，二审法院对于剥夺或者限制当事人诉讼权利的一审审理行为，并不必然会作出宣告无效的裁决，而只有这种程序性违法行为达到“可能影响公正审判”的程度，才可以成为二审法院撤销原判、发回重审的根据。

然而，对于这一条款，二审法院在适用时一般都踌躇不前，犹豫不决，根本没有将这一条款的潜在功能予以充分发挥。在司法实践中，除对一审法院应当适用强制性指定辩护而没有指定律师辩护、一审法院将未经当庭质证的证据采纳为定案根据等少数情形之外，二审法院很少因为一审法院剥夺或者限制当事人诉讼权利而撤销原判。在很大程度上，这一具有程序性制裁效力的条款，已经成为一种诉讼程序上的“僵尸条款”。例如，一审法院应当传召证人、鉴定人、侦查人员、专家辅助人等出庭作证，而无理拒绝当事人的此类诉讼请求的，二审法院通常都拒绝宣告一审法院违反法定程序；当事人对一审法院的审判管辖权提出异议，或者申请将案件移交其他法院进行审判的，一审法院通常都直接加以拒绝，而二审法院对此也没有任何救济措施；对于被告人及其辩护人提出的排除非法证据的申请，一审法院无理拒绝，甚至不予理会的，二审法院也不会对此作出程序性制裁……

除上述情形之外，刑事诉讼法赋予法官享有极大自由裁量权的场合莫过于证人、鉴定人出庭以及二审法院开庭审理问题了。根据相关的法律条款，法官通知证人出庭作证的基本条件是：控辩双方对证人证言存有异议，该证人证言“对案件定罪量刑有重大影响”，而法院认为“证人有必要出庭作证”的。而在鉴定人出庭作证问题上，除没有“对案件定罪量刑有重大影响”以外，其他条件基本是相同的。与此同时，对于当事人提出上诉的案件，二审法院举行开庭审理的条件是：控辩双方对一审认定的事实和证据提出异议，且这种异议“可能影响定罪量刑”。

对于证人、鉴定人出庭作证设定如此繁杂的前提条件，这等于为证人、鉴定人出庭作证确立了极高的法律门槛，也使法院通知证人、鉴定人出庭作证变得十分困难。尤其是“对定罪量刑有重大影响”的条件，几乎等于为申请证人、鉴定人出庭的一方设定了不可能履行的举证责任，该方只要无法证明有关证人、鉴定人出庭作证对案件实体裁判结果的影响，就有可能招致法院作出拒绝证人、鉴定人出庭作证的决定。另外，二审法院在确定是否开庭审理时，也有着较大的自由裁量空间，法官完全可以当事人的上诉请求“对定罪量刑没有影响”为由，直接拒绝当事人有关二审开庭审理的请求，而采取通常所使用的书面审理方式。

无论是在证人、鉴定人出庭作证方面，还是在二审开庭审理方面，法院任意行使自由裁量权的结果，只能是证人、鉴定人极少出庭作证，二审法院对上诉案件极少开庭审理。在没有证人、鉴定人出庭的情况下，法庭只能通过宣读公诉方提交的证言笔录或者鉴定意见来组织举证和质证活动，控辩双方对证人、鉴定人的交叉询问程序也就被规避了。于是，被告方对证言笔录和鉴定意见的质疑很难被采纳，而公诉方出具的证言笔录和鉴定意见很容易转化为法院定罪的根据。而在二审法院拒绝开庭审理的情况下，合议庭也只能通过阅卷、提讯被告人或者单方面听取辩护人、诉讼代理人的意见，快速地作出二审裁判，当然一般都是驳回上诉、维持原判的裁定。

通过分析上述例子，我们可以看出，法院只要不当地行使自由裁量权，就不仅会导致当事人的诉讼权利无法得到维护，法院滥用司法裁判权的情形大量发生，而且还会导致法庭审理流于形式，各种为规范法庭审理而确立的制度形同虚设，庭审实质化改革也就形同具文。既然如此，我们就应当对法官的自由裁量权问题予以认真的对待。

过去，西方音乐界有一句格言："在语言的尽头，才是音乐开始的地方。"借用这句格言，我们也可以对法官自由裁量权问题作出如下论断："在法律条文的尽头，才是自由裁量的开始。"成文法无论规定得多么明确和具体，都具有天然的抽象性和概括性，未经解释，都无法被直接适用到某一具体案件或者某一具体事实情境之中。正因如此，我们才需要进行法律解释，在不违背立法原意的前提下，使法律得到准确无误的适用。在各种法律解释当中，法学界的解释通常被称为"学理解释"，具有较大的影响力。但真正有权威的解释还是司法机关的解释，也就是由法院通过对法律条文作出解释，来创制出一些新的规则，以弥补成文法过于抽象和概括的局限性，填补成文法与具体案件之间的天然鸿沟。迄今为止，我国最高人民法院为了有效地解释法律，在发布司法解释这一传统解释方法之外，还确立了指导性案例制度，通过最高人民法院的专门遴选和解释程序，通过对典型案例的解释，来创制新的法律规则，使其在法院审判中具有“参考”价值。当然，除由最高人民法院制作指导性案例来解释法律以外，各级法院也会通过对个案的司法裁判来解释法律，挖掘法律的立法原意和立法精神，这可能是法官行使自由裁量权的一种常态。

司法机关要对法律条文作出适当的解释，就不可避免地触及自由裁量权的适用问题。在这一方面，罗马法曾有一句重要的法律格言：“自由裁量权在于通过适用法律来发现正义。”（**Discretio est scire per legem quid sit justum.**——拉丁文）（**Discretion consists in knowing through the law what is just.**——英文）

这句格言所要讲的其实不外乎三层意思：一是法官在适用法律时有一定的自由度或浮动空间，应当保持适度的灵活性，而不可以机械地适用法律，甚至成为法律条文的奴隶。二是法官在行使自由裁量权时必须遵循法律原意，而不能脱离法律，作出不合理的扩大解释和越权解释。三是适用法律和解释法律应当本着善意和良知，尤其是在进行利益衡量时，应当遵循最低限度的正义准则。

通常认为，法官在司法裁判中应当根据“经验”、“理性”和“良知”，来认定事实和适用法律。其中，“良知”就是基本的价值考量，也就是最低限度的公平和正义。不突破公平正义的底线，本着善意和良知，来理解法律、解释法律和适用法律，这是防止自由裁量权滥用的内在方法。

日本作家村上春树曾有句名言：在高大的、坚固的墙体与一个飞向墙体的脆弱鸡蛋之间，他永远站在鸡蛋一方。

我们通常所说的“平等武装”“天平向弱者倾斜”“疑罪从无”“疑义时作有利于被告人的解释”等格言，其实表达的就是这种最低限度的公平正义理念，也就是限制强权，维护国家与个人对抗的正义性，避免出现国家向个人寻求复仇的弱肉强食局面。我们所强调的“听取另一方的陈述”“不做自己案件的法官”“迟来的正义为非正义”等程序正义理念，其实所讲述的也是尊重被裁判者的人格尊严，使其成为协商者、对话者和参与司法决策的一方，而不是被动等待国家裁决、消极承受国家处罚的诉讼客体或者司法奴隶。我们所坚持的“不告不理”“一事不再理”“禁止强迫自证其罪”等理念，其实更多的是注重对国家权力的适度限制，避免刑事追诉机关毫无节制地行使公权力，从而使每个人都不受任意的、无理的国家干预。

有了这种最低限度的正义观念，法官在对抽象法律条文进行解释时，就不会迷失方向，踌躇不前，也不会向国家追诉权倾斜，“强强联合对付弱者”了。有了这种基本法律理念，法官就可以秉承良知和善意，对疑难法律问题作出独立的判断，永远站在弱势一方的立场上考虑问题。

比如，在对“可能严重影响司法公正”的理解上，法官只要认为侦查人员的非法取证手段足以造成一种影响法官对实物证据之真实判断的，就可以否定该证据的证据能力；在对“可能影响案件公正处理”的理解上，其他法官只要认为某法官与当事人的特定社会关系，足以造成一种造成法官无法公正裁判的可能性或者现实危险的，就可以认定具备了回避的正当理由；在对“可能影响公正审判”的理解上，法官只要认为当事人的某一诉讼权利受到剥夺或者限制，造成程序正义的基本要素受到损害的，就足以启动二审法院的程序性制裁机制了，而不需要达到影响裁判结果正确性的程度；在对证人证言是否“对定罪量刑有重大影响”的判断上，法官只要认为证人不出庭作证，既无法解释证人证言的矛盾，也难以解决法官对该证言真实性和合法性的合理疑问的，就应传召其出庭作证；在遇有当事人的上诉对一审法院认定的证据和事实提出异议，而该项异议足以令人对一审定罪量刑的根据产生疑义的，就应当组织开庭审理，而不应选择书面审理。

# 谁主张，谁举证

*Probatio incumbit ei qui dicit*

承担举证责任的是主张者，

而不是否认者。

↓

托寓画:《正义的寓意》( **Allegoria della Giustizia** )。意大利画家 **Lorenzo Lotto**( 1480~1556 )创作于 16 世纪中期。

云南杜培武案件曾是一起引起社会普遍关注的刑事误判案件。至今，该案件仍然是大学法科学生研究中国刑事诉讼问题的经典样本。该案的一审判决书所阐述的裁判理由也为研究者广为引用。这份判决书尽管因为真凶落网、杜培武案最终被证明为冤案而被撤销，但是，这份判决书所表达的裁判逻辑却不是偶然的和个别的，而应当引起重视。这份判决书认为：

被告人杜培武在公安机关的亲笔供词，证实被告人杜培武在公安机关供述的实施杀害王某湘、王某波的行为。其供词以及作为现场指认的声像资料与本案证据证明的指控事实相互吻合一致。

被告人杜培武及其辩护人对公诉机关出示的证据表示异议，被告人杜培武当庭辩称："案发当晚未曾见，也未曾驾驶云 0A0455 号昌河牌微型汽车，更未实施杀害二被害人的行为。"其辩护人提出"本案指控的有罪证据自相矛盾，且相关物证是违反《中华人民共和国刑事诉讼法》有关规定所提取的，被告人杜培武在公安机关的有罪供述是在刑讯中产生的假供述，因此，公诉机关出示的证据不能作为认定本案指控事实的证据，本案事实不清，证据不足，被告人杜培武无罪”的辩护意见。但辩护人未能向法庭提供证实其观点的证据，也未能提供证实被告人杜培武无罪的证据……

本院认为：本案控辩双方争执的焦点是指控证据取得是否有违反《中华人民共和国刑事诉讼法》的有关规定。在诉讼中辩护人未能向法庭提供充分证据证明其辩护观点的成立，仅就指控证据材料的部分内容加以分析评述，而否定相关证据的整体证明效力，并推出本案事实不清，证据不足，被告人杜培武无罪的结论，纯系主观……的推论，无充分证据加以支持，该辩护意见不予采纳……①

按照这份判决书的逻辑，无论是公诉方提出的个别证据，还是公诉方据以认定被告人有罪的全部证据，被告人及其辩护律师假如要提出异议的话，就都要提出证据加以证明。而即便是提出案件“事实不清、证据不足”的辩护意见，被告方也需要提出证据加以证明，甚至还要提出证明被告人无罪的证据。否则，被告方的辩护意

① 参见云南省昆明市中级人民法院刑事判决书，(1998)昆刑初字第394号，载曾粤兴、王达人：《正义的诉求——美国辛普森案和中国杜培武案的比较》，法律出版社2003年版，第151～155页。

见也就不能成立。

在中国刑事司法实践中，由于法官在开庭前已经全面查阅、研读了公诉方事前移送的案卷材料，对被告人的“犯罪事实”大多已经形成先入为主的预断，而法官一旦形成这种预断，就等于对“被告人构成犯罪”这一点已经形成了内心确信。因此，法庭审理的逻辑起点就变成“被告人构成犯罪是已经得到证明的”，辩护律师要作出无罪辩护，哪怕只是对公诉方的证明体系提出异议，认为案件“事实不清、证据不足”，也被要求提出证据加以证明。这本来已经成为刑事司法实践中通行的“潜规则”，但是，法院对这种裁判逻辑一般不作明确表达，而是通过各种隐晦的、含混的表述，来驳回被告方的辩护理由。当然，像昆明市中级人民法院这样，将这种裁判逻辑明确表达在判决书之中，还是极为罕见的。

这份判决书的逻辑究竟存在什么问题？按照通常的说法，这种责令被告人承担证明责任的观点，违背了无罪推定原则。具体说来，按照无罪推定原则，任何人在被证明为有罪之前，都应被推定为无罪的人。与其他推定一样，这种无罪的推定替代了无罪的证明，免除了被告人证明自己无罪的责任。而检察官要推翻无罪推定，则需要承担证明被告人有罪的责任，并要将这一点证明到“事实清楚、证据充分”的最高程度。根据这一原理，在法院作出判决之前，杜培武应被推定为无罪的人，他无须承担证明自己无罪的责任，也不能因为不能证明自己无罪而被裁判有罪。正因如此，昆明市中级人民法院以被告方没有提出证据证明其观点，也没有提出证明自己无罪的证据为由，驳回被告方的辩护意见，这显然就将证明责任任意转移给被告方，违背了无罪推定原则。

以上基于无罪推定原则所作的推论无疑是成立的。但是，上述推论却无法回答以下问题：被告方在什么情况下承担证明责任？为什么在有些辩护中，被告方提出了某种辩护意见，就需要对其所依据的事实承担证明责任，而在另一场合的辩护中，被告方则不需要承担证明责任？在法庭审理中，被告方提出证据证明自己所主张的案件事实，这究竟是属于一种诉讼权利，还是一种诉讼义务？

要回答这些问题，我们就不能仅仅从无罪推定原则中寻找答案，而应当从"谁主张，谁举证"这一理念中获得灵感。

罗马法时代有一句著名的法律格言："谁主张，谁举证。"（**Probatio incumbit ei qui dicit.**）更进一步地说，"承担举证责任的是主张者，而不是否认者"。（**Ei incumbit probatio qui dicit, non qui negat.**）

这些格言所要表达的意思是，在诉讼过程中，哪一方提出了积极的诉讼主张，就需要对该主张所依据的案件事实承担证明责任；假如该方提不出任何证据，或者无法证明本方所提出的案件事实，则该方所提出的主张是不能成立的；而在举证和证明的过程中，否认该诉讼主张的一方则不承担证明责任。与证明责任永恒相伴的则是败诉风险，也就是所主张的利益不能成立的法律后果。罗马法时代的另一句格言："举证之所系，败诉之所系"，说的就是这个意思。

"谁主张，谁举证"是一种适用于所有诉讼活动的诉讼理念。而相比之下，无罪推定原则则属于为刑事诉讼所特有的诉讼原则。打个形象的比喻：假如我们将刑事诉讼中的司法证明看成一幅油画的话，那么，无罪推定就属于油画中的人物、风景或者花草鱼虫，而"谁主张，谁举证"则属于油画中的永恒底色。在无罪推定适用的领域，"谁主张，谁举证"固然要退居次要地位，但在无罪推定不适用的领域，"谁主张，谁举证"在适用上则具有优先性。

在刑事诉讼中，被告人对于自己不构成犯罪的事实，是不承担证明责任的。这既是无罪推定原则的要求，也是"谁主张，谁举证"原则的题中应有之义。根据"谁主张，谁举证"的原则，公诉方作为提出积极主张的一方，理应对其所主张的"犯罪事实"承担证明责任，而被告人作为"否认犯罪事实"的一方，自然无须承担证明责任。

但是，"被告人对于不构成犯罪的事实不承担证明责任"，这也是有例外的。假如被告人认为自己不构成犯罪的原因不是公诉方的诉讼主张不成立，而是一种积极的抗辩事由，那么，他仍然有可能承担证明责任。刑事诉讼中的积极抗辩事由，通常包括以下几类：一是"不在犯罪现场的事由"；二是"犯罪时没有达到法定刑事责任年龄的事由"；三是"犯罪时不具有刑事责任能力的事由"；四是正当防卫、紧急避险的事由；五是刑法所确立的"但书"和"豁免"事由等。被告方一旦提出这些抗辩事由，就意味着提出了一种积极的诉讼主张。所谓"积极的诉讼主张"，通常是那种要改变事物现状、否定事物一般形态的主张。对此类诉讼主张，由主张者提出证据加以证实，要比否认者加以证伪，更为便利和富有效率。

刑法通过建立法律推定规则，贯彻了一些特殊的刑事政策。这些法律推定法则，对那些检察官通常难以证明的案件事实确立了免除证明的规则。例如，刑法有关“巨额财产来源不明罪”的规定，就允许法官根据“国家工作人员财产收入与支出存在巨大差额”这一基础事实，直接得出“巨大差额为非法所得”的推定事实。又如，司法解释有关犯罪主观方面中的“明知”“以非法占有为目的”等事实要素，都建立了大量的推定规则，也就是将某些法定的“行为要素”作为基础事实，直接得出被告人“明知”或“以非法占有为目的”等推定事实。

在刑法确立的法律推定规则中，被告方假如不提出任何新的主张，则法院就可能根据推定规则来直接得出被告人构成犯罪的结论。但假如被告方提出了新的诉讼主张，并随之提出了一些新的事实，以证明推定所赖以成立的基础事实不能成立，那么，该方就需要提出证据证明这些新的事实，也就是对这些新事实承担证明责任。例如，被告人对其财产收入与支出上存在的巨大差额，假如提出了该项财产差额“为合法取得”的主张，就要对其合法的财产来源承担证明责任。又如，被告人面对法院对其“明知”或“以非法占有为目的”的推定，假如要提出自己当时“不明知”或“没有以非法占有为目的”的诉讼主张，也要对此承担证明责任。

在量刑裁判领域中，检察官也要对其所主张的一切量刑情节，包括不利于被告人的量刑情节和有利于被告人的量刑情节，承担证明责任。尤其是对那些不利于被告人的法定情节、酌定情节，检察官不仅要承担证明责任，还要将这些情节的成立证明到最高的证明标准。但是，被告方对于本方所提出的新的量刑情节，包括法定情节和酌定情节，也包括可作出从轻、减轻或免除刑罚的情节，都需要承担证明责任。因为被告方提出这些量刑情节的目的，在于说服法院作出从轻、减轻或免除刑罚的裁决，而这显然属于一种“积极的诉讼主张”。

而在程序性裁判领域，刑事诉讼法确立了较为复杂的证明责任分配规则。被告方假如提出了回避、管辖异议、延期审理、调取新证据、传召证人出庭作证等涉及程序问题的诉讼请求，就需要对此承担证明责任。但在申请法院排除非法证据的场合下，被告方需要向法院提出侦查人员非法取证的线索和材料，也就是承担初步的证明责任。这种证明的要求并不高，只要达到说服法官对侦查行为的合法性“产生疑问”就足够了。在被告方达到这一证明标准的前提下，法官启动非法证据排除程序，检察官至此要对侦查行为的合法性承担证明责任，并且要达到最高的证明标准。

表面看来，在非法证据排除规则适用的场合，“谁主张，谁举证”有了一些例外。其实，这与行政诉讼中证明责任由被告方承担一样，属于证明责任的倒置现象。之所以要设立这种证明责任倒置规则，主要是考虑到检察官在侦查人员的协助下，在证明侦查行为的合法性方面更为便利，而被告方在证明侦查行为的违法性方面则更为困难。更何况，公诉方要将某一单方面获取的证据作为指控被告人有罪的证据，当然要对该证据取得方式的合法性承担证明责任。唯有如此，侦查人员才能受到有力的程序制衡，而不得不遵守法律程序。

当然，即便在非法证据排除规则适用的场合，被告方也会承担一定的证明责任。例如，在自由裁量的排除规则适用过程中，证明侦查人员违法取得物证、书证的行为，属于“严重违反法律程序”，并且“影响司法公正”的责任，就要由被告方承担。又如，在可补正的排除规则适用的场合，证明侦查人员对其在收集证据中的程序瑕疵，难以进行程序补救，或者无法给出合理的解释或说明的责任，也要由被告方承担。

由此看来，无论是在定罪裁判还是在量刑裁判、程序性裁判中，“谁主张，谁举证”原则都有较为广阔的适用空间。罗马法时代还有两句格言，表达了更深一层的意思：“没有证明，就没有权利”（**Nulla probatio, nullum ius**）；“被告在抗辩中变为原告”（**Reus in excipiendo fit actor**）。根据前一格言，当事人所享有的各种权利，包括实体权利和诉讼权利在内，都只不过属于一种法律对其利益所作的“承诺”。这些权利要得以实现，主张这些权利的一方就要承担证明责任，对其主张所依据的事实加以证明。否则，在提不出证据或者无法证明的情况下，这些权利都无法变成现实中的利益。

而根据后一句格言，尽管通常都是原告提出诉讼主张，被告方则属于原告诉讼主张的否认者，但是，在被告方提出积极抗辩的情况下，他也有可能摇身一变，成为一种新的诉讼主张的提出者。被告方一旦提出新的抗辩主张，就与原告一样，要对其诉讼主张所依据的事实承担证明责任。无论是原告还是被告，在“谁主张，谁举证”这一点上都是一样的。

分析到这里，我们就可以对昆明市中级人民法院对杜培武案件的判决逻辑作出新的评价了。这一裁判在违背无罪推定原则的同时，也背离了“谁主张，谁举证”的原则。因为被告方所提出的案件“事实不清、证据不足”的无罪辩护意见，并不是一种积极的无罪抗辩事由，而属于一种否认公诉方指控主张的“消极主张”。对于这类消极主张，被告方无须承担证明责任，而只需要提出本方的辩护理由即可。被告方即便提不出支持其观点的辩护理由，法院也要对案件是否达到“事实清楚、证据确实充分”的程度，进行全面审查。法院不能因为被告方没有提出证据，或者没有证明自己无罪，而认定被告人构成犯罪。否则，就属于典型的“公诉方主张，被告方举证”了。这种裁判逻辑显然是不能成立的。

## 不能证明的事实就等于是不存在的

Idem est non esse et non probari

那些没有证据证明、未经司法验证的“事实”，

即使有可能是真实的事实，

也不应成为裁判案件的基础。

↓

这幅正义女神湿壁画位于皮蒂宫（Palazzo Pitti）沙龙的天花板上，画家不详。皮蒂宫是佛罗伦萨最宏伟的建筑之一，建于 1487 年。

我国刑事诉讼法确立了“以事实为根据，以法律为准绳”的原则。但根据最高人民法院的司法解释，“认定案件事实，必须以证据为根据”。据此，我国刑事证据法正式确立了证据裁判原则。

证据裁判原则的确立，并没有取代原有的“以事实为根据，以法律为准绳”的原则，而是对后一原则作出了进一步发展。这是因为，根据“以事实为根据，以法律为准绳”的原则，法院应当在准确认定案件事实的基础上，正确地适用法律，并以此为根据形成裁判结论。但是，这一政治性较强的原则并没有回答“事实从何而来”“没有证据如何认定事实”“证据应具备怎样的法律资格”等方面的问题。而证据裁判原则恰恰弥补了这些缺憾。根据这一原则，法院只能根据证据来认定案件事实；没有证据支持的事实，根本不能成立。

在证据制度的发展历史上，随着弹劾式诉讼制度，曾经出现过神明裁判的证据制度。各国历史上曾实行过的“水审”“火审”“宣誓裁判”“司法决斗”等证明方式，就属于这种神明裁判制度的表现形式。根据这一证据制度，司法官员在对案件事实的认定存有疑问的情况下，可以依赖上天的启示或者神明的感应来认定案件事实，裁断孰是孰非。因为那时人们普遍相信：上帝和神明会帮助有理的一方获得正义。当然，随着科学的发展和人类理性能力的提高，这种证据制度最终被视为非理性的和不科学的，后来逐渐被法定证据制度所取代。

法定证据制度的出现，及其对神明裁判制度的取代，标志着证据裁判原则逐渐浮出水面，成为引领证据规则发展的基本理念。根据这一原则，法官认定案件事实，只能以证据为根据，而不能依赖于各种非理性的神明启示或无根据的猜测。从积极的层面来说，在诉讼活动中，只有那些得到证据证明的事实，才应被视为真实存在的事实。因此，只有证据及其所包含的事实信息，才属于认定案件事实的直接根据。而从消极的角度来看，凡是没有证据加以证明的事实，则一律应被视为不存在或者不曾发生过的事实。法官无论是凭借经验和常识，还是根据理性推断，在没有任何证据的情况下，都不能认定任何事实的成立。[①] 对于法官来说，不存在什么离开证据存在的“客观事实”。所谓“事实”，只能是根据证据所包含的信息重新形成的对案件事实的认识，也就是法官从证据事实中所形成的事实印象。

---

① 参见林钰雄：《刑事诉讼法》（上册），台北，元照出版有限公司2004年版，第410页以下。

罗马法时代的一句格言也表达了相似的意思："不能证明的事实就等于是不存在的。"（Idem est non esse et non probari）这句格言区分了两个层面的"事实"：一是客观存在的事实，二是通过证据加以证实的事实。前者是一种脱离人们主观认识而存在的"先验事实"。承认这一事实的存在，是哲学上的"可知论"的题中应有之义，也是我们构建司法证明制度的逻辑前提。后者则是一种建立在证据基础上的事实，这一事实是人们可感知的事实，是经历过司法证明过程而得到验证的事实。在任何一项刑事诉讼活动中，以上两个层面的事实可能都是同时存在的。但是，司法机关不能根据前一层面的事实来作出裁判结论。因为这一事实具有程度不同的不确定性，它有可能是真实存在的，也有可能是虚假的，还有可能只是一种被假设存在的事实。因此，为避免出现事实认定上的错误，司法机关不能将这一层面的事实作为裁判的依据。而后一层面的事实，则可以成为司法机关认定案件事实存在的根据。这是因为，这些事实都有查证属实的证据加以支持，并且经过了逻辑上和经验上的司法验证。因此，那些没有证据证明、未经司法验证的"事实"，即便有可能是真实的事实，也不应成为裁判案件的基础，而应被视为不存在的事实。这里所说的"视为不存在的"，并不一定等于是"确实不存在的"，而相当于"被推定为不存在的"。

中国的刑事司法哲学，一直将"客观事实"与"案件事实"等同起来，以为每个案件都存在一种可以认识的"客观事实"，要求办案人员发挥主观能动性，积极调查收集证据，发现事实真相。即便在部分犯罪构成要件没有证据证明的情况下，办案人员也倾向于认定被告人有罪。这种先假定“客观事实（通常是犯罪事实）”的存在，然后再通过运用证据加以证实或揭露的思维方式，是违背证据裁判原则的，也是造成冤假错案的主要原因。

而根据证据裁判原则，先有证据的存在，然后才能认定从证据中推论出来的案件事实。对于任何一个犯罪构成要件事实，办案人员只要没有掌握证据，就都应作出该事实不成立的判定。这种思维方式的转变，对于避免冤假错案的发生，具有很强的现实意义。

法定证据制度的出现，尽管催生出证据裁判主义的司法理念，但这也是一种有严重缺陷的司法证明制度。根据这一制度，对于各类证据的证明力大小强弱，法律都要作出明确的限定。尤其是对于被告人的供述和自白，法律给予高度评价，将其视为“证据之王”，也就是最具有证明力的证据。这种对被告人供述高度强调的证据制度，促成了纠问式诉讼中酷刑取证的合法化，使一种片面重视证明力、忽略证据法律资格的证明方式大行其道。近代以来，随着宪治运动的兴起，司法改革的浪潮最终结束了纠问式诉讼制度，法定证据制度也逐渐被自由心证制度所取代。

法定证据制度的消失，标志着证据的法律资格开始成为法律所规范的对象。证据固然是认定案件事实的唯一根据，但是，法院也不能将任何证据都作为定案的根据，而必须对证据的法律资格作出严格的限制。否则，那些通过不人道、不规范的手段所获取的证据，如侦查人员通过酷刑手段所获取的被告人供述等，就可以成为法院认定事实的根据了。这显然是不可接受的。正是基于对证据法律资格加以限制的要求，才诞生了现代意义上的证据法。换言之，现代证据法的主要功能就在于对各类证据的法律资格作出明确的限制，并据此将那些不具备法律资格的证据排除于法庭之外。

于是，证据裁判原则又具有了另一方面的含义：认定案件事实，只能以那些具有法律资格的证据为根据。所谓证据的法律资格，又称为证据的合法性或者证据能力，是指法律对证据转化为定案根据所提出的法律要求。一般来说，证据法是从三个方面来规范证据的法律资格的：一是取证主体的合法性；二是取证手段的合法性；三是所作证据笔录的规范性。例如，对于被告人供述和辩解这一证据而言，负责讯问的侦查人员应符合法定的资格和人数，侦查人员所属的侦查机关应拥有对案件的立案管辖权；侦查人员在预审讯问时应遵循法定的诉讼程序；侦查人员的讯问笔录应制作得较为规范，并记录完整的内容；等等。

从积极的角度来说，证据裁判原则要求法院认定案件事实，只能以具备法律资格的证据为根据。也就是说，证据只有同时具备证明力和证据能力，才能转化为定案的根据。但从消极的方面来看，证据裁判原则强调那些不具备法律资格的证据，包括在取证主体、取证手段或者法庭调查方式方面有瑕疵的证据，法院都不能将其作为定案的根据，而只能排除于法庭之外。

在中国，无论是刑事证据立法还是刑事司法实践，都比较重视证据的证明力，关注证据的真实性和相关性问题，而程度不同地忽略了证据的法律资格问题。“两个证据规定”[①]的颁布实施，确立了不少旨在限制证据法律资格的规则。但在司法实践中，这些证据能力方面的规则很难得到有效的实施。无论是对实物证据还是对言词证据，法庭几乎很少进行资格准入的审查。即便是被告方提出了排除非法证据的申请，法庭也很少就侦查行为的合法性进行专门调查，更不用说作出排除非法证据的决定了。在绝大多数情况下，法庭仅凭公诉方出具的书面说明材料和经过剪辑的录像资料，就可以轻而易举地否定被告方的诉讼请求，证明“侦查行为不存在违法情形”。这种重证明力、轻证据能力的传统做法，导致证据法很少为控方证据设定法律上的障碍，也导致法庭审判很难对侦查人员的取证活动产生规范作用。

但是，证据的法律资格属于证据法对证据所提出的静态要求。从动态上看，任何证据都必须经过法庭调查程序，经受法庭上的举证、质证，并得到最终的查证属实，才能转化为定案的根据。可以说，对证据在法庭上接受调查并被查证属实的要求，也属于证据裁判原则的一项基本要素。

① 即《关于办理死刑案件审查判断证据若干问题的规定》和《关于办理刑事案件排除非法证据若干问题的规定》。

证据裁判原则的这一要素特别注重法庭调查的程序。从消极的角度来说，未经法庭调查程序，任何证据都无法在法庭上经受出示、辨认、宣读等举证程序，更无法经受控辩双方的询问、盘问、辩驳等质证程序。这类证据一旦被采纳为定案的根据，往往会剥夺被告人的辩护权，也无法给予控辩双方当庭质疑其证明力的机会，其真实性和可靠性也容易引起人们的合理怀疑。对这类没有经过法庭调查程序的证据，无论它们是否具备证明力和证据的法定资格，法院都不能将其作为定案的根据。

我国刑事诉讼法早就确立了这一要求。但在司法实践中，对于公诉方移交的那种未经法庭质证的证据，法庭有时会直接采纳为定罪的根据；有些法官遇有法庭上来不及调查的证据的，有时会进行庭外调查核实，并单方面地制作证据笔录，直接将其作为定案的根据。这些做法都规避了法庭调查程序，使一些证据未经当庭举证和质证程序就被转化为定案的根据。这显然都是违背证据裁判原则的。

# 任何人均无义务指控自己

**Nemo tenetur accusare ipsum**

不得强迫任何人作出对其不利的证词。

佛罗伦萨的正义女神，

意大利画家 Biagio d'Antonio Tucci(1446~1516)

创作于 1490 年前后。

原作藏于意大利佛罗伦萨乌菲齐美术馆（Galleria degli Uffizi）。

↑

长期以来，中国法院一直将被告人的“认罪态度”作为一项重要的酌定量刑情节。假如被告人当庭供述了犯罪事实，并有“悔罪”表现，法院就可以认定被告人“认罪态度较好”，并据此作出从轻量刑。但假如被告人当庭拒不供认犯罪事实，或者当庭推翻了庭前所作的有罪供述，法院就可能断定被告人“认罪态度不好”，或者“无理狡辩”，并对被告人作出从重量刑。法院以被告人“认罪态度不好”为由对其严厉处罚的典型例子，莫过于王怀忠受贿案。在这一案件中，从中级人民法院、高级人民法院直到最高人民法院，对于“认罪态度”作为量刑情节的作用给出了充分的阐述。

山东某市中级人民法院对王怀忠案件所作的一审判决书有如下表述：“被告人王怀忠受贿犯罪数额特别巨大……犯罪情节特别严重，且在确凿的证据面前，百般狡辩，拒不认罪，态度极为恶劣，应依法严惩……"[1]

针对被告人的上诉，山东省高级人民法院在二审裁定书中给予了确认，认为"王怀忠的罪行极其严重，在本院审理期间，其对所犯大部分罪行予以供认，但并非全部认罪，其表现并非真诚悔罪，不足以从轻处罚"。[2]

在案件进入死刑复核程序之后，最高人民法院作出了维持原审裁判的刑事裁定书，并对王怀忠的认罪态度问题作出了最终评价："在一审期间，王怀忠拒不认罪；二审期间，王怀忠对其所犯大部分罪行予以供认，但对有确凿证据证明的其他犯罪事实仍予以否认，不足以从轻处罚。"[3]

在王怀忠案件中，一审法院和二审法院以王怀忠"认罪态度不好"为由，从重判处其死刑，最高人民法院对这一裁判理由给予了确认。这显示出中国法院系统的一种内在裁判逻辑：被告人当庭拒不认罪、作出无罪辩护的行为，其实是一种"抗拒"国家刑事追究的表现；对于这种"抗拒"行为，法院通过采取从重处罚措施，来对其作出否定性的评价，并警告那些潜在的"犯罪人"，不要试图通过这种方式来对抗国家的刑事追究。为了使这种裁判逻辑更具有合理

① 参见山东省济南市中级人民法院刑事判决书，(2003)济刑二初字第32号，载《刑事审判参考》，(总第35集)，法律出版社2004年版。

② 参见山东省高级人民法院刑事裁定书，(2004)鲁刑二终字第6号，载《刑事审判参考》(总第35集)，法律出版社2004年版。

③ 参见最高人民法院刑事裁定书，(2004)刑复字第15号，载《刑事审判参考》(总第35集)，法律出版社2004年版。

性，法院还明确指出，被告人竟然在“确凿的证据面前”无理狡辩，态度极为恶劣，这似乎在表达着法官的一种道义愤慨。按照这一逻辑，在公诉方没有掌握足够证据的情况下，被告人拒不认罪、作出无罪辩护似乎是可以容忍的；而在犯罪证据确实、充分的情况下，被告人的任何辩解举动就都属于“负隅顽抗”了。

被告人在法庭上从事无罪辩护的行为，竟然被视为“认罪态度不好”，法院并据此对被告人作出从重处罚。这多多少少令人产生困惑：中国宪法不是明文规定“被告人有权获得辩护”吗？刑事诉讼法不是对被告人的辩护权作出了越来越充分的程序保障吗？既然辩护是被告人的一种权利，既然从事无罪辩护属于被告人行使辩护权的一种方式，那么，为什么被告人竟然会因为行使辩护权而遭受惩罚呢？法院对被告人行使辩护权的行为加以惩罚这一事实，岂不是在警示天下的被告人：不要把宪法和刑事诉讼法关于辩护权的规定真的当一回事，否则，“一个人仅仅因为行使权利就会遭受制裁”。与此同时，法院惩罚行使无罪辩护权的被告人，还会使人产生这样的印象：放弃辩护权的被告人，有可能受到从轻处罚的“奖励”。在刑事政策上，这就是“坦白从宽，抗拒从严”的典型表现。

在“坦白从宽，抗拒从严”政策的影响下，中国刑事诉讼法至今仍然保留着犯罪嫌疑人“如实回答”的义务。也就是说，犯罪嫌疑人面对侦查人员的提问，负有两个方面的义务：一是“回答问题”的义务，二是“如实”回答的义务。前者否定了犯罪嫌疑人保持沉默的权利，后者则否定了犯罪嫌疑人“向侦查员说谎”的权利。违背上述两个义务，犯罪嫌疑人就有可能构成“认罪态度不好”或者“无理狡辩”，并因此受到严厉的惩罚。我国《刑事诉讼法》并没有明文规定被告人面对法庭上的提问，是否也要承担上述两个法律义务。但从王怀忠案件的裁判情况来看，答案是不言而喻的。被告人无论是保持沉默还是作出无罪辩护，都可能被法院视为“认罪态度不好”，并被作为从重量刑的依据。

被告人因为“没有如实供述犯罪事实”而遭受惩罚，这容易使其陷入一种左右为难的境地。在罗马法中，有两个法律格言表达了与此完全相反的意思：一是“任何人均无义务指控自己”（**Nemo tenetur accusare ipsum**）；二是“不得强迫任何人作出对其不利的证词”（**Accusare nemo se debet**）。根据这些格言，被告人都没有供述犯罪事实的义务。当然，被告人只要出于自由意志和自愿选择，完全可以自行充当自己犯罪事实的证人。但是，被告人没有这样的义务，任何国家机关也没有权力强迫被告人作此选择；被告人也不能因为拒绝供述自己的犯罪事实而遭受惩罚。

很显然，在近年来的刑事司法改革中，存在一种来自西方的法律文化与中国本土法律文化的冲突。很多被引进和移植而来的制度安排，一经变成成文法上的条文，就有可能面临被规避和被架空的局面。究其原因，中国本土固有的法律文化对于很多“法律舶来品”都产生了抵触作用，以致许多法律移植运动的成果最终被消解。在很多法律改革完成之后，研究者都会惊讶地发现，很多新的制度设计都无法发挥作用，公检法机关真正遵守的却是无法出现在“台面”上的“潜规则”。这种“潜规则”大行其道、立法者所推行的改革普遍失灵的现象，确实值得那些尊崇“拿来主义”“洋为中用”理念的法律学者们进行深刻的反思。①

在犯罪嫌疑人、被告人是否作出有罪供述问题上，这种法律文化冲突无疑达到了前所未有的激烈程度。一方面，现行法律确立了刑事被告人的诉讼主体资格，强调被告人作为诉讼当事人，可以与国家刑事追诉机构进行平等的抗辩，并对司法裁判机构施加积极的影响。近年来，立法机构和法学界所作的各种立法努力，无非是朝着加强被告人诉讼主体地位和扩大被告人辩护权的方向，提出了一系列改革方案而已。尤其是在中国政府签署联合国《公民权利和政治权利国际公约》以后，有关“禁止强迫自证其罪”的原则开始受到中国学者的关注。越来越多的学者、律师和司法官员主张确立“沉默权制度”，以使犯罪嫌疑人、被告人面对侦查人员、检察人员和审判人员的提问，享有拒绝回答的自由，并不得因为保持沉默而受到任何不利的对待。与此同时，几乎所有研究者都主张确立“口供自愿法则”，并将其与“传闻证据规则”一起，视为未来刑事证据法的两大基石。按照这一主张，犯罪嫌疑人、被告人无论是作出有罪供述，还是提供无罪的辩解，都必须出自其真实的意愿，属于自己内心自由意志的表达。作为“口供自愿法则”的题中应有之义，从事侦查、公诉和审判工作的国家官员，都不得采取包括酷刑在内的各种



① 参见陈瑞华:《刑事程序失灵问题的初步研究》，载《中国法学》2007 年第 6 期。

强迫、威胁、利诱、欺骗行为。为禁止国家官员采用上述旨在强迫被告人自证其罪的行为发生，法律还应当建立较为完善的司法救济机制，包括针对“非自愿供述”及其他“非法证据”的“非法证据排除规则”，以及法院针对非法侦查行为的司法审查机制。

另一方面，在“坦白从宽，抗拒从严”政策的影响下，犯罪嫌疑人既不享有保持沉默的自由，也难以从容不迫地提出无罪辩护意见，被告人为避免从重量刑，也不得不经常被迫地放弃无罪辩护权。其中，“坦白从宽”通过一种诱惑和激励机制，吸引犯罪嫌疑人、被告人主动放弃辩护权，按照刑事追诉机构的意愿供述犯罪事实，以便获得司法机关的宽大处理；“如实回答义务”的设定，使犯罪嫌疑人事实上在承担“如实供认犯罪事实”的义务；“认罪态度”机制的存在，造成被告人将因为拒不坦白犯罪事实而遭受严厉的惩罚。这种在司法实践中“行之有效”的刑事政策，既否认了犯罪嫌疑人、被告人的诉讼主体地位，不承认他们在供述犯罪事实方面的自愿性，也迫使其不得不充当国家追究犯罪活动的协助者，否定了犯罪嫌疑人、被告人选择诉讼角色和行使辩护权的自主性。对于犯罪嫌疑人、被告人的权利保障问题来说，“坦白从宽，抗拒从严”政策产生了越来越明显的“瓶颈效应”，造成犯罪嫌疑人、被告人的辩护活动越有力度，司法机关的惩罚越加严厉的局面。

很显然，上述两种法律文化各自形成了固有的刑事诉讼模式。前者将犯罪嫌疑人、被告人视为刑事诉讼的主体，使其拥有为权利而斗争的能力和机会，因此可被称为“权利本位型”的诉讼模式；后者则更加强调犯罪嫌疑人、被告人服从国家追诉的义务，使其因行使无罪辩护权而承受不利的法律后果，因而属于一种“义务本位主义”的诉讼模式。在以下的讨论中，笔者将以“权利本位主义”的诉讼模式为参照物，对“义务本位主义”的诉讼模式作一总结和概括。

从根本上说，“权利本位主义”的刑事诉讼模式建立在自由主义政治哲学基础之上。这种政治哲学有三个重要的构成要素：一是社会契约理论，二是“天赋人权”学说，三是“公平游戏”规则。按照社会契约理论，社会成员通过签订社会契约，建立作为全体社会成员利益之代表的政府，政府作为维护社会公共利益的“守夜人”，负有保障所有公民权利和自由的责任；政府并不是为了压迫个人、炫耀权力或者维护小集团的利益而存在的，而是要实现最低限度的分配正义和程序正义。作为由自然人组成的公共权力机构，政府与自然人一样也会犯错误，更可能滥用权力、侵犯个人权利。与违法犯罪行为所造成的危害相比，政府权力的滥用可能会造成“利维坦”式的暴政，令每个人失去法律安全感，甚至生活在恐惧之中。正因如此，政府既不可能永远掌握着真理，也不具有道义上的绝对优势，其公共权力也并不是绝对正当的。

根据“天赋人权”学说，个人的权利都是“天赋”的自然权利，其正当性既不来自法律的赋予，更不来自政府的恩赐。每个人的生命权、自由权、财产权和人格尊严都属于政府需要给予尊重的社会常态。除非政府通过民意机构制定了明确的法律，而某一个人行为恰巧违背了相关法律规定，否则，公民的基本权利将是不容剥夺的。

不仅如此，在政府剥夺个人权利之前，每个人都应被推定为无罪的公民，其自由和权利具有天然的正当性。除非政府提出了充足的证据，并经过法定的正当程序，否则，任何人的自由和权利将不受公共权力的侵犯。而在政府发动旨在追究个人责任的法律程序之后，个人应拥有最基本的诉讼对抗权，拥有为权利而斗争的机会和可能。

而根据“公平游戏”规则，任何司法诉讼行为要保持最低限度的公正性，就必须确保控辩双方按照平等、理性的原则展开诉讼抗辩行为。诉讼各方都要尊重对方的人格尊严，给予对方提出本方观点、证据并对本方观点加以反驳的机会；任何一方都不能被强迫作出不利于本方的决定，更不能在非自愿的情况下提供给对方进攻自己的武器。作为司法裁判者的法院，应当保持最大限度的中立性，只为维持公正审判而采取行动，而不能从事那种帮助某一方战胜另一方的偏袒行为。

自由主义政治哲学的上述基本观点，在很多古典政治学论著中俯拾皆是，本不属于新的理论和见解。然而，在对策法学方法的影响下，很多法律学者动辄充当立法方案的鼓吹者和司法改革的推动者，有着不可遏制的变法冲动。结果，很多“策论”式的论著只知其然，而不知其所以然，往往喜欢“一厢情愿”地将很多西方法律制度的表层因素引入中国法律，使中国成文法律越来越脱离中国法制的实际情况，越来越明显地成为缺乏社会现实支撑的“空中楼阁”。作为一种研究范式，鼓吹自由主义政治哲学的一些常识性命题，几乎成为中国法律学者孤芳自赏、自娱自乐的一种常态。

正因如此，所谓“权利本位型”的诉讼模式，其实主要是法律学者想象出来的一种理想诉讼形态。按照这种诉讼模式，刑事诉讼主要是一种旨在解决国家与被告人个人之间的法律争端的诉讼互动，犯罪嫌疑人、被告人作为刑事诉讼主体，应有权与国家追诉机构进行平等的、理性的抗争。面对国家的刑事追诉，犯罪嫌疑人应当自由地选择诉讼角色，自愿地作出有罪的供述或者无罪的辩解，而不能被强迫充当控方证人，否则，侦查人员通过各种非自愿的手段所获取的证据都应被排除于法庭之外。所谓“沉默权”“口供自愿法则”“禁止强迫自证其罪”“非法证据排除规则”，从根本上不过属于自由主义政治哲学在刑事诉讼领域中的具体表现而已。

相反，在中国刑事司法的现实之中，却存在一种实际发挥作用的“义务本位主义”的诉讼模式。这种诉讼模式并不来自法律学者的鼓吹和杜撰，甚至也不为大多数法律学者所欣赏，却实实在在地存在于中国的司法实践之中，并作为最大的“潜规则”，对几乎所有刑事司法改革产生着深远的影响。考察和总结这一诉讼模式的构成要素，并不意味着笔者从价值观上认同这一模式，而只打算站在“价值中立”的立场上，剖析这一“实际发挥作用”的诉讼模式究竟对刑事司法改革产生了哪些影响。

在政治层面上，“义务本位主义”的诉讼模式奠基于威权主义的政治哲学之上。按照这一政治哲学，政府不仅是政治权力的行使者，具有不容挑战的权威，而且也是真理的掌握者和道德伦理的维护者。在政府行使权力的时候，所有个人都应充任配合而非抗拒的角色。政府为调查事实真相，可以利用所有社会资源，采取任何有助于达到这一目的的手段。面对政府的调查和询问，包括被调查者在内的所有人都应承担“如实陈述”的义务，而不能采取任何旨在扰乱政府视线、妨碍真相发现的举动。不仅如此，政府还以一种“慈父”和“家长”的形象，承担着维持道德纲纪、纯洁社会风化的责任。任何被认为有违法犯罪行为的公民，都应被看作“迷途的羔羊”或“犯错的孩子”，只有在道义上有“知错认错”“迷途知返”的态度，然后才能获得政府的宽大善待。

在人类历史上，威权主义并非总以同一副面孔示人，而是存在多种不同的形态。其中，政治权力不受节制地行使，或许属于所有威权主义的共同特征。但是，东方威权主义在坚持绝对权力的同时，也更加强调政府对真理的掌握以及官员占有道义上的绝对优势。在中国古代，司法官员面对匍匐在地的“人犯”，动辄责令其“据实招来”，宣称“查明实据”，甚至为了查明真相而“大刑侍候”，就都与这种自认为掌握真理的心态有密切的联系。与此同时，除对那些十恶不赦的严重犯罪以外，司法官员对于一般的犯罪人有时也可以“法外开恩”，对于坦承犯罪事实和检举他人犯罪的“人犯”，也可以作出宽大处理。这种恩威并施的司法实践，足以显示一种宽大与严厉相结合的刑事政策。

在中国曾经的刑事诉讼制度中，处处可见司法官员依据“真理”行使国家权力的痕迹。法律强调公检法三机关作出任何诉讼决定，都要“忠实于事实真相”。为了发现真相，检察机关在审查起诉环节和法庭审理中可以将案件反复退回补充侦查，而罔顾对犯罪嫌疑人、被告人未决羁押期限的任意延长；为了发现真相，法院可以反复将“证据不足，事实不清”的案件，发回下级法院重新审理，甚至允许检察机关反复撤回起诉；为了发现真相，法官可以在法庭审理结束后进行庭外调查活动，甚至不惜将那些未经当庭举证和质证的证据作为裁判的根据；为了发现真相，二审法院可以通过发回重审或者主动提起再审，来规避“上诉不加刑”原则；为了发现真相，法院可以原审裁判“确有错误”为由，主动启动刑事再审程序……

表面看来，这种对案件“事实真相”的强调，体现了立法者对于司法认识论的高度重视。但实际上，这属于以一种“哲学认识论上的完美主义”掩盖了国家刑事追诉权的恣意行使。同样，为了发现案件“事实真相”，法律要求犯罪嫌疑人对侦查人员的提问应当“如实回答”，被告人当庭应当供述犯罪事实，并通过认罪悔罪来争取宽大处理，否则，将受到较为严厉的处罚。这种通过获取“真实”的有罪供述而达到发现事实真相的做法，本质上剥夺了犯罪嫌疑人、被告人的无罪辩护权。

其实，犯罪嫌疑人、被告人所承担的“如实回答的义务”，实际等于被迫承担“指控自己的义务”；承担如此义务的被告人，一旦行使宪法和法律所赋予的辩护权，就有可能遭受从重量刑的惩罚。既然如此，宪法和法律所确立的辩护权岂不就形同虚设了吗？

行使其权利的人，得视为不损害任何人

Qui suo iure utitur，neminem laedit

这就像进行一场“跨栏赛跑”一样，

侦查人员、公诉人和法官都必须越过一个又一个程序障碍物，

满足了一系列诉讼条件，

才能成功到达比赛的终点，

完成刑事诉讼的目标。

↓

意大利威尼斯圣马可广场东侧钟楼（Campanile of St. Mark's Basilica Kozuch）外墙上的正义女神雕塑。威尼斯钟楼耸立于圣马可广场，这座由红砖砌就、高 98.6 米的钟楼建于 15 世纪末期。

近期，围绕在押犯罪嫌疑人、被告人的“阅卷权”问题，司法界和律师界发生了激烈的争议。

争议的缘起是2012年以后，我国《刑事诉讼法》确立了一项旨在加强辩护权的规则，允许辩护律师自审查起诉之日起，向犯罪嫌疑人、被告人“核实有关证据”。律师既然可以核实有关证据，那当然可以携带有关案卷材料进入看守所，并在会见时向在押犯罪嫌疑人、被告人当面展示有关证据。辩护律师既然可以让犯罪嫌疑人、被告人查阅证据材料，那后者也就享有了“阅卷权”。

但是，来自检察机关、法院的司法官员却认为，刑事诉讼法的这一条款并没有确立被告人的“阅卷权”，而只是赋予辩护律师向犯罪嫌疑人、被告人“核实证据的权利”。因为刑事诉讼法所确立的阅卷权属于辩护律师专门享有的诉讼权利，犯罪嫌疑人、被告人并不能亲自行使这一权利。这些司法官员们认为，律师在会见时只能向犯罪嫌疑人、被告人核实证据，而不能允许后者查阅证据材料。

在围绕有关法律条款制定法律解释的过程中，律师界与司法界的上述争议达到了白热化的程度。双方都提供了支持各自观点的理由。在律师界看来，宪法和刑事诉讼法都赋予被告人“获得辩护”的权利。既然犯罪嫌疑人、被告人是辩护权的享有者，那么，作为辩护权有机组成部分的“阅卷权”，当然也应当为犯罪嫌疑人、被告人所行使。否则，犯罪嫌疑人、被告人作为辩护权的享有者，竟然被剥夺了行使辩护权的机会，这岂不是怪事？另外，根据中国刑事诉讼法的规定，被告人当庭享有质证权，可以对公诉方提交的每一份证据提出质疑和反驳，对控方证人进行发问。假如被告人庭前不了解公诉方证据的情况，就根本无法进行有效的法庭质证。因此，保障被告人的阅卷权，其实是确保被告人有效行使质证权的程序保障。不仅如此，不给予被告人庭前阅卷权，辩护律师就无法与被告人就法庭上的辩护思路展开沟通、协商和协调，对一些证据的质证难以达成协调一致的意见，甚至有可能会出现辩护律师与被告人提出相互矛盾的观点，以至于造成不应该出现的立场冲突，导致辩护效果的相互抵消。

但在一些法官、检察官看来，假如在押犯罪嫌疑人、被告人获得了“阅卷权”，那么，案卷中的法律文书和证据材料就都要向其开放了。尽管在案件进入审查起诉阶段以后，被告人阅卷并不会对案件的调查取证带来明显的妨碍，但是，全面了解案件办案过程和证据材料的犯罪嫌疑人、被告人，会彻底摸清公诉方的“底牌”。一些心存侥幸的犯罪嫌疑人、被告人，有可能根据案卷中的证据情况改变原来的供述，甚至直接推翻原来的有罪供述。更有甚者，犯罪嫌疑人、被告人要么在获得取保候审之后，要么利用会见的机会通过律师，向家属转达赃款赃物的处置信息，或者向证人、被害人发出威胁、恐吓的信息。因此，从保证刑事追诉活动顺利进行的角度来看，赋予被告人全面阅卷的权利确实是存在不少法律风险的。

这一争论在一定程度上反映出辩护制度在中国所遭遇的尴尬和困境。假如司法界的观点是成立的，那么，犯罪嫌疑人、被告人所获得的其他程序保障，岂不都会造成类似的妨碍刑事追诉的问题吗？例如，辩护律师查阅、摘抄、复制公诉方的案卷材料，这也是为保障辩护权的有效行使所确立的诉讼权利。但是，辩护律师越是提早了解公诉方的案卷材料，越是全面掌握公诉方的证据情况，他在法庭上的辩护岂不就更有针对性吗？而这种有效的辩护岂不对公诉方的刑事追诉构成明显的威胁？又如，辩护律师在侦查阶段就获得会见在押嫌疑人的机会，这对于侦查活动的顺利展开，无疑也会带来一些妨碍。毕竟，在押嫌疑人与辩护律师的秘密会谈，完全有可能增强犯罪嫌疑人“反侦查”的能力和信心，增加其对抗侦查机关或者直接翻供的可能性。再如，刑事诉讼法对辩护律师调查权所作的各种制度安排，都有可能增强辩护律师的防御能力，增加其无罪辩护、程序性辩护成功的可能性。这难道不也会带来“妨碍刑事追诉”的后果吗？

既然辩护律师行使会见、阅卷、调查等各项诉讼权利，都有可能造成妨碍侦查、鼓励翻供以及影响追诉进行的消极后果，那为什么法律还要保障辩护律师对这些权利的行使呢？假如司法界对被告人行使阅卷权所提出的担心具有合理性的话，那么，他们为什么不对辩护律师的其他权利进行抵制呢？

很显然，司法界人士以“妨碍刑事追诉”为由，否定在押犯罪嫌疑人、被告人的阅卷权，实际陷入了一种观念上的误区。罗马法时代曾出现过若干个格言，表达了大体相似的意思。例如，“任何人均无义务行使其所享有的权利”（Iure suo uti nemo cogitur）；“行使权利的任何人，都不得被视为恶意地实施行为”（Nullus videtur dolo facere，qui suo iure utitur）；“行使其权利的人，得视为不损害任何人”（Qui suo iure utitur，neminem laedit）；“行使其权利的人，其行为对任何人均非不法”（Qui suo iure utitur，nemini facit iniuriam）；等等。根据这些格言，任何人行使权利的行为都不应受到指责，更不应因为行使权利而遭受惩罚。否则，行使权利的行为就不仅不能给其带来利益，反而会“引火烧身”，带来灾难性的后果。在此情况下，权利即便被确立在法律之中，也会形同具文。

与诸如自由、财产、隐私、尊严乃至生命等一般实体权利不同，刑事诉讼中的辩护权属于一种程序性权利。犯罪嫌疑人、被告人一旦行使这些权利，就有可能与诉讼的另一方——公诉方形成一种对抗关系。在一定程度上，犯罪嫌疑人、被告人越是充分地行使了辩护权，他们与公诉方的对抗也就越激烈。作为犯罪嫌疑人、被告人的法律代理人，辩护律师参与刑事诉讼过程之中，协助犯罪嫌疑人、被告人行使辩护权的行为，这本身就保障了辩护权的有效行使，也在客观上对公诉方构成了程度不同的程序制衡作用。因此，辩护律师对刑事诉讼活动的参与，其后果必然是程度不同地妨碍了刑事追诉活动的顺利进行。这是司法机关接纳辩护制度所要承受的必然代价。

既然辩护律师的参与，辩护律师对会见、阅卷、调查等权利的行使，都有可能造成妨碍刑事追诉的后果，那么，司法机关究竟该如何有效地展开刑事追诉活动呢？

在笔者看来，扩大辩护律师的参与范围，保障辩护律师有效行使辩护权的机会，这属于刑事诉讼制度发展的必然趋势。不仅如此，刑事诉讼法还会通过确立各种程序规则和证据规则，为国家刑事追诉活动设置越来越多的程序障碍，使侦查机关、公诉机关和审判机关受到强有力的程序制衡。用美国学者赫伯特·帕克的话说，这就像进行一场"跨栏赛跑"一样，侦查人员、公诉人和法官都必须越过一个又一个程序障碍物，满足了一系列诉讼条件，才能成功到达比赛的终点，完成刑事诉讼的目标。当然，这些程序规则和证据规则都具有别样的价值考量，它们要么是为了避免错误的和无根据的定罪，避免刑事误判，要么是为了保障程序的公正性和人道性，使犯罪嫌疑人、被告人获得充分的参与机会，并获得有尊严的对待。

在遵守法律程序的前提下，侦查机关、公诉人、法院当然也要追求"不放纵有罪者"和"不冤枉无辜者"的目标。对于侦查机关来说，最有效的追诉方法不是限制辩护律师的参与权利，而是增强证据意识，提高侦查水平，增加侦查工作中的科技含量，逐步摆脱对被告人口供的畸形依赖。面对犯罪嫌疑人可能的翻供，侦查员应当更加注重收集实物证据，从而对口供形成补强效果。对于公诉机关来说，与其动辄指责辩护律师的防御活动，倒不如充分地进行公诉准备活动，必要时进行一些补充调查工作，使公诉证据的体系建立得更为完整。在法庭审理中，公诉方还可以积极运用经验法则和逻辑法则，有效地进行举证、质证和辩论活动，从而说服法官接受本方的公诉意见。而对于法院来说，唯有充当公正的裁判者，保证控辩双方平等对抗的机会，其裁判结论才能取得人们的信服。经过公正审判程序之后，法院对被告人的定罪判刑，才具有充足的正当性。而辩护律师的诉讼参与活动，则不仅不应被视为一种惩罚犯罪的障碍，反而应成为法院公正审判的有效保障。

中国刑事辩护制度发展到今天，所遇到的体制障碍和观念障碍都是空前巨大的。相比之下，体制障碍或许并不是最严重的。因为只要司法改革决策者痛下决心，这样那样的体制难题都是有可能获得解决的。目前，就连曾被视为“中国司法改革最大课题”的劳动教养制度，都已经被废止。这就足以说明体制改革一旦启动，就有可能使那些困扰辩护制度发展的体制因素发生改变。但是，观念上的障碍却是带有根本性的问题。对于辩护制度的正常发展来说，不克服一切陈旧的、腐朽的和不合时宜的观念，不为辩护制度重新确立正当的基础，那么，指望犯罪嫌疑人、被告人能够有效地行使辩护权，几乎是不切实际的空想。

总体来说，对于在押犯罪嫌疑人、被告人是否享有“阅卷权”的问题，我们应当树立一种新的观念：犯罪嫌疑人、被告人有权获得辩护，属于受到宪法保护的基本权利，他们为行使辩护权所采取的一切合法行为，都应被视为具有正当性；他们行使辩护权的行为，即便有可能带来妨碍侦查、影响追诉的消极后果，也应被看作无害的行为，因为对于社会的整体利益和国家的司法公正价值而言，辩护权的行使完全是有益无害的。

# 任何人在自己的案件中都不被视为可靠的证人

Nullus idoneus testis in re sua intellegitur

无论是原告还是被告，

其实都应被推定为“不适合充当证人”的人，

对其陈述的价值不必过于重视。

↓

绘画:《骑着狮子的正义女神》。德国画家丢勒(**Albrecht Dürer**, 1471～1528)创作于1499年。

当事人可否成为提供言词证据的证人？对于这一问题，中国三部诉讼法典都给出了明确的回答。无论是刑事诉讼中的犯罪嫌疑人、被告人、被害人、自诉人，还是民事诉讼和行政诉讼中的原告、被告以及有利害关系的第三人，都不具有证人的身份，而只具有当事人的身份。但是，这些当事人所作的陈述在诉讼法上都属于独立的证据种类，他们完全可以成为言词证据的提供者。

诉讼法的规定是一回事，但法律的实施效果则又是另一回事。在司法实践中，当事人所作的陈述真的是一种可靠的证据吗？事实上，他们与案件具有直接的利害关系，其利益处于接受裁判的状态，为获得最好的诉讼结局，当事人往往会作出不真实的陈述，歪曲事实，强词夺理，甚至为趋利避害，还经常改变陈述，造成对案件事实陈述上的前后矛盾。因此，民事法官对于原告和被告的陈述，大都视为各方的“一面之词”，对其真实性是存有很大疑问的。刑事法官对于被告人的供述、被害人的陈述也越来越持一种审慎的态度。

特别是遇有被告人"翻供"的情况，法官对于那些前后自相矛盾、而又得不到其他证据印证的供述笔录，经常拒绝将其作为定罪的根据。

但是，同样是作出虚假的陈述，当事人与证人所要承担的法律责任却是截然不同的：当事人一般不因作出虚假陈述而受到法律追究，而证人则因为作伪证而被追究伪证罪的刑事责任。与证人仅仅充当言词证据的提供者不同的是，当事人除提供陈述以外，还要行使各项诉讼权利。在很多情形下，当事人所作的陈述同时包含着"事实陈述"和"法律抗辩"两个部分。其中，"事实陈述"部分属于言词证据，但"法律抗辩"则属于为维护本方诉讼权利所作的法律陈述。对于前者，证据法当然会提出真实性的要求。但后者则无关真实性问题。不然的话，我们要求"真实的诉讼权利"，或者禁止"虚假的辩护"，这就属于令人啼笑皆非的表述了。

但是，在中国刑事诉讼制度中，有关犯罪嫌疑人、被告人供述和辩解的真实性问题，却是为刑事诉讼立法长期忽略的问题。与一般意义上的当事人一样，犯罪嫌疑人、被告人也同时充当着两种诉讼角色：一是"享有辩护权的当事人"，也是一切辩护权利的享有者，在刑事诉讼中处于当事人的地位，通过行使大量当事人的诉讼权利，对刑事诉讼的进程具有直接推动作用，对刑事诉讼的结局具有直接的影响；二是"言词证据的提供者"，他提供的"犯罪嫌疑人、被告人供述和辩解"，为证据法所承认的法定证据种类之一，与被害人陈述、证人证言属于典型的言词证据。

迄今为止，中国刑事诉讼法针对犯罪嫌疑人、被告人的上述诉讼角色，分别确立了一系列相互矛盾的程序安排。

首先，作为“享有辩护权的当事人”，被告人有权参与法庭调查和法庭辩论，与辩护律师享有几乎完全相同的诉讼权利。例如，被告人在法庭上有权申请通知证人出庭作证，调取物证、书证，申请重新鉴定或者勘验。又如，对于公诉方提出的所有证据，被告人都有权提出质证意见，对于法庭通知出庭的证人、被害人、鉴定人，被告人都有权当庭发问。再如，在公诉人发表公诉意见之后，被告人可以就其是否构成犯罪以及所应适用的刑事处罚问题发表辩护意见。

其次，作为“言词证据的提供者”，被告人要接受公诉方的讯问和法官的审问，负有“如实回答”的义务。假如被告人当庭拒绝回答审判人员或公诉人的提问，或者被认为作出了不真实的回答，或者当庭推翻原来所作的有罪供述，都有可能被视为“认罪态度不好”或者“无理狡辩”。犯罪嫌疑人在侦查阶段假如有此类行为，也有可能被作为“认罪态度不好”的标志。对于犯罪嫌疑人、被告人上述“认罪态度不好”的情况，法院还可以将其作为从重处罚的量刑情节。

由此看来，中国刑事诉讼法将犯罪嫌疑人、被告人同时塑造成两个诉讼角色：一是行使诉讼权利的辩护人，在此方面，被告人与辩护律师几乎具有相同的地位；二是提供言词证据的证人，被责令承担如实陈述的义务，在这一方面，被告人与证人具有相似的地位。

但是，在行使辩护权方面，被告人作为法律外行，身陷囹圄，根本没有行使辩护权的能力。在中国刑事司法实践中，被告人对其依法享有的"举证权""质证权""辩论权"等，经常会主动放弃行使，或者直接听由其辩护律师代为行使。结果，作为辩护权的享有者，被告人在有效行使辩护权方面却是先天的"无行为能力人"。打个形象的比喻：假如将辩护权区分为"所有权"和"使用权"两个层面的话，那么，被告人所享有的只是"所有权"，而很难行使"使用权"，"使用权"要由辩护律师代为行使，否则，有效的辩护就无法实现。

而在"提供言词证据"方面，被告人尽管被赋予证人的地位，被要求像证人那样，"不得拒绝作证"，也不得"作出虚假的证言"，但是，被告人几乎很少会自愿作出有罪供述，即便作出有罪供述，也经常会出现推翻供述的情况。在中国刑事司法实践中，被告人在庭前所作的有罪供述，绝大多数都是在受到未决羁押的情况下作出的。侦查人员或者通过拘传、拘留、逮捕，或者通过监视居住，完全剥夺了犯罪嫌疑人的人身自由，并通过各种旨在"击溃其心理防线"的预审讯问手段，强迫其作出了有罪供述。可以说，被告人庭前所作的有罪供述，几乎都是在外力压迫下作出的，具有天然的非自愿性。正因如此，在案件进入气氛相对宽松的法庭审理阶段以后，很多被告人都会推翻原来的有罪供述，而改作无罪的辩解。那么，被告人庭前所作的有罪供述与其当庭所作的无罪辩解相比，哪一种说法更有可能是真实的呢？司法实践的经验表明，两者都有可能是虚假的。至少，与普通证人的证言相比，被告人所作的有罪供述因为受到外力的强迫，经常是靠不住的；而被告人当庭所作的无罪辩解，则由于其存有“逃避制裁的侥幸心理”，也有可能是不真实的。结果，相对于证人证言而言，被告人供述和辩解的真实性其实更加难以保证。

其实，针对这一问题，罗马法时代就曾出现过这样的法律格言：“任何人在自己的案件中都不被视为可靠的证人。”（**Nullus idoneus testis in re sua intellegitur**）这句格言可以从两个角度来理解：一是从纯粹科学的角度来看，那些与案件有直接利害关系的当事人，有可能作出不真实的陈述；二是从诉讼地位的角度来说，无论是原告还是被告，其实都应被推定为“不适合充当证人”的人，对其陈述的价值大可不必过于重视。

对于被告人供述和辩解的真实性问题，英美法给出了一种独特的解决办法。在开庭前的准备程序中，被告人假如作出有罪答辩（**plea guilty**），法庭经审查认定为自愿的、明智的并有事实根据的，就可以直接作出有罪裁断，并对被告人择期举行量刑听证程序。相反，被告人假如作出无罪答辩（**plea not guilty**），案件就直接进入法庭审理程序，通过组织陪审团，对被告人是否构成犯罪的问题进行法庭审判。可以看出，那种旨在解决被告人是否构成犯罪问题的法庭审判，是建立在被告人不认罪的前提之下的。而在正式的法庭审理中，被告人又会面临两种程序选择：假如选择保持沉默的话，那么，被告人将在整个法庭审理过程中一言不发，既不可以充当辩方证人，也不可以当庭提供证言；假如被告人放弃沉默权的话，就一般只能担当辩方证人的角色，手持圣经宣誓，并承担如实作证的法律义务，接受控辩双方的交叉询问。

这样，英美的法庭审判，就对被告人的双重诉讼角色进行了分配：那些当庭保持沉默的被告人，实际被免除了证人的角色，不必再承担如实作证的义务，但同时也放弃了亲自行使辩护权的机会，这就造成其证人角色和辩护人角色的双重丧失；而那些放弃沉默权的被告人，则只能充当辩方证人的角色，并在如实作证、宣誓作证以及承担伪证责任方面，与普通证人没有任何区别，由此，被告人就变成了一种单纯的证人。但在上述两种情况下，被告人都不能充当辩护人的角色，其辩护权一律交由辩护律师来行使。显然，辩护律师的参与，实属英美对抗式诉讼制度正常运转的前提。

与英美法不同的是，大陆法采取了另一种处理被告人供述真实性的方法。首先，在德国、法国、意大利等国，被告人尽管在法律上享有沉默权，但他们是不可以充当证人角色的。被告人供述是一种独立于证人证言的法定证据形式。其次，被告人一旦放弃沉默权，就要接受讯问，回答问题，但是他们即便作出虚假供述，也不承担伪证罪的法律责任。根据这一点，德国学者甚至认为被告人在法庭上享有“说谎的权利”。最后，被告人在法庭审理中始终享有辩护权，也就是像中国被告人那样，与律师一起参与“举证”“质证”“辩论”的活动，并可以对证人、司法鉴定人进行当庭发问。

由此看来，大陆法国家同时承认被告人在法庭上的双重角色，被告人既是言词证据的提供者，也是辩护权的行使者。只不过，与中国刑事诉讼制度不同的是，大陆法国家的刑事诉讼法赋予被告人保持沉默的自由，而一旦行使沉默权，被告人就可以自始至终地不再参与诉讼活动。被告人不会因为保持沉默这一事实，而受到任何形式的惩罚。另外，被告人即便当庭作出不真实的陈述，也不会被追究法律责任。于是，在被告人“提供言词证据”与“行使辩护权利”之间，大陆法国家一般优先选择了后者，也就是对被告人行使辩护权给予了充分的尊重，为此，不惜对被告人当庭作虚假陈述的行为予以放任。

相比之下，中国刑事诉讼法在承认被告人双重诉讼角色的同时，既没有赋予被告人沉默权，也没有给予被告人“当庭说谎的权利”，而是通过“认罪态度”这一量刑情节的设定，对保持沉默和当庭说谎确立了惩罚性后果。相对于大陆法国家的制度而言，中国刑事诉讼法更为重视被告人的“证人”角色，甚至不惜牺牲被告人的辩护人角色。

但在笔者看来，过分推崇被告人的“证人”角色，强调被告人“如实回答的义务”，既会损害被告人的辩护权，也无助于发挥被告人提供真实案件事实信息的作用。一方面，事实上，在被告人没有选择余地的情况下，强行将被告人置于“证人”的地位，会导致其因为不得不如实“作证”而被迫放弃辩护权。特别是被告人因为行使无罪辩护权和程序辩护权，而有可能遭受程度不等的惩罚，这会带来“辩护从严”的后果，造成一种“因为行使权利而遭受惩罚”的尴尬处境。另一方面，作为与案件有着直接利害关系的被告人，无论如何都不是适合充当“证人”角色的人。无论是提供无罪辩解还是作出有罪供述，被告人都会处于侥幸心理或者由于受到外部的压力而选择虚假的陈述。更何况，被告人供述又属于最不稳定的言词证据，经常由于被告人内心意愿的变化和外在环境的改变而出现翻供现象。在某种意义上，说被告人供述和辩解实属最不可靠的证据，这是一点都不过分的。

正因如此，我们在对待犯罪嫌疑人、被告人供述问题上，应当树立一种新的观念：逐步淡化被告人的“证人”角色，弱化被告人“如实回答的义务”，赋予被告人更多、更大的自由选择权。从刑事司法实践的情况来看，被告人大体上有三种选择诉讼角色的可能：一是作出有罪的供述；二是保持沉默；三是作出无罪的辩解。但无论是选择何种诉讼角色，被告人都要拥有选择的自由，而不应被强迫选择其中的某一诉讼角色。尤其是被告人作出有罪供述，实际等于成为对自己不利的证人，更不应该受到任何形式的强迫，或者以不供述就予以惩罚相威胁。假如连这一点都做不到的话，那么，不仅被告人的辩护权会因此受到损害，被告人供述的真实性也是无法得到保证的。

# 人的外部行为反映其内心秘密

Acta exteriora indicant interiora secreta

通过行为人的外部行为来认定其主观罪过，

可以减轻对被告人口供的依赖，

树立一种通过证据来验证主观心态的司法理念。

英国中央刑事法庭建筑入口处的正义女神雕塑。英国雕塑家 Frederick William Pomeroy（1856~1924）创作于 1906 年。中央刑事法庭（Central Criminal Court）建于 1906 年，也被称作 “老贝利”，负责处理英格兰和威尔士的重大刑事案件，此地也曾是中世纪新门监狱（Newgate Prison）的所在地。因为伦敦老城的城墙叫作 Bailey，而法院正好和老城墙在同一条线上，所以“老贝利”由此得名。

↑

根据“主客观相统一”的原则，一个人要构成任何一项罪名，除要存在客观上的不法行为以外，还必须具备主观方面的要件。所谓犯罪的主观方面，其实是行为人意识因素与意志因素的有机结合。例如，要构成故意杀人罪，行为人必须具备主观方面的直接故意或者间接故意，而直接故意的“意识因素”通常是，行为人明知自己的行为必然造成危害社会的结果，而“意志因素”则是行为人追求这种结果的发生；间接故意的“意识因素”则是行为人杀人的后果可能发生，“意志因素”则是行为人放任这种结果的发生。又如，要构成交通肇事罪，行为人就要具备主观方面的过失，而这种过失又有“疏忽大意的过失”与“过于自信的过失”之分，其“意识因素”通常是行为人明知自己的行为可能发生危害社会的结果，“意志因素”则是行为人因为疏忽大意或者过于自信而没有意识到，以至于造成了危害社会的后果。

之所以要确定犯罪的主观方面，主要是为法律责任确定基本的依据。毕竟，对于自己造成危害社会结果的行为，行为人假如没有任何过错的话，那么，这就有可能属于一种因不可抗力所引发的意外事故，行为人也就没有任何罪过，也无须承担刑事责任。不仅如此，犯罪主观方面的情况还是衡量行为人主观罪过大小的主要尺度，所带来的定罪量刑结果也因主观罪过的大小而发生相应的调整。

正因如此，刑法所确立的任何一项罪名，都需要建立在行为人存在特定主观罪过的基础上。那种在民事侵权法中确立的“无过错责任”或“严格责任”，在刑法中是没有存在空间的。与此同时，刑法为了对特定犯罪确立严格的入罪条件，还会在一般的主观罪过之外，添加一些新的主观要素。例如，对于制造、运输、贩卖毒品的犯罪，刑法要求以行为人“明知”所制造、运输、贩卖的物品为毒品为前提。又如，用非法占有为目的，诈骗银行或者其他金融机构的贷款，构成贷款诈骗罪。在这一犯罪的认定中，行为人仅有诈骗金融机构贷款的行为是不够的，还需要具备“非法占有的目的”，否则，这一罪名仍然不能成立。

刑法对犯罪主观方面的重视，固然有其正当的理由和根据，但是，不能证明的事实就等于是不存在的，这些主观方面的要件事实究竟如何得到证明呢？

通常情况下，只要被告人作出了有罪供述，就可以对其实施犯罪行为时的主观心态给出明确的解答。比如，某被告人被指控实施了故意伤害行为。他不仅供述了对被害人实施伤害的行为过程，承认当时“明知自己的伤害行为会造成被害人受伤害的结果”，而且基于各种动机和考虑，还“主动追求这种伤害的结果”。有了这样的被告人供述，再加上其他证据的印证，被告人就足以被认定为“具有伤害的直接故意”，该案件在主观方面的构成要件也就得到证明了。

但是，假如被告人拒绝作出有罪供述，或者对其曾经作出的有罪供述予以翻供的，司法机关靠什么来认定被告人的主观罪过呢？一般来说，被告人对其行为时的主观心态拒绝陈述，或者给出了明显虚假的陈述，那么，他的主观心态岂不无从判定了吗？更何况，刑事诉讼程序的启动距离刑事案件的发生总会有一段时间，有的甚至还会有几个月甚至一年以上的时间，司法机关此时再来对被告人行为时的主观心态作出判定，岂不更为困难？

为了解决这一问题，我们就需要审查被告人的行为过程，从其行为的动机、时间、地点、手段、工具、方式以及所造成的后果等方面，来捕捉被告人行为时的主观心态。换句话说，我们可以根据被告人外在行为来验证其行为时的主观罪过形态。这就应验了一句罗马法时代的格言：“人的外部行为反映其内心秘密。”（**Acta exteriora indicant interiora secreta**）

“人的外部行为反映其内心秘密”这句格言，其实揭示了一个非常简单的道理：一个具有正常理性思维的人，其外在的行为都是在特定主观心态指引下实施的，特定的行为与特定的主观心态大体是相互吻合的；同时，在行为人秘而不宣的情况下，通过观察行为人的外在行为表现，我们不难判断其行为的主观心态。当然，被告人的外在行为也有与其主观心态不一致的时候，这可能发生在行为人歇斯底里、丧失理性之时，也可能是行为人具有特殊心理素质，或者有意对其行为进行伪装，以至于使观察者受到了误导或者蒙骗。

例如，某被告人系精神正常的成年男子，有证据证明他将被害人打倒在地，并用手持的尖刀刺向被害人的腹部，且连续猛捅数十下，直到被害人停止挣扎后才停止其动作。假如这些连续的行为都有充足的证据加以证明，那么，仅凭这些行为，我们就可以断定被告人具有杀人的直接故意。因为直接故意的“意识因素”和“意志因素”在这些行为中都得到了验证：被告人的年龄、精神状态以及手持锐器刺向被害人的腹部的行为，足以证明他“明知自己的行为会造成被害人死亡的后果”；而被告人手持尖刀捅向被害人的腹部，并连续猛捅数十刀，这些行为也足以证明被告人是在“追求被害人死亡的结果”。

又如，某被告人是一名在国家机关工作了十余年的处级干部，收受了他人几十万元的金钱和财物，并利用自己担任土地审批的职务便利，帮助请托人获得了数十亩土地的使用权。假如这些行为都得到了证实，那么，被告人行为时的直接故意心态也就得到了证明。

通过行为人的外部行为来推断其主观心态，这种认定事实的方法通常被称为“情理推断”。也就是说，根据基本的经验法则和逻辑法则，行为人的外部行为只要得到证实，就可以成为推断其主观罪过的事实基础。无论是故意还是过失，其“意识因素”和“意志因素”都是可以从行为人的行为方式和过程中得到推论的。尤其是在案件既没有被告人供述、被害人陈述，也不存在其他直接证据的情况下，情理推断几乎就等于运用间接证据认定案件事实的方法。通过一定数量间接证据的运用，认定被告人主观罪过的证据就形成了较为完整的证明体系，得出了唯一的结论，并且排除了其他可能性。

运用情理推断方法在一般案件中固然是较为妥当的，但是，对于一些行为较为隐蔽的案件，刑法还确立了诸如“明知”或“以非法占有为目的”等方面的主观要件。对于这些主观要件事实，仅仅通过情理推断方法加以证明，有时候会遇到一些意想不到的困难。例如，在涉及走私、制造、贩卖、运输、持有毒品的案件中，被告人只有“明知”是毒品，才构成这类犯罪。而由于毒品犯罪行为往往发生在较为隐蔽的场合，案件既没有犯罪现场，也难以找到目击证人，假如被告人否认自己明知是毒品，那么，司法机关就很难证明被告人确属“明知”。又如，在那些金融诈骗案件中，刑法确立了“以非法占有为目的”的主观构成要件。但同样困难的是，这类犯罪行为也发生在较为隐秘的场合，既没有犯罪现场，也缺少目击证人，假如被告人辩称自己“不是以非法占有为目的”，那么，司法机关也很难提出较为充足的相反证据。

为解决这类案件中主观因素的证明困难，司法界逐渐开始适用推定的认定事实方法。所谓推定，其实是司法机关根据已经得到证明的“基础事实”，来直接认定某一“推定事实”成立的事实认定方法。尽管在推定过程中，“基础事实”的成立都是需要有确实、充分的证据加以证明的，但是，在“基础事实”与“推定事实”之间，并不存在逻辑上和经验上的必然联系，而出现了一种逻辑上的跳跃，也存在一种司法证明过程的中断。司法机关对“推定事实”的认定，并不是通过司法证明的方式加以完成的。司法机关在认定“推定事实”的过程中，既没有直接证据加以支持，也没有间接证据加以证实，而是在多种可能性都存在的情况下，选择了其中的某一种可能性——“推定事实”的成立。正因如此，推定才被视为一种“替代司法证明”的事实认定方法。

最初，各地法院都是基于司法证明的困难，而逐步探索适用推定方法来认定主观方面的构成要件事实。后来，随着司法经验的逐步成熟，也为了避免这种“事实推定”方法的滥用，最高人民法院、最高人民检察院相继颁布了一些司法解释，将一些较为成熟的推定方法确立在法律之中，使不少“事实推定”规则都被转化为“法律推定”方法。

例如，对于毒品犯罪案件中的“明知”要素，司法解释规定被告人存在以下情形，且不能作出合理解释的，可以认定为“应当知道”：一是执法人员在检查时要求行为人申报为他人携带的物品，并告知其法律责任，而行为人没有如实申报，结果在其所携带的物品内查获毒品的；二是以伪报、藏匿、伪装等蒙蔽手段逃避海关、边防等检查，在其所携带、运输、邮寄的物品中查获毒品的；三是执法人员检查时，有逃跑、丢弃携带物品或逃避、抗拒检查等行为，在其携带或丢弃的物品中查获毒品的；四是体内藏匿毒品的；五是为获取不同寻常的高额或不等值的报酬而携带、运输毒品的；等等。

又如，最高人民法院在对金融诈骗类案件的司法解释中，还曾经将以下情形视为认定行为人“具有非法占有的目的”的基础事实：一是明知没有归还能力而大量骗取资金的；二是非法获取资金后逃跑的；三是肆意挥霍骗取资金的；四是使用骗取的资金进行违法犯罪活动的；等等。

以下是《人民法院报》报道的一起运输毒品案件，此案中的被告人辩称自己不明知所运输的是毒品，但根据被告人外在的行为以及其他客观方面的情况，法院足以推定被告人当时“应当明知是毒品”。

2008 年 5 月 20 日，被告人张某业将装在塑料袋内的海洛因 63.9 克，藏于其内短裤口袋内，从昆明火车站乘坐 T62 次旅客列车准备前往安徽省临泉县。次日下午 1 时许，当列车运行至凯里至怀化区间时，被告人被该次列车乘警查获，缴获了全部毒品。被告人辩称系受他人之托将“药品”带到安徽，不知是毒品。

虽然没有直接证据证明被告人主观上明知是毒品，但从以下已查证的事实可以推定被告人主观上的明知：一是被告人辩称受他人之托捎带，但不能提供该人的姓名、住址及联系方式等具体情况；二是被告人供述委托人答应东西带到后给其 2000 元的报酬，但从实际情况来看，如果是一般物品，重量仅 60 余克，给予如此高额的报酬明显违背常情和惯例；三是被告人辩称是“药品”，但查获的毒品却采用避孕套包装而非普通药品的外包装，且放置于其内短裤口袋中，携带方式高度隐蔽，不合常理；四是乘警对旅客例行检查时，被告人神情极度紧张，引起乘警的怀疑，进而对其进行身体检查并查获毒品。如果被告人不明知是毒品，对于乘警的例行检查显然不会紧张到如此地步。以上事实足以推定行为人主观上明知是毒品，且没有证据证明其确属被蒙骗。①

很明显，这种根据被告人的外部行为来认定其“明知”的方法，属于典型的法律推定方法。在这种推定过程中，被告人的外部行为属于“基础事实”，并得到了证明；被告人“明知所携带的物品是毒品”则属于推定事实，是由被告人外部行为所直接推定出来的结论，而没有经过司法证明过程的验证。与前面所说的情理推断一样，通过推定方法来认定被告人的主观心态，也是根据行为人外部行为来认定主观罪过的一种重要方式。

① 参见杨才清：《对运输毒品犯罪人是否明知的推定——长沙铁路运输法院判决张志业运输毒品案》，载《人民法院报》2009 年 6 月 26 日。

通过行为人的外部行为来认定其主观罪过，可以减轻对被告人口供的依赖，树立一种通过证据来验证主观心态的司法理念。而减少对被告人口供的依赖，又有助于减少刑讯逼供、威胁、引诱、欺骗等不当侦查方法。这对于证据裁判原则的贯彻，防止冤假错案，都是有着积极意义的。

# 谁来监督监督者

## Quis custodiet ipsos custodes

在刑事诉讼中，

法官、检察官和辩护人都集中到一个人的身上，

这种集中是与心理学的全部规律相矛盾的。

↓

一幅创作于1510年前后的正义女神（Die Gerechtigkeit）绘画，德国画家Hans Burgkmair the Elder(1473~1531) 创作。

近来参加一个有关刑事辩护的论坛，了解到这样一个近乎蹊跷的案件：

> 被告人祝某因涉嫌行贿罪，于2015年3月22日经H省N市某区人民检察院决定，对其立案侦查，并采取指定居所监视居住。6个月后，案件被移交Z省人民检察院立案侦查。该省人民检察院决定对其再次采取监视居住。2016年3月22日，Z省人民检察院对祝某决定逮捕。8天后，Z省人民检察院因本案证据不足，将祝某予以释放。2016年3月30日，Z省H市人民检察院对祝某再次立案侦查，并第三次采取监视居住。2016年9月30日，Z省人民检察院第四次采取指定居所监视居住。2017年3月31日，经Z省人民检察院决定，祝某被执行逮捕。2018年1月12日，Z省H市人民检察院以行贿罪、背信损害上市公司利益罪、故意损毁会计凭证罪，对祝某提起公诉。

鉴于本案先后四次被检察机关采取指定居所监视居住，辩护律师认为这违反刑事诉讼法有关监视居住不超过6个月的规定，并向Z省人民检察院提出异议。该检察院答复说："本案两次变更管辖"，H市人民检察院与H市S区人民检察院先后"重新立案"，"故而可以重新计算指定居所监视居住的期限"。

在介绍完这一案件的情况后，一位律师向笔者提出了一系列的问题：对于同一刑事案件，检察机关可否反复重新启动立案程序？检察机关为调查取证，对同一案件可否连续多次采取指定居所监视居住？检察机关对同一案件每次监视居住没有超过6个月，但四次监视居住累积起来达到24个月的监视居住期限，这是否合乎刑事诉讼法的规定？根据"两高三部"2017年颁布实施的有关非法证据排除的司法解释，侦查人员采取"非法拘禁"措施所获取的有罪供述，应被作为非法证据予以排除。本案除第一次监视居住系属合法措施以外，后面采取的三次指定居所监视居住，是否构成"非法拘禁"，侦查人员在此期间所获取的有罪供述，应否被排除于定案根据之外，等等，都是值得思考的。

本案发生在我国监察体制改革完成之前。当时检察机关还拥有对职务犯罪案件的立案侦查权。但自《监察法》实施以来，职务犯罪案件侦查权已经整体被转隶给各级监察委员会，检察机关不再享有对一般职务犯罪案件的立案侦查权。不过，根据2018年修改后的《刑事诉讼法》，检察机关保留了对司法人员利用职权实施的部分刑事案件的立案侦查权，包括非法拘禁、刑讯逼供、非法搜查等侵犯公民权利，以及徇私舞弊、枉法裁判等损害司法公正的犯罪案件。这显然说明，在监察体制改革完成之后，检察机关仍然拥有对部分职务犯罪案件的立案侦查权，仍然会出现侦查人员违反法律程序的问题。

作为“国家法律监督机关”，作为国家利益和社会公共利益的代表，检察机关被赋予了一系列公共权力。在行使批捕权、公诉权以及提起公益诉讼的权力之外，检察机关还行使对国家机关及其工作人员“进行法律监督”的权力。其中，对于公安机关、法院和刑事执行机关的诉讼活动，检察机关在发现违法行为之后，不仅要督促其加以纠正，还可以对构成犯罪的司法工作人员采取刑事追诉行动。但是，检察机关作为部分刑事案件的侦查机关，同样也会出现违反刑事诉讼法的行为，甚至为追求侦查破案或公诉成功的效果，还会严重践踏刑事诉讼程序，侵犯公民的合法权益。既然如此，这里就必然会出现一个法律难题：究竟谁来监督检察机关呢？换言之，号称行使“法律监督权”的检察机关，是否需要以及如何受到有效的“法律监督”呢？

对于检察机关的法律监督地位，以及由此所带来的与其所行使的诉讼职能的冲突问题，法学界曾进行过讨论，并产生过激烈的争论。笔者认为，这一问题仍然有进一步讨论的必要。

检察权是司法权吗？这一问题在不同制度下可能会有不同的

答案。在英美，检察权基本上属于行政权。因为从组织上看，英国的皇家检察机构（CPS）与美国联邦和各州的检察机构大体上都属于行政分支的有机组成部分。作为英格兰和威尔士检察机构领导核心的中央法律事务部，属于英国重要的司法行政机构，其首脑由首相直接提名和任命，属于非内阁成员中重要的行政官员。而美国联邦司法部作为美国联邦政府行政分支的组成部分，其首脑司法部长由总统提名和任命。司法部长作为内阁成员，实际是美国联邦一级的总检察长，拥有领导联邦检察官的权力。从所发挥的功能来看，英美检察机构大体上属于单纯的刑事起诉机构，它们站在政府的立场上，负有对犯罪案件提起公诉、支持公诉以及监督有罪裁判得以执行的使命，从而维护社会的基本秩序和安宁。从活动方式上看，英美检察官在警察的协助下，单方面地从事起诉前的准备活动，并在法庭上充当案件的控诉一方，成为法院定罪量刑的实际申请者。这表明，检察官与警察一样，都在代表政府行使着刑事追诉权，这种权力实质上属于行政权力。

大陆法国家的情况有所不同。在法国和德国，检察机构在设置上具有“审检合署”的特征，也就是设于各级法院内部，但与法院采取分离管理的体制。在检察机关内部，实行检察一体的组织原则，强调检察机构上下级、检察官上下级之间构成一个统一的整体，使下级检察官服从其上级检察官的指挥和领导。检察官一般不具有像法官那样的独立性。在活动方式上，德国、法国的检察官在法律上拥有侦查权，警察尽管直接实施侦查活动，但不过是他们的助手和辅助机构。在很多情况下,检察官决定侦查的启动和终止,对重大侦查行为拥有决定权,并在重大案件的侦查过程中直接指挥、指导警察从事侦查行为。这种检警一体的活动方式,决定了检察官和检察机构对案件的侦查、起诉负有最终的责任。

德国、法国的检察机构尽管与英美同行一样,都在行使带有行政权性质的刑事追诉权,但仍具有一定的准司法机构的意味。例如,这两个国家的检察机关都负有发现实体真实、维护司法公正的使命,在刑事追诉过程中既要收集不利于被告人的证据,也要收集有利于被告人的证据;对于法院作出的初审或者二审裁判,检察官要站在法律的立场上提出上诉,因此他们有时确实会提出有利于被告人的上诉。又如,检察官与法官在培养上采取了一元化的方式:他们都要经过统一的国家司法考试;都要经受统一的带有学徒性质的司法实习和职业培训;都要按照统一的途径被委任为检察官或者法官。甚至在法国人的观念中,检察官与法官的职业联系如此密切,以至于被分别称为"站着的司法官"和"坐着的司法官"。

英美法国家与大陆法国家在检察机构的设置以及权力配置上尽管有一定的区别,但它们所行使的权力都属于刑事追诉权,都对惩治犯罪、维护社会治安负有重大的责任,其权力的行政权属性的确是存在的。至于德国、法国检察机构所具有的准司法机构的性质,这两个国家的检察官所具有的准司法官的地位,充其量不过说明检察机构在履行刑事追诉职能的同时,要注意尊重事实真相和维护法律尊严,而不应像民事诉讼中的原告那样,为达到胜诉和击败被告人的目的而不择手段或不惜一切代价。这一点，构成了对检察机构刑事追诉权的外在限制，但并没有否定这种刑事追诉权的行政权性质。

众所周知，中国目前实行的是“人大领导下的一府一委两院”体制。这种政权组织形式决定了检察机关是一种并列于法院的司法机关。而中国宪法和检察院组织法所确立的检察机关的法律监督地位，则决定了检察机关有权对法院的审判活动实施法律监督，它所行使的检察权不仅十分重要，甚至还略微高于法院所行使的审判权。

这是因为，根据宪法的规定，检察机关拥有法律监督权，有权监督国家宪法和法律的统一实施。在监察体制改革完成之后，检察机关的这种法律监督权主要体现在诉讼领域。首先，在刑事诉讼领域，检察机关有权对公安机关、法院、刑罚执行机关的诉讼活动实施法律监督。例如，对于公安机关应当立案而不予立案的决定，检察机关有权要求其说明理由，发现理由不成立的，应通知其立案；对于公安机关在侦查中有违法行为的，检察机关有权提出纠正意见；对于法院一审作出的未生效裁判，检察机关“发现确有错误”的，有权提出抗诉，从而引起二审程序；对于法院生效裁判“确有错误”的，有权提起控诉，从而直接引起再审程序；对于法院在审判过程中有违法行为的，检察机关有权提出纠正意见；等等。其次，在公安机关负责侦查的案件中，检察机关拥有逮捕的批准权和延长羁押的决定权。中国刑事诉讼法规定检察机关对逮捕发布许可令状和进行授权，并规定上一级检察机关和省级检察机关对逮捕后的羁押延长事项，拥有最终的决定权。这表明，在审判前的羁押问题上，检察机关拥有相当大的控制力，从而对个人人身自由的剥夺拥有最终的决定权。再次，在检察机关自行侦查的案件中，它作为与公安机关相似的侦查机关，拥有包括逮捕、拘留、监视居住、取保候审、搜查、扣押、窃听等在内的一系列强制处分的决定权，并可以自行决定对公民个人的羁押期间的延长，从而对个人的基本权益和自由拥有最终的处置权。最后，在民事和行政审判领域，检察机关有权对法院的审判活动进行监督，发现生效裁判“确有错误”的，有权提出抗诉，从而直接引起再审程序。

检察机关尽管在现行宪法体制下行使司法权，但这种司法权的行使却是有缺陷的。这是因为，检察机关同时将法律监督与刑事追诉这两种具有不同性质的权力集中于一身，无法保持法律监督所必需的中立性和超然性。作为法律监督机关，检察机关的确在对公安机关、法院、执行机构的诉讼活动进行着一定的“司法控制”。但是，检察机关对一部分案件所拥有的侦查权，使它与公安机关所行使的权力具有一定的相似性。可以说，作为侦查权的行使者，检察机关与公安机关都具有行政机构的性质，而难以算得上司法机构。当然，检察机关对公安机关负责侦查的公诉案件，还拥有审查起诉、提起公诉和支持公诉等一系列的权力。这些权力的行使似乎意味着检察机关拥有对公安机关进行监控的资格。但实际上，根据刑事追诉活动的基本规律，侦查活动的成功与否，最终要靠法庭审判能否获得“胜诉”——也就是被告人被判有罪的结局来加以判断。从这一意义上说，审查起诉、提起公诉和支持公诉等活动，不过是侦查活动的逻辑延续和法庭审判的必要准备罢了。从侦查一直到审查起诉、提起公诉、支持公诉，甚至提起抗诉，公安机关与检察机关都在动态的意义上追求着“胜诉”的结局，这些活动有着内在一致的目标，也有着相互补充、相互保障的作用，构成宏观意义上的刑事追诉活动的有机组成部分。

检察机关这种同时行使法律监督权和刑事追诉权的情况，不禁令人想起罗马法时期的一句法律格言：“谁来监督监督者？”（Quis custodiet ipsos custodes？）

在中国刑事诉讼中，检察机关的法律监督者与刑事追诉者角色实质上是相互冲突的。法律监督者的角色要求检察机关尽可能保持中立、超然和公正；而刑事追诉者的诉讼角色，却要求检察机关尽可能地保持积极、主动和介入，尽量使被告人被判有罪，从而实现惩治犯罪、维护社会秩序的目标。显然，这两个诉讼角色是直接矛盾和对立的。按照马克思的说法，在刑事诉讼中，法官、检察官和辩护人都集中到一个人的身上，这种集中是和心理学的全部规律相矛盾的。从逻辑上看，从事着相互矛盾的诉讼职能的检察机关要么会偏重法律监督而忽视追诉犯罪，要么倾向于侦控犯罪而疏于法律监督，而不可能对两者加以兼顾。但实际上，出于当前社会治安状况面临危险、官员腐败案件频频发生的现实，检察机关所承担的打击犯罪，尤其是惩治职务犯罪的责任得到了更大的重视，法律监督责任一方面必然受到忽略，另一方面也只能倒向刑事侦控一方，甚至完全依附于刑事侦控职能，而不再具有最起码的独立性。

从检察活动的实际社会效果来看，检察机关基本上将自身定位于与犯罪作斗争的刑事追诉机构。尽管刑事诉讼法明确要求检察机关既要收集不利于被告人的证据和事实，也要收集有利于被告人的证据和事实，在制作起诉书时要“尊重事实真相”，但是，刑事追诉的基本实践表明，检察机关更加重视不利于被告人甚至可以导致被告人被判重刑的证据和事实，而对于有利于被告人的证据，检察机关不是隐而不提，就是故意阻止其出现在法庭上。典型的例证是，长期以来一直较为严重的超期羁押现象，不仅在公安机关存在，而且更出现在检察机关自行侦查的案件之中；屡禁不止的刑讯逼供现象，不仅得不到检察机关的有效制止，甚至在其自行侦查的案件中，刑讯逼供也时有发生；检察机关认为案件在认定事实或者适用法律方面“确有错误”的，可以提起二审抗诉或者再审抗诉，而且这些抗诉基本上都是不利于被告人的，那种旨在追求使被告人受到无罪或者罪轻结局的抗诉，目前还只存在于书本上，而不是现实之中。

显然，无论是刑事追诉的基本逻辑还是检察活动的基本实践，都表明所谓的“法律监督”与刑事追诉之间有着不可调和的矛盾和冲突。一方面，让一个承担着刑事追诉甚至刑事侦查职能的国家机构，去监督和保证国家法律的统一实施，并在其他国家机构违反法律时作出纠正，这的的确确带有一定的“乌托邦”意味，构成了一种制度上的“神话”。另一方面，检察机关法律监督地位的存在，还对司法裁判的独立性和控辩双方的对等性造成消极的影响。这是因为，检察机关站在法院之上从事所谓的“法律监督”，会使案件的裁判活动不仅永远没有终止之时，而且还会随时重新启动，从而损害司法裁判的终结性。况且，拥有“法律监督者”身份的检察机关永远有高人一等的身份和心态，而不会“甘心”与作为被指控方的被告人处于平等的地位上。控辩双方的这种地位上的不平等性会对司法裁判的公正性形成负面的影响。

中国的检察制度今后究竟往何处走？笔者对此难以作出全面的估计。不过，一个基本的思路是，检察机关的司法机构色彩应当逐渐弱化，法律监督应当逐渐淡化并在条件成熟时最终退出检察机关的职能范围。在诉讼领域中维护法律统一实施的使命，应当由法院自身通过审级制加以完成。例如，可以考虑建立三审终审制，使高级人民法院和最高人民法院承担起维护法律统一实施的使命。另外，诉讼领域中法律的实施应当通过控辩裁三方相互制约和平衡的机制加以解决，而不要轻易从诉讼机制之外，引进所谓的“法律监督”。否则，那种“谁来监督监督者”的永恒难题就会不可避免地出现在制度设计和法律实践之中。

# 警察是法庭的仆人

## The policeman is like a servant of the court

“警察是法庭的仆人”这句格言，

所强调的就是英国法庭的至高权威，

通过法庭审理实现正义，最终维护一种法治秩序。

这尊正义女神雕塑存放于瑞士伯尔尼市博物馆。

雕塑师汉斯·吉恩 (Hans Gieng) 创作于 1543 年。

正义女神的脚的四角分别是教宗、国王、大公、苏丹等世俗世界的最高权力象征。

↑

2018年，我国完成了监察体制改革，通过组建国家监察机构，对反腐败力量和资源进行了有机整合，实现了对全部公职人员监察的“全覆盖”。经过这次改革，我国确立了人大领导下的“一府一委两院制”，重新塑造了我国的政权组织形式（政体）。监察委员会作为国家监察机关，与中共党内的纪律检查部门合署办公，拥有对所有公职人员进行党纪调查、政务督查和刑事调查的权力，并可以对公职人员作出党纪处分、政务处分或者移送检察机关审查起诉。但是，有关部门将监察委员会定性为有别于行政机关和司法机关的“政治机关”，认为其针对公职人员的调查不属于“刑事侦查”，监察委员会的调查也不受刑事诉讼法的规范，而只需遵守监察法的规定。因此，监察委员会对公职人员的调查措施，无论是剥夺人身自由的“留置”措施，还是限制个人财产权利的搜查、查封、扣押等措施，都不受刑事诉讼法的调整。甚至在监察委员会的调查期间，被调查人员都难以获得律师的有效帮助。

但是，监察委员会一旦将案件移送检察机关，其所收集的证据都将被作为指控证据使用，其证明力和证据能力最终也只有经过法庭上的审查判断，才能得到法庭的确认。从理论上讲，对于监察委员会所移交的不真实或者不合法的证据材料，法院有权将其排除于法庭之外，不作为定案的根据。既然如此，监察委员会假如实施了非法取证行为，被告人及其辩护人假如提出了排除非法证据的申请，监察委员会的调查人员要不要出庭作证呢？对于这一问题，各级监察机关基本上都是持否定态度的。理由无非是监察机关不是刑事侦查机关，当然不能像侦查人员那样，承担出庭作证的义务。但无论是法学界、律师界还是司法界，则都是持赞成态度的。理由则是监察机关所行使的刑事调查权，无论从性质还是法律后果来看，都与刑事侦查权没有实质性区别。为贯彻"庭审实质化改革"的理念，监察委员会的监察人员遇有其调查的合法性受到合理质疑的情况，当然应当出庭作证，接受控辩双方的交叉询问。

在这场僵持不下的争议之中，云南曲靖市一个区的监察委员会与其他政法机关作出一项重大决定，允许监察人员在必要时出庭作证。以下是媒体的相关报道：

> 为加强（云南）曲靖市麒麟区监委及区级政法各部门在案件办理过程中的协调配合，合理解决在办案过程中存在的问题，8 月 31 日上午，2018 年第三季度区监委、法检公司联席会议在麒麟区人民法院展开……

经过3个小时的会议研究，区法院提交联席会议讨论的三个问题，各参会人员意见统一，达成三项共识……坚持以审判为中心的刑事诉讼制度，对监察委员会查办的职务犯罪案件，原则上监察委的调查人员，不出席法庭作证，仅提供书面说明材料，只有在涉及对案件的定罪量刑有重大影响时，由监察委员会调查人员出庭作证。[①]

这项决定允许监察委员会的调查人员通过两种方式作证：一是提供“书面说明材料”；二是出庭作证。尽管对出庭作证确立了严格的限制条件，但这毕竟是首次有关监察人员出庭作证的规定，具有制度突破意义。更何况，无论是刑事诉讼法还是最高人民法院的司法解释，也都对于普通侦查人员出庭问题，作出了类似的限制性规定，即只有在迫不得已的情况下，侦查人员才会出庭“说明情况”。自2014年新一轮司法体制改革推行以来，各级法院为实现“以审判为中心的诉讼制度改革”，推动“庭审的实质化”，强化了证人、鉴定人、侦查人员和专家辅助人的出庭作证，普通侦查人员出庭作证也处于正在逐步推动实现的姿态，但还远远没有形成一种得到普遍承认的制度。如今，监察人员一旦可以出庭作证，就将与侦查人员一样，承担出庭陈述案件事实的义务，并接受法庭的发问和控辩双方的交叉询问，这对于将监察委员会的调查权纳入法制的轨

① 麒麟：《监委、法检公司联席会议达共识》，载微信公众号“曲靖法院”2018年9月1日。

道，督促其严格遵守法律程序，都将具有积极的促进作用。

透过监察人员出庭作证问题，笔者联想到 1995 年初次访问英国的一段经历。

1995 年，笔者随同一个法律代表团出访英国。由于是第一次出国，对一切都倍感新鲜。除在 Warwick University 法学院参加数日法律培训以外，我们还参访了位于伯明翰的一家皇家刑事法院（Crown Court）。那日早上九点多，我们进入这家法院的一个法庭，旁听一起谋杀案件的庭审。非常幸运的是，我们正好赶上法庭盘问一名侦查人员的场景。该名侦查人员身着西装（没有穿警服），本来坐在控方律师旁边，在接受传召出庭作证后，他走向证人席，接受了控辩双方的交叉询问。双方向他发问的内容大体是他在抓捕、搜查、组织辨认等侦查过程中是否存在违法取证的问题。他在证人席一落座，就手按圣经宣誓“说实话，只说实话”。然后，控辩双方相继向其发问。发问完毕后，他依然走回原来的座位。这位主审法官已年届七十，这时候中止审理，向我们这十多位中国法律代表团成员，介绍了自己早年在中国上海工作和游历的一段经历，随后重点解释了刚才的诉讼程序，特别是讲述了英国法律有关侦查人员出庭作证的规定。然后，法官两眼看着那位刚刚作证完毕的警官，平静地说了一句：“在英国，警察是法庭的仆人。”

午餐时间到了，我们有幸与这位法官共进工作午餐。我们代表团成员向他提出了很多问题，他都一一作答。当被问及“警察是法庭的仆人”这句话的出处和意义时，他微笑着请坐在一侧的那位警官回答。该警官平静地说：“对于我侦查的案件，我有义务到法庭上协助控方律师完成指控过程，必要时还要提供新的证据材料；一旦被告方对我侦查行为的合法性提出质疑，在控方律师的建议下，我有义务出庭，作为控方证人，回答控辩双方提出的问题。而在出庭作证时，我与普通证人没有两样，都要进行宣誓。假如有侦查人员拒绝出庭，法官有可能强制其到庭，甚至判处蔑视法庭罪。假如有侦查人员当庭作伪证，法官也可以判处伪证罪。”最后，这名警官顿了顿，笑着说：“你看一切都要接受法庭的安排，配合法庭的审理工作，我不就是一名仆人吗？”

初次听到“警察是法庭的仆人”这句格言，尤其是亲眼目睹了警察在法庭上宣誓和作证的整个过程，笔者还是感到了震撼。但听到法官和警察所作的解释后，又感到自己少见多怪了。其实，经过后来的阅读和研究，笔者终于了解到，自中世纪以来，英国法院一直保持两项特权：一是对于扰乱法庭秩序的人，无论是旁听者还是控辩双方，法官都可以直接判处其藐视法庭罪，这是一项无须经过起诉而由法官当庭作出判决的罪行；二是对于指控方存在严重滥用公诉权或者严重违反法律程序的指控，法官可以直接作出撤销起诉（dismiss of charge）的裁决，依照法官的指令，控方律师要么重新起诉，要么永久地终止诉讼。在一定程度上，“警察是法庭的仆人”这句格言，所强调的就是英国法庭的至高权威，通过法庭审理实现正义，最终维护一种法治秩序。

但“警察是法庭的仆人”这句格言，所表达的又不限于维护法庭权威这一层意思，而具有普遍的法律价值。至少在警察出庭作证这一场合下，警察要承担三个方面的法律义务：一是作证的义务，即就有关案件事实提供证言；二是出庭的义务，即接受法庭传召出席法庭接受各方盘问；三是如实作证的义务，即当庭陈述案件的真实情况。可以说，与普通证人一样，侦查人员有义务当庭陈述其在侦查过程中所了解的案件事实，协助法庭查明事实真相，对其他证据的真实性和合法性作出准确无误的判断。在这一点上，侦查人员与证人没有实质性的区别。甚至可以说，警察以及其他侦查人员就属于一种特殊的证人。

自 2010 年以来，随着我国刑事司法改革的深入推进，也随着我国刑事证据立法的显著发展，侦查人员出庭作证制度逐步得到了确立。迄今为止，侦查人员在法庭上有可能成为三种证人：一是目击证人，主要是在那种使用“秘密侦查”“控制下交付”或者对犯罪嫌疑人“诱惑侦查”等特殊侦查手段时，侦查人员的侦查活动与犯罪活动保持同步进行，而侦查人员因此目击了犯罪行为的过程；二是量刑情节的证人，侦查人员在侦查过程中获悉了诸如自首、坦白、立功、认罪态度、赔偿、预交罚金、刑事和解等方面的量刑情节，从而可以就量刑事实充当证人；三是程序性争议事实的证人，也就是在控辩双方对在侦查行为的合法性发生争议的情况下，侦查人员就某一侦查行为的合法性提供证言。

从理论上讲，侦查人员在上述三种情况下，都应出庭说明情况，从而承担出庭作证的义务。在充当证人出庭作证方面，侦查人员与普通证人不应有任何实质性的区别。但是，由于侦查人员一般都是侦查机关的工作人员，具有警察或检察官的身份，他们对于出庭作证存在天然的抵触和反感，而法院又不具有较高的司法权威，因此，法律对于侦查人员出庭作证作出了一些特殊的规定。比如，在出庭作证的条件方面，侦查人员出庭要比普通证人出庭更为严格。通常，侦查人员都可以向法庭提供书面的“情况说明”，只有侦查人员的证言对于案件定罪量刑具有重大影响的情况下，法庭才会通知侦查人员出庭“说明情况”。这样，提供书面情况说明就成为侦查人员作证的一般方式，而出庭作证则成为作证的一种例外。又如，在拒绝出庭的法律后果方面，法律对普通证人可以采取强制到庭甚至拘留等强制性措施，但对于拒绝出庭作证的侦查人员，则没有确立这方面的强制性措施。再如，侦查人员一旦出庭，法庭就可以根据他们的请求，采取诸如庭上屏风遮挡、通过远程视频作证、变换声音或者遮挡容貌等变通方式，避免侦查人员暴露在“光天化日”之下，以便对其人身安全进行必要的保护。

那么，在侦查人员承担着繁重而危险的调查取证工作的情况下，为什么还要强调侦查人员通过出庭方式提供证言呢？

这主要是出于四个方面的考虑：首先，无论是充当目击证人、量刑情节的证人，还是担任程序性争议事实的证人，侦查人员都承担着如实陈述案件事实的义务。唯有出庭作证，法官才可以通过当庭发问，听取其口头陈述，对其证言的真实性进行直接的判断。相对于阅读侦查人员的书面情况说明而言，当庭听取侦查人员的证言，更容易察言观色，判断其证言的真伪虚实。其次，侦查人员唯有出庭作证，才能维持控辩双方交叉询问机制的正常运转，尤其是确保被告人及其辩护人进行反询问的机会，这可以有效维护被告人的辩护权，赋予其参与司法裁判制作过程、影响司法裁判结局的机会。再次，通过出庭作证，侦查人员可以对那些对其执法过程合法性的不实质疑，给予有力的回应，维护执法机关的良好形象。最后，相对于宣读书面情况说明而言，侦查人员出庭作证可以维护法庭的司法公正形象，避免法庭审理流于形式，使有理讲在法庭，裁判结论形成于法庭，从而确保"庭审实质化"目标的实现。

过去，很多法庭允许侦查人员提供一份书面的"情况说明"，来代替出庭作证，并且将这种"情况说明"作为定案的根据。就连最高人民法院，在对刘涌案件的再审判决书中，都将公安机关的预审人员、监管人员的书面情况说明，直接采纳为定案的根据，以证明侦查人员没有采取刑讯逼供等非法取证手段。这种书面"情况说明"在刑事审判中一度被滥用。但是，这种情况说明具有先天的缺陷和不足，将这种材料直接作为定案的根据，也会产生一定的危险。这主要表现在以下两个方面：一是这种"情况说明"只陈述了侦查人员的结论——如"侦查人员依法取证，没有刑讯逼供等非法取证行为"，却没有陈述案件事实，更没有回应被告方所提出的程序性争议，不具有证据所应具有的"证明案件真实情况的材料"这一本质属性；二是这种书面材料实质上属于侦查人员的书面证言，是一种传来证据，侦查人员既不接受法庭的当庭发问，也规避了控辩双方的交叉询问，还不承受法庭审理那种情境下的压力，极其容易出具虚假的说明，造成法庭的误判。

2014年以后，为防止侦查人员通过出具情况说明来规避出庭作证，最高人民法院的司法解释对这种“情况说明”的证据能力作出了一些限制。例如，“情况说明”假如只有侦查机关的盖章，而没有自然人签字的，一般不得被作为定案的根据。又如，侦查人员在接到法院出庭通知后拒绝出庭作证的，其出具的“情况说明”一般不得被作为定案的根据。由此看来，侦查人员通过出具“情况说明”来代替出庭作证的行为，已经受到越来越多的限制，这种情况很难继续维持下去了。侦查人员通过出庭作证来提供证言，将逐渐成为一种诉讼常态。

在侦查人员出庭作证问题上，如何确保其对侦查行为的合法性提供适当的证言，一直是存在重大争议的问题。通常而言，在被告方不对侦查行为合法性提出异议的情况下，侦查人员无须对此提供证言。在司法实践中，被告人及其辩护人一旦认为侦查人员存在刑讯逼供等非法取证行为，并据此提出了“排除非法证据”的诉讼请求，这时候侦查人员就有必要提供侦查行为系属合法的证言了。毕竟，被告方的这类诉讼请求，等于将侦查人员置于被控告的境地，也意味着提出了一项“程序性争议”，也就是侦查行为是否合法的争议。根据罗马法的一句格言，“被告在抗辩中变为原告”，法庭在对被告人刑事责任问题进行裁判之前，需要对被告方提出的这项程序争议优先作出裁判。

对于这种发生在审判过程中的程序性争议，英国法学界一般将其称为“诉中诉”“案中案”(case in case)。法院由此所进行的审判活动又被称为“审判之中的审判”(trial within a trial)。有些俏皮的英国学者甚至将其称为“迷你型审判”(mini-trial)。在我国刑事诉讼理论中，这种针对程序性争议所进行的审判，一般称为“程序性裁判”，以区别于为解决被告人刑事责任问题所举行的“实体性裁判”。

相对于实体性裁判而言，这种程序性裁判具有相对独立的地位。这主要表现在四个方面：一是这种裁判具有独立的诉讼标的，也就是侦查行为的合法性问题，以区别于被告人的定罪量刑问题；二是提起这种诉讼的原告是本案的被告人，可将其称为“程序上的原告”；三是侦查人员成为这种诉讼的被告，可将其称为“程序上的被告”；四是法庭一旦受理这类诉讼，就要暂时中止对案件实体问题的审理，充当“程序争议法庭”。

在一定程度上，被告方一旦提出侦查行为合法性之诉，侦查人员的侦查行为就被置于接受司法审查的地位，法院由此启动了一种侦查行为合法性之诉。这种诉讼颇有点类似那种以“民告官”为标志的行政诉讼。只不过，行政诉讼所针对的是相对人对行政机关行政处罚的合法性所提出的司法审查之诉，而侦查行为合法性之诉则是刑事被告人对侦查行为的合法性所提出的司法审查之诉。但究其实质而言，法院既然要对行政机关行政处罚的合法性作出权威的判定，当然也应对侦查人员侦查行为的合法性进行裁判。

侦查人员的侦查行为既然被置于被控告、受审查的地位，那么，侦查人员出庭就不应再仅仅是充当证人、提供证言了。其实，在这种诉讼中，侦查人员就像出庭应诉的行政官员一样，出庭还具有回应控告、接受审查的意味。由此可见，在被告方提出程序性控告的情况下，侦查人员一旦拒绝出庭“说明情况”，则既规避了出庭提供证言的义务，也等于拒绝出庭应诉，或者拒绝承担说明侦查行为合法性的义务。在此情况下，难道法院不应仿照行政诉讼的程序，对拒绝出庭的侦查人员，直接令其承担败诉责任吗？

回过头来看监察委员会的调查人员出庭作证问题，既然他们享有刑事调查权，所调查的证据材料也可以成为法院定罪的证据，他们在调查过程中同样会出现违法取证的问题，那么，这些调查人员出庭作证难道还有什么法律障碍吗？难道监察机构以惩治腐败为由，就可以纵容其调查人员规避出庭作证和出庭应诉的义务吗？

刑律不善不足以害良民，

刑事诉讼律不备，即良民亦罹其害

刑事诉讼法之所以要制定、颁布和实施，

最主要的目的是要保护每个国民不受国家公权力机构的任意侵害。

↓

湿壁画：正义女神。意大利画家 **Filippo Paladini**（1544~1616）创作于马耳他总统府弗达拉宫大厅（**Verdala Palace Main Hall**）。

作为一种极为重要的法律价值，安全有“公共安全”和“法律安全”之分。对个人公共安全构成威胁的通常是各式各样的犯罪行为。而对个人法律安全容易进行侵犯的则是国家公权力机构的滥用权力行为。曾有一则流传甚广的外国寓言故事：

> 汤姆和伊凡一起旅行，两人分别讲述了自己遇到的“最快乐的事”。汤姆曾遭遇过入室盗窃，窃贼不仅将他的现钞、银行卡、金银首饰席卷一空，而且还把他的手提箱也顺手牵羊了。手提箱本身不值多少钱，但里面存放着他刚完成的一部书稿，这是他历经十年创作出的小说，实属呕心沥血之作。经过一年多的调查取证，警方最终将窃贼抓获，成功追回了汤姆的财物和书稿。这起失而复得的经历，使汤姆感觉“非常快乐”。
>
> 听了汤姆的故事，伊凡默不作声。在汤姆再三追问之下，他也讲述了自己平生“最快乐的事”：一天，他跟太太、孩

子正在准备生日晚餐，忽然两名警察敲门而入，严厉地说："伊凡，你被捕了，跟我们走一趟！"伊凡自知凶多吉少，与太太和孩子抱头痛哭。在紧张收拾行囊的当口，伊凡的太太怯生生地问道："我们这栋楼里还有一个叫伊凡的。可否请你们查查，有没有可能抓错人了？"一名警察微微低头看了一眼手里的逮捕证，又仔细查看了伊凡的证件，突然说了一句："对不起，打扰了。我们要找的应当是楼上的那个伊凡！"

这个故事近乎天方夜谭，但却非常形象地说明了这样一个道理：要过上一种安宁、平和的生活，人们既不希望受到违法犯罪者的侵害，也不愿意受到国家公权力机构的无理骚扰。为躲避违法犯罪者的侵害，人们渴望获得警察的有效保护，并在罪案发生后期待着警察迅速破案，抓获真凶，严厉惩治，使"正义得到伸张"。而为了摆脱公职人员的无理骚扰，避免受到任意逮捕、无理起诉和错误定罪，人们又强烈要求约束他们的权力，为逮捕、起诉和定罪设置严格的法律手续，给予犯罪嫌疑人、被告人获得有效辩护的机会，并在警察、检察官、法官违反法律程序、滥用权力之后，能够获得"伸张正义"的机会。

在法律理论中，我们把前一种需求称为"公共安全"，也就是不受犯罪侵害的社会安全；而将后一种需要命名为"法律安全"，亦即不受国家机构任意侵犯的安全。为维护"公共安全"，我们需要设立警察来打击暴力犯罪，任命检察官来惩治腐败案件，并对罪案提起公诉，建立法庭来进行审判，对犯罪人定罪判刑。我们还需要建立监狱来执行已经生效的刑罚。甚至在必要时，为对付极端严重的有组织犯罪，我们还可以动用国家的军事力量。在这一方面，我们实在没有必要替国家公权力机构担心，它们在对付犯罪方面，可以说"有的是办法"。那么，为了惩治和控制犯罪，我们需要颁布法律吗？答案是否定的。人类文明史已经告诉我们，仅仅为了控制犯罪，维护社会安宁，我们完全没有必要制定法律。就连那部经常被人误解为"打击犯罪之工具"的刑法，如果仅仅为了有效打击犯罪的考虑，也完全没有存在的必要。新中国成立前30年的经验证明，没有刑法，中国的犯罪案件照样得到了处理，社会的秩序和安宁大体得到了维护。至于刑事诉讼法，更是对"有效打击犯罪"没有益处。君不见，在20世纪80年代初的"严打"期间，从重从快地打击各类犯罪分子，其中的"从重"直接与刑法规定背道而驰，而所谓的"从快"则对刑事诉讼法造成了冲击。如果要单纯地追求打击犯罪的效果，那么，我们可以不要任何法律，而只要恢复军事管制状态，按军事化的模式管理社会，其实就足够了。

那么，为什么要制定刑事诉讼法呢？清末曾担任修订法律大臣的沈家本曾主持制定中国第一部近代意义上的刑事诉讼法草案，他的看法是："刑律不善不足以害良民，刑事诉讼律不备，即良民亦罹其害。"刑事诉讼法之所以要制定、颁布和实施，最主要的目的是要保护每个国民不受国家公权力机构的任意侵害。这部法律将警察、检察官、法官、刑罚执行官员都视为潜在的"侵权者"，而把犯罪嫌疑人、被告人、被害人、辩护人、诉讼代理人等都看作可能的"被侵权者”，也就是国家权力滥用的受害者。刑事诉讼法所要保护的不是每个公民的“公共安全”，而是“法律安全”。几乎所有法治国家的宪法，都为每个公民确立了不受任意拘留、无理逮捕、违法搜查、无根据起诉和不公正定罪的基本权利。几乎所有国际人权公约，也都为那些“受刑事起诉者”设立了“最低限度”的权利保障。这些都显示出刑事诉讼法并不是一种可有可无的部门法，而是极为重要的人权法。刑事诉讼法的立法宗旨是互为因果的两个方面：一是有效约束国家公共权力，防止其滥用，惩罚其滥用的行为；二是有效地保护公民权利不因国家权力滥用而受到侵害，并在侵害行为发生后为公民提供有效的救济。

面对刑事诉讼法的不断修订，社会公众已经不再被诸如“打击犯罪”“控制犯罪”之类的话术所迷惑，而直接追问“公民权利是否得到尊重和保障”这一核心问题。这表明，无论是在权利意识还是在程序观念上，公众早已今非昔比了。在此大变革、大转型的时代，有关负责立法、司法和执法的官员，是不是也应转变观念，与时俱进，将刑事诉讼法视为民权法，而不再是所谓的“治民法”？

那么，面对一部旨在规范刑事诉讼活动的法律文件，我们应从哪些方面来对其正当性作出评估呢？笔者不才，谨根据有限的专业知识，提出以下评估标准：

其一，法律在授予更多、更大公权力的同时，是否对公权力确立了有效的制约措施？

刑事诉讼法对公安机关、检察机关“技术侦查权”的授予，对检察机关“附条件不起诉”权力的设立，对刑事和解制度的确立，对未经定罪的被告人“违法所得的没收程序”的设置，以及对“实施暴力行为的精神病人”的强制医疗程序的建立，都属于对现行刑事诉讼法的制度突破，使公安机关、检察机关、法院被授予了一些新的权力。

法律的明确授权既使公权力机构行使这些权力具有了法律依据，也为它们行使权力设定了边界和范围。但是，这些机构在行使权力过程中假如是不受制约，甚至享有无限权力的，那么，距离权力滥用也就为时不远了。对此，我们应该有足够的警惕。例如，公安机关、检察机关在行使技术侦查权方面存在“自我审批”的问题，公检法机关在组织刑事和解方面存在不公开、不透明的问题，对“违法所得的没收程序”没有设置利害关系人有效参与机制的问题，强制医疗程序没有设置对抗性的精神病鉴定机制的问题，就都属于程序设计上的明显疏漏。

### 其二，法律对公民权利的限制和剥夺是否合理？

在侦查和强制措施的设计上，刑事诉讼法考虑到侦查犯罪的需要和便利，对公民权利作出了一系列限制或剥夺措施。假如这些限制和剥夺是明显不合情理，甚至没有必要的，那么，这些制度安排就是需要反思的。

例如，对于“危害国家安全”“恐怖活动犯罪”案件，律师会见在押犯罪嫌疑人，要经过侦查机关许可。这一程序设计究竟是否合理？这种许可有必要吗？假如侦查机关以侦查需要为由拒绝律师的一切会见申请，这岂不完全剥夺了律师的会见权？又如，对于“无法通知”“涉嫌危害国家安全犯罪”“恐怖活动犯罪”，通知“可能有碍侦查”的情形，办案机关有权拒绝将拘留、逮捕、监视居住的原因和处所，通知犯罪嫌疑人的家属。这一制度设计将是否通知的裁决权完全交由侦查机关行使，可能会无理剥夺家属的知情权。

其三，法律是否保障犯罪嫌疑人、被告人有效的辩护权？

在刑事诉讼过程中，只有保证犯罪嫌疑人、被告人较为充分地行使辩护权，才能对公检法机关的权力形成有效的制约，并避免这些机关所作裁决发生错误或者滥用权力。相反，假如被告方不能有效地行使辩护权，或者辩护律师的参与是流于形式的，那么，有关制度安排就存在不合理之处。

例如，刑事诉讼法允许基层法院对事实清楚、被告人认罪且同意适用简易程序的案件，按照简易程序进行审判。但是，在被告人没有获得律师辩护的情况下，这种简易程序的适用存在被滥用的可能性。为了保障被告人选择简易程序的自愿性和明智性，刑事诉讼法应当扩大法律援助的适用范围，使那些选择简易程序的被告人都能获得律师的帮助。

其四，法律是否保障了公正审判的实现？

在审判制度的安排上，刑事诉讼法应将实现公正审判作为首要的制度目标。对于刑事诉讼法中妨碍这一目标实现的制度设置，我们应当保持足够的警惕。

例如，检察机关将全部案卷材料移送法院的程序设计，固然有助于律师的全面阅卷，但也很有可能造成法官庭前全面阅卷，形成先入为主的预断，甚至形成被告人“已构成犯罪”的印象，而这会导致法庭审理流于形式，辩护毫无意义。又如，在被告人对一审判决认定的事实、证据提出异议的情况下，二审法院认为“可能影响定罪量刑的上诉案件”，才能开庭审理。这无异于将开庭审理的决定权仍然交由二审法院。假如法院面对被告人的异议，坚持认定不影响定罪量刑的，那么，案件岂不就随意不开庭审理了吗？

### 其五，法律是否对那些公权力滥用的行为设置了程序性制裁措施？

在刑事诉讼制度中，对于公检法机关违反法律程序的行为，应当尽可能设置一些宣告无效的制裁措施。“宣告无效”可以包括宣告非法侦查获得的证据无效、非法起诉无效以及违法审判所制作的判决无效。对于任何程序设计，假如只是提出一些抽象的法律要求，而不设置违法行为的无效后果，那么，程序设置将得不到有效的贯彻和执行，甚至完全形同具文。

例如，刑事诉讼法对律师会见权、阅卷权、调查权等诉讼权利的规定，尽管有不少制度突破，但对于办案机关剥夺会见权、限制阅卷权或者不保障调查权的行为，普遍没有设立宣告无效的法律后果，令人对其实施效果大为怀疑。又如，对于法院剥夺律师质证机会、拒绝律师重新鉴定申请、拒绝律师通知证人出庭作证申请的行为，刑事诉讼法也没有将其纳入撤销原判、发回重审的适用对象，从而使这些违反法律程序的审判行为处于几乎不受制裁的状态。

其六，法律是否为公权力滥用的受害者提供了有效的救济途径？

无论是嫌疑人、被告人还是被害人，一旦权利受到公检法机关的任意侵犯，或者其权利得不到有效的保障，就应获得提出司法救济的机会，从而获得中立司法机关的重新审查，以便获得有效的补救机会。没有这种司法救济机会，任何权利的设置将毫无意义。

例如，被告人及其辩护人申请排除非法证据的，法院假如予以拒绝，他们能否向二审法院提出重新审查的申请？二审法院能否对此进行重新审理呢？对此，我国《刑事诉讼法》几乎没有作出任何有针对性的规定。又如，我国《刑事诉讼法》允许犯罪嫌疑人、被告人及其辩护人申请变更强制措施，也可以对那些法定期限届满的强制措施，申请予以解除。但是，假如接受该项申请的公检法机关拒绝变更或者解除，那么，他们又能向哪个机构提出进一步的申请呢？对此，我国《刑事诉讼法》也没有作出明确的规定。这无疑会造成司法救济途径的不畅，导致救济机制失灵。

其七，在立法技术层面上，法律是否存在一些宣言、口号或政策性的宣示，而不具有实施的可能性？

刑事诉讼法属于程序法，应当具有最起码的可操作性。假如某些条文仅仅属于政策性的宣示，而无法得到切实的实施，也无法转化为有约束力的法律规范，那么，该类条文的存在价值也就变得可有可无了。

例如，我国《刑事诉讼法》要求辩护人收集的有关被告人不在犯罪现场、未达到刑事责任年龄、不具有刑事责任能力的证据，“应当及时”告知公安机关、检察机关。辩护人假如不告知上述机关，应当承受怎样的法律后果？究竟向公安机关告知，还是向检察机关告知？既然这些问题都没有明确的答案，那么，我们怎么指望这一条文得到实施呢？又如，我国《刑事诉讼法》要求最高人民法院在复核死刑案件过程中，应当讯问被告人，听取辩护人的意见，最高人民检察院也可以向最高人民法院提出意见。这种含混不清的表述由于没有具体的制度保障，可能会变成不可实施的条文。最高人民法院究竟是亲自讯问被告人，还是通过远程视频方式讯问？最高人民法院听取律师意见，是当面听取还是仅仅接受其书面意见？最高人民检察院提出的是书面意见还是当面口头意见？在这些问题都没有答案的情况下，这一条文会得到贯彻实施吗？

# 公平游戏

## Fair Play

我们不仅不应忽略我们竞争的对方，

我们同时还要尊重我们竞争的对方。

↓

《愚蠢的法庭》（**Court of Fools**），作品来自安德烈·阿尔恰蒂编纂的《铭图集》（***Emblemata***，1548）。安德烈·阿尔恰蒂（**Andrea Alciati**，1492~1550），意大利法学家，人文主义法学派的创始人。毕业于博洛尼亚大学。曾在米兰任律师，后受法国国王弗朗索瓦一世邀请出任阿维尼翁大学、布尔日大学教授，晚年又回到意大利。阿尔恰蒂是最早倡议将罗马法作为历史现象而不是作为现行法规来进行研究的人，著有《评查士丁尼法典后三卷》等。1529~1531 年，约翰·加尔文在布尔日大学期间，正是跟随这位法学大师学习知识。

法治秩序的建立，在很大程度上依赖于法律人的职业共同体的形成。所谓“法律人的职业共同体”，是指法官、检察官和律师通过相似的教育和培训，具有相同的法律知识和素养，遵守相同的职业道德规范，运用一套相同的法律概念、法律原理和法律思维方式，进行有别于普通人的法律逻辑推理。法官、检察官和律师尽管所从事的职业不同，前两者属于行使国家司法权力的“当政法曹”，后者则仅是为委托人提供法律服务的“在野法曹”，但是，他们至少可以在同一平台上进行理性的交涉、协商和对话。若没有一种最起码的法律人的职业共同体，辩护律师与检察官便可能会在诉讼利益的对立中走向仇视和冲突，而无法将其诉讼对抗控制在理性的范围之内，那种一方依赖国家司法资源对另一方滥用国家强权的情形就会出现。同时，辩护律师与法官也无法形成良性的互动，诉权与裁判权也就失去了进行理性交流的机会，法官会完全倒向刑事追诉立场，恣意地行使司法裁判权，而无法吸纳来自辩护方的不同观点和声音。

正如只有成文宪法并不足以形成宪治秩序一样，仅仅存在法官、检察官和律师的职业分离本身，也并不一定形成“法律职业共同体”。这种“法律职业共同体”形成的主要标志，是三种法律从业者不是按照各自的社会身份和政治地位进行诉讼活动，而是以统一“法律人”的角色，遵循“公平游戏”（Fair Play）之原则，平等、理性地进行各种诉讼活动。按照储安平的著名解释，“公平游戏”的要义在于“除了自己，尚有别人”：

> “Fair Play”本是运动场上的术语，我们若能以运动的情形来举例解释，便可充分明白“Fair Play”一词之精义。所谓 Fair Play，乃是知道一个运动员，要将一场游戏（game），视为一个整个的单位。这个术语的最深意义乃在不仅指出这一个运动员及其同队队员的关系，并且指出他和他竞争的对方的关系。一场足球要视为一场整个而不可分割的游戏，甲队队员绝对不可忽视乙队队员存在的价值。乙队队员固然是甲队队员竞争的对手，但乙队队员同时也是甲队队员在这一场游戏里的合作者；因为如无乙队，单单只有甲队一队，这一场足球是玩不起来的，而这一场游戏也就无从存在。Fair Play 的精神，是要在一队之前，有全队而无个人；在一个游戏之前，大家应以此一整个之游戏为重，而不以自己一队为重。我们不仅不应忽略我们竞争的对方，我们还要尊重我们竞争的对方……这种 Fair Play 的精神，发挥到了极点，就是社会一切都有是非。是是非非，全凭理性而毫不诉诸感情。不将

私人恩怨和个人的好恶渗入是非之中，不以一己的利害作为判别是非的出发点。我是，我是“是”，我非，我是“非”。我既然非，我接受他人的规劝、指摘、批评甚至责备。别人是，我承认他是，承认他的功绩、成就、伟大以及一切优点和长处，不妒忌他，不破坏他，尤其不阴损他。他假如非是，我坦白地批评他，不以私人感情偏袒他。这样一来，社会有公道，好人自然出头，坏人自然消灭。①

尽管“公平游戏”规则被认为是英国文化传统的一部分，但中国古人所说的“己所不欲，勿施于人”，也多少体现了与这一观念相同的意义。尤其是在司法诉讼活动中，要保持最低限度的程序正义，法官、检察官和律师也需要按照这种“公平游戏”原则来进行对抗和交涉。检察官作为行使国家公权力的控诉一方，与代表被告人的辩护律师，尽管诉讼利益和诉讼立场不同，但互为表里，只有在相互尊重、相互承认对方的存在的前提下，才能进行一场理性的诉讼“游戏”。而作为裁判者的法官，要维护控辩双方按照公平游戏规则进行对抗活动，也必须在双方之间保持不偏不倚的地位，不过多地介入双方的具体对抗活动，按照可预测的法律规则来裁决双方的争端。遇有任何一方违反法律规则的情形，法官应当立即加以制止，并令其承担相应的法律后果。在这种公平游戏原则的约束下，法



① 储安平:《英国采风录》，东方出版社 2005 年版，第 161 页以下。

官、检察官、律师才能在诉讼对抗中进行合作，司法诉讼的过程和结局也才能符合理性的精神。可以说，只有在“法律职业共同体”存在的前提下，法官、检察官和律师相互间的“公平游戏”才有实现的可能。

但是，这种“法律人的职业共同体”在中国司法实践中似乎还没有形成的迹象。与此形成鲜明对比的却是公检法三机关的利益一体化问题。所谓公检法三机关的利益一体化，是指作为不同的“政法机关”，这三个国家机关在惩治犯罪、维护社会秩序等方面结成了利益联盟。三机关尽管承担不同的诉讼使命，但这最多被视为职业分工的差异，而不影响它们追求相同或相似的职业目标。而面对那些为犯罪嫌疑人、被告人提供法律帮助的律师，尤其是在律师的辩护活动有可能危及刑事追诉成功的时候，三机关对辩护律师显示出一种出人意料的共同立场。

司法实践中屡屡发生的辩护律师受到刑事追诉的问题，就与这种政法机关的“利益一体化”问题有着密切的联系。这种针对律师的刑事追诉很多都是根据我国《刑法》第306条来进行的。按照这一刑法条文，作为辩护人或诉讼代理人的律师，只要被证明实施了“威胁、引诱证人违背事实改变证言或者作伪证”的行为，就足以构成妨害作证罪，并有可能因此承受最高达7年有期徒刑的刑罚。当然，律师被指控威胁、引诱证人“作伪证”的情况很少发生，因为证人究竟最终是否构成伪证罪，要由法院已生效的判决来判定，而难以由检察机关擅加判定。司法实践中追究律师妨害作证的案件，往往都是辩护律师被认为实施了“威胁、引诱证人违背事实改变证言”行为的情况。

从立法原意来看，辩护律师要构成这种“妨害作证罪”，至少要同时符合以下三个条件：一是律师存在对证人的“威胁”或者“引诱”行为；二是被威胁或被引诱的证人“改变了证言”，而这种改变又是“违背事实”的；三是证人错误地改变证言确实是律师“威胁”或者“引诱”的结果。但是，究竟谁来判定律师的威胁、引诱行为导致证人“违背事实改变证言”呢？检察官作为刑事追诉的发动者，一经发现原先指证被告人有罪的证人，因为律师的劝说而改变了证言，竟然就可以认为证人对证言的改变是“违背事实”的，并因此对辩护律师发动刑事追诉程序。而对那些“违背事实改变证言”的证人，检察机关则极少予以追究。于是，那种“证人出去”“律师进来”的现象就不可思议地出现在各地司法实践之中了。

可以说，我国《刑法》第306条的极度模糊性使得检察机关在追诉律师方面享有极大的自由裁量权。那些因为辩护律师的成功辩护而无法获得有罪判决结果的检察官，完全可以利用这一含混不清的罪名。即便法院最终作出了罪名不成立的裁判，但检察机关只要对辩护律师采取了拘留、逮捕、立案、侦查之追诉措施，也就达到了“整治”的目的。

迄今为止，我国律师界对于废除《刑法》第306条作出了持续不断的努力。然而，即使立法机关最终接受了律师界的建议，废除了《刑法》第306条，从成文法上消除了对律师业的“立法歧视”，一些地方检察机关、公安机关仍然有可能以其他罪名追究律师的刑事责任。事实上，在我国1997年《刑法》确立第306条的罪名之前，已经有很多律师以贪污、受贿、玩忽职守、包庇、伪证的名义被定罪判刑。而在1997年修订的《刑法》实施之后，仍然有一些律师以偷税、贪污、包庇、泄露国家秘密甚至教唆拒不执行法院判决的名义被定罪判刑。根据中华全国律师协会的统计，从1991年至1999年，律师因为被指控为包庇而受到刑事追诉的案件共有15件；从1995年至1997年，律师因为被指控犯有徇私舞弊、玩忽职守而受到追究的案件有7件；从1994年至2001年，律师因为涉嫌贪污而受到追究的案件有10件；从1995年至2001年，律师因为涉嫌诈骗而被追究刑事责任的则有8件；从1999年至2001年，律师因为被指控偷税而受到刑事追诉的案件为3件，职务侵占案件1件，泄露国家秘密案件2件。①

由于数据统计的局限，我们无法获知每年究竟有多少律师受到了刑事追诉。但是，一个不争的事实是，那些指控辩护律师犯有各类罪名的案件，最终被宣告无罪或者按无罪加以处理的肯定超出了60%。这一无罪处理比例显然要远远高出其他刑事案件无罪判决的比例。这说明，即便没有《刑法》第306条，律师也完全可以被指控

---

① 参见中华全国律师协会：《全国律协维权工作报告》，载中国律师网，http://old.acla.org.cn/program/article.jsp? ID=1808&CID=867207111。

犯有其他“犯罪”，个别公安机关、检察机关明知无法达到最终对律师定罪的目的，仍然要通过拘留、逮捕、起诉的方式，对辩护律师进行“整治”。

无论出于什么理由，检察机关、公安机关动辄对辩护律师采取刑事追诉的行为，以及大多数这类案件最终都没有取得刑事追诉的成功，这一事实显然说明，部分检察机关、公安机关根本不与辩护律师进行平等的对抗和交涉，而是动用国家资源和权力，使辩护律师陷入危险的境地。这种刑事追诉行为尽管并没有取得最后的成功，却使律师普遍失去了对检察机关、公安机关的信任和尊重，也失去了基本的法律安全感。于是，检察官与律师之间的诉讼对抗就出现了白热化，基本的“公平游戏”原则也遭到破坏。检察官怀疑和歧视辩护律师、辩护律师提防和敌视检察官的司法环境于是产生。目前，律师界普遍存在不愿意代理刑事辩护案件的情绪，一些地方的律师刑事辩护率呈现偏低的状态。即便律师参与了辩护工作，也对调查取证工作唯恐避之不及。

2000年以来，随着国家统一司法考试制度的建立，中国建立“法律职业共同体”的事业出现了突破性进展。在此之前，法官、检察官与律师产生的途径并不统一，法院、检察院甚至经常通过“社会招干”的方式接受来自国家机关和企事业单位的人员，所谓的“初任法官考试”和“初任检察官考试”，又局限于在法院、检察院内部进行，不仅对候选人没有教育、学历和法律培训等方面的统一要求，而且考试也常常流于形式。自20世纪80年代开始，那些申请律师资格的人士却需要通过国家统一的“律师资格考试”。这不仅导致法官、检察官与律师的法律素养拉开了越来越大的距离，而且在法律理念、法律思维和职业道德方面也难以达成共识。而通过2000年的改革，申请法官、检察官和律师资格的人士，都要通过统一的国家司法考试，并要具备相同的教育背景和学历要求。

但是，由于受一系列复杂因素的制约，所谓的“法律职业共同体”在中国的形成仍然步履维艰。首先，尽管法官、检察官与律师都要通过统一司法考试，但在这三种法律职业的准入方面仍然存在严重的差异。对于通过国家司法考试的人士，并没有进行统一的司法研修和职业培训，从而使这些“候补司法官”缺乏在从业之前一起接受培训、切磋和实习的机会。通过国家司法考试的人要进入法院、检察院，还要通过一个“国家公务员考试”，才有可能申请法官、检察官的职位。这无形之中就使国家司法考试被“国家公务员考试”架空了。更值得关注的是，尽管申请进入法院、检察院工作的人都要通过国家司法考试，但那些已经在法院、检察院工作的人，无论原来是书记员、法警，还是后勤行政人员，只要通过国家司法考试，都可以转任法官、检察官。而按照中国的组织人事制度，普通法官、检察官的任职条件是通过司法考试，但院长、副院长、检察长、副检察长，竟然仍可以从其他国家机关具有相同行政职级的干部中加以选任和调入，而并不需要事前通过司法考试。在中国长期形成的文化中，法官、检察官所具有的公务员身份，事实上要比所谓的"法律人"身份重要得多，并受到更多的强调。这无形之中就使律师在政治地位和社会地位上大大有别于法官、检察官。他们在任职之初或许因为受到过相同的教育和培训，并有相同的参加司法考试的经历，而在思维方式上有一些共性，但随着各自任职时间的延长，两种完全不同的职业文化会使他们的行为方式和思维习惯产生越来越大的差异。那种在行政层级中"摸爬滚打"的法官、检察官，要维持良好的生存和做到不断的升迁，就需要谨小慎微，尽量按照上级的意见行事，而不可能一味地按照"法律人的思维方式"来适用法律，处理案件。而对待辩护律师，法官、检察官则很有可能不顾"本是同根生"的缘分，动辄视其为当事人的"代言人"，而认为律师除营利以外不可能有更高的职业动机。而长期在法律服务市场"经历风浪"的律师，则越来越可能从一种精明的商人和经营者的角度，来结交社会关系，拓展生存空间。为了客户和委托人的利益，也为了使自己的法律服务事业获得更多的名誉和利益，律师既可能会"为权利而斗争"，也完全可能沦为利益的奴隶。

其次，法官、检察官与律师之间的职业流动尽管偶有发生，却几乎不可能发生律师"由下而上"的职业流动。到 2005 年为止，中国约有律师 12 万人，仅北京一地就有 1 万余名律师。而且这一数字还在逐年大幅地增加。随着中国经济的发展、律师业务的不断扩展，那种既拥有较大社会声望又获得巨额经济积累的优秀律师，也成为这个社会中"先富起来"的群体。但是，除极少数因为加入"民主党派"或者身为特殊政治群体的律师，有机会加入各级人大、政协的以外，绝大多数律师还没有“从政”的机会和可能。律师所积累的社会声望再高，也一般不可能进入各级政府，转化为官员身份。不仅如此，各级法院、检察院除了会录用一些来自“民主党派”的社会知名人士（这其中包括极个别律师）以外，也几乎不可能直接从律师中委任法官、检察官。这就使律师除提供法律服务和营利之外，无法找到政治上的其他出路。当然，也有极个别法官、检察官因为经济状况，或者因为其他原因，而离开法院、检察院，摇身一变而成为律师。但这并不能说明律师真实的政治地位和社会地位，而只能说明一部分律师的经济状况确实发生了实质性的改观，因此对法官、检察官具有一定的诱惑力。而在律师没有“由下而上”地进行职业流动的情况下，那种“小富即安”“富而不贵”的命运越来越严重地影响律师的精神气质和职业道德状况。目前，中国似乎还难以涌现出大批具有社会精英意识、以维护社会正义为己任的大律师，律师界的整体职业道德状况也多少令人担忧。而社会公众对于这些经常“为贪官辩护”“为黑社会分子开脱”的律师，也缺乏基本的尊重和好感。另外，由于在法官、检察官与律师之间难以产生“自下而上”的职业流动，长期从事法官、检察官职业的人士，由于受法院、检察院文化的熏陶和塑造，根本无法对辩护律师的诉讼请求和生存状况给予理解。他们与律师在思维方式和价值观念上的分歧会变得越来越大。法官、检察官与律师除在任职之前经受过相同的教育和考试、掌握了相同的法律知识以外，几乎在很多方面越来越难以沟通和对话。

最后，中国特有的公检法三机关分工负责、相互配合、相互制约的司法体制，决定了律师不可能在司法制度的运作中居于主流地位，而不得不在一定程度上被边缘化了。名义上，公安机关、检察机关和法院分别行使国家的侦查权、检察权和审判权，但在各级政法委员会的领导和协调下，它们其实都是负有专政职能的“政法机关”。当然，负有对律师职业行使管理职权的司法行政机关，也属于这个“政法系统”的有机组成部分。遇有影响重大、各方面存在分歧意见的刑事案件，政法委员会通常会召集公安机关、检察机关、法院和司法行政机关的负责人，对案件的处理结果进行讨论。而对于讨论的结果，各个“政法机关”都必须无条件地予以执行。这种由政法委员会秘密协调案件的制度，使律师所参与的刑事诉讼过程可能被架空，辩护律师也不拥有与各个“政法机关”进行对话和施加影响的资格。不仅如此，在中国存在“司法地方化”问题的情况下，地方党政机关对“公检法三机关”在组织人事、财政预算方面拥有绝对的控制权，法律所建立的三机关分工制衡机制几乎难以进行有效的运作。越是接近基层，“公检法三机关”就越会形成实质上的“利益一体化”以及“政法职业共同体”。在这种体制下，从事辩护和诉讼代理工作的律师不仅处于“法律边缘人”的角色，甚至还可能会成为“政法机关”防范和控制的对象。特别是遇有涉及当地政府重大利益的群体性诉讼案件，作为辩护人、诉讼代理人的律师还会受到严密的限制，如不得作无罪辩护、不得代理特定人群的诉讼、不得参与特定的活动等。一旦个别律师违反了这些戒律，轻则会受到程度不同的歧视性待遇或者纪律处分，重则可能受到刑事追诉。

归结起来，由于法官、检察官与律师的职业准入制度、相互间的职业流动制度存在明显的问题，而政法机关又容易对律师产生一定的防范和整治心态，因此，律师在整个政法体制中不仅越来越走向边缘化，而且在法律思维方式、职业道德和法律价值观等方面与公检法三机关产生了难以弥合的矛盾和对立。这种缺乏互信和合作精神的关系，决定了所谓的“法律职业共同体”还远远没有形成。正是在这一大背景下，律师在审判前阶段的会见难、阅卷难、调查难以及容易受到刑事追诉的问题，才会大规模地出现，并成为几乎无法通过“变法”和“修律”来加以解决的难题。

表面看来，检察机关对辩护律师任意采取刑事追诉的行为是令人费解的。毕竟，“本是同根生，相煎何太急？”但原因其实很简单，貌似“同根生”的检察官和辩护律师，其实各有其独特的诉讼利益、法律思维方式和价值观念，在发生激烈的职业冲突的时候，掌握国家司法权力和司法资源的一方，就不会顾及“兄弟情谊”，而“反目为仇”，不能够理性地对抗和交涉了。当然，控辩双方“相煎”现象的发生，还因为法官无法充当权威的司法裁判官角色，无力履行维护“公平游戏”的固有使命。

看来，在构建“法律人职业共同体”方面，唯有通过彻底的司法改革，才有可能取得实质的进步。在这一方面，我们还有很长的路要走。

## 刑事诉讼法是被告人权利的大宪章

## Criminal Procedural Law is the Magna Carta for the defendants

必须破除“为达目的而不择手段”的刑事诉讼观念，

防止刑事诉讼成为国家对个人、多数人对少数人的赤裸裸的报复。

↓

绘画：Not Guilty（无罪）。英格兰画家亚伯拉罕·所罗门（Abraham Solomon，1824~1862）创作于1859年。当上有老下有小的丈夫被出庭律师通知他被无罪释放时，全家人的神情描绘得震撼人心！作品现收藏于美国加州洛杉矶保罗·盖蒂博物馆（J. Paul Getty Museum）。

曾有一位哲人问他的学生：假设你不得不面临这样两种处境：一是医生认为你身患严重疾病，只有将右腿截掉才能挽救你的生命，在取得同意后准备对你实施截肢手术；二是你在航海途中遭海盗的劫持，海盗要求你交出属于别人的珍宝，在遭到拒绝后准备砍下你右手的中指。如有可能，你愿意选择哪一种？为什么？学生沉思片刻，回答说：最好是哪一种也别让我选择，因为右腿和右手的中指我都不愿失去。哲人分析说：你的回答很机智，但回避了问题。实际上，选择第一种情况意味着你失去一条腿，但你受到了医生的善待：他珍视你的生命，也尊重你的自由意愿，截肢行为的最终目的是让你避免更大的不幸；而如果选择第二种情况，你遭受的是小一些的损失——一根手指，但是海盗根本不把你当回事，既不尊重你的自由意志，也不顾及你的利益，砍手指行为的最终目的是获得财物，并为此不惜牺牲你应得的权利。学生恍然大悟：如此说来，第一种是可以接受的。

上述对话听起来近乎天方夜谭，但却以一种独特的方式说明了这样一个问题：在自己的权益面临威胁时，人们不仅关注自己利益被剥夺的实际结果，而且也重视自己被对待的方式。在不幸的结果确属不可避免的情况下，人们可能更加注意自己是否受到了公正、人道的对待。这一问题归结起来，也就是过程与结果、程序与实体的关系问题。

在法律制度中，程序是指按照一定的步骤、顺序和方式形成某一法律决定的过程，国家通过立法对这种过程的规范和调整即形成专门的程序法。在这里，与程序相对应的是各种法律决定——如立法机构制定和通过的法律、行政机构作出的行政处罚决定、法院作出的司法判决或裁定，甚至还包括通过选举产生的领导人或民意代表等。在这些法律决定中，可能对公民的权益造成最大威胁的是刑事法律决定，即宣布一个人为罪犯，对其科处刑罚，从而使其财产、自由、名誉甚至生命受到剥夺。为了防止这种定罪、科刑权力的滥用，国家制定实施了刑法，使官员们对公民的定罪必须符合法定的构成要件，量刑也要符合法定的刑罚种类和幅度，即所谓“法无明文规定不为罪，法无明文规定不处罚”。罪刑法定原则所体现的是一种典型的法治思想：对于官员而言，凡是法律没有授权的都是禁止的；而对于普通公民而言，凡是法律不禁止的都是允许的。这样，刑法就构成了对官员司法活动的实体性限制。但是，对于限制官员们的权力而言，仅仅有刑法是远远不够的。这不仅是因为刑法毕竟是规定罪与罚的法律，为公民的行为确立了一种外部的界限，而且更主要的是它规范的主要是官员司法活动的结果，而不是司法活动的过程。为了防止官员们在司法活动过程中不至于滥用权力，国家制定了一种程序法——刑事诉讼法。

什么是刑事诉讼？传统的观点认为，这是一种以惩罚犯罪、揭露犯罪、证明犯罪为目的的国家活动。换言之，刑事诉讼实际是国家发动的一场旨在控制、镇压犯罪的战争，战争的主导者是作为国家司法机构的公安、检察、法院，战争的打击对象是所有犯罪者。但是，既然将刑事诉讼视为一种军事战争，那么为什么不按照军事战争的要求设置其过程，而要遵从“诉讼”的要求呢？任何诉讼都要求有控诉、辩护、审判三方构成的结构，其间控诉与审判必须有主体角色上的分离，而不能集中由同一机构担当；辩护也必须强大到足以与控诉相抗衡，并制约审判的程度。这种结构设置是背离战争科学上的军事力量高度集中的规律的。事实上，如果从军事战争的角度来理解刑事诉讼，公检法的权力完全没有必要进行分工，而可以由同一机构集中行使打击权力；刑事诉讼法也完全没有必要制定，因为任何旨在确立诸如管辖分工、回避、辩护、逮捕条件、羁押期限、上诉制度的规范，无一例外地都会“捆住”公检法的手脚，使其无法随心所欲地打击犯罪，并降低刑罚本应具有的威慑力和恐吓力。

在笔者看来，对刑事诉讼可以从两个不同的角度进行认识。从刑法的角度来看，国家专门机构一旦发现犯罪发生，就要进行刑事诉讼活动，以使犯罪受到准确、及时的惩处，从而实现国家的刑罚权。在这里，先有犯罪行为，然后才有刑事诉讼活动。刑事诉讼不过是为实现国家惩治犯罪的目标而服务的，它只具有工具或手段的价值。而从刑事诉讼法的角度来看，前面所说的“犯罪”不过是一种经验上或社会层面上的犯罪，而法律意义上的犯罪本应是国家对公民实施的某一行为的权威性法律评价。因此，先有刑事诉讼活动，然后才会有犯罪的认定。未经法定的刑事诉讼程序，未经法院作出生效的司法裁判，任何人都不得被认定为罪犯。在这一意义上，刑事诉讼就对裁判结论具有独立自主的决定权，从而具有完全独立于刑法的内在价值。长期以来，中国的主流诉讼理论所坚持的就是第一种刑事诉讼观念。这种观念否定了刑事诉讼为国家法律实施活动这一根本特征，将刑事诉讼理解为经验意义上的打击犯罪和惩治犯罪活动，使得刑事诉讼成为带有明显的行政性治罪的活动，而不具有“诉讼”的性质。笔者主张，刑事诉讼要真正走向科学化、文明化和人道化，就必须将其纳入法律的轨道，使其受到一系列的法律限制。刑法确定的诸如罪刑法定、罪刑相适应、犯罪构成、刑罚幅度、追诉时效等一系列的原则和制度，其实是在静态上对国家权力的限制。而刑事诉讼的最大功能，就是从动态的角度为国家剥夺公民的基本权益施加一系列程序方面的限制。

如此看来，将国家追究犯罪的活动纳入“诉讼”的轨道，似乎应是理解刑事诉讼的关键。如同那种以解决个人与个人之间利益争端为目的的民事诉讼，以及个人与政府机构之间利益争端的行政诉讼一样，刑事诉讼也是一种为解决利益争端而进行的国家活动，只不过这里的争讼一方为国家，另一方为个人；争讼的目的在于确定特定的个人应否承担刑事责任。国家制定刑事诉讼法的主要目的在于为个人与代表国家进行追诉的机构进行理性的对抗提供平等的机会和基本的保障。由于强大的国家与弱小的个人之间处于天然不平等状态，现代刑事诉讼法中的许多原则、规则和制度都旨在对这种不平等加以平衡，使国家追诉机构负有一些特殊的义务，如证明有罪的责任、向辩护方展示本方掌握的证据材料等；同时使处于被追诉地位的被告人享有一系列诉讼特权，如不承担证明责任、享有律师帮助的权利、上诉不加刑等。这些程序设计旨在保证被告人与国家追诉机构一起，成为诉讼的主体，而不是消极等待国家处理、被动承受国家追究的诉讼客体；同时保证追诉官员与被告人真正进行理性的对话、说服和辩论，他们除诉讼角色不同以外，没有身份上的高低贵贱之分。这样，刑事诉讼才能具有理性抗辩的性质，而不是赤裸裸的国家对个人的报复、镇压。

按照李斯特的说法，“刑法是犯罪人权利的大宪章”。但相对于刑法而言，刑事诉讼法实属“被告人权利的大宪章”，具有“小宪法”或“宪法适用法”的特征。

刑事诉讼法不仅为个人与国家进行理性对抗提供了条件，而且更是对参与诉讼的官员们的权力施加了各种限制。如果将刑法与刑事诉讼法对比，我们不妨将刑法视为主要是对个人进行限制的法律，要求百姓遵守刑法的目的是维护基本的社会秩序，防止因犯罪得不到控制而出现的无政府状态。为了保证刑法的实施，国家建立了一系列实体性制裁措施，如定罪、科处刑罚等。与此同时，刑事诉讼法尽管也规定了诉讼参与人所应承担的义务，但它更主要的是对官员权力进行限制的法律。要求警察、检察官、法官遵守刑事诉讼法的目的在于防止他们任意或随机地剥夺个人的自由、追究个人的刑事责任，从而将他们的行为纳入法律的轨道，防止因其违法而造成的破坏法治、践踏国家法律秩序的局面。为保证刑事诉讼法的实施，国家也建立了一系列程序性制裁措施，如违法取得的证据无效、违反法律程序作出的裁判无效等。因此，刑事诉讼法又具有“官员权力控制法”的性质，防止官员打着惩治犯罪的旗号破坏法治。

看来，要实行那种以“法律的统治”为内容的真法治，而不是“运用法律治民”的伪法治，就必须破除“为达目的而不择手段”的刑事诉讼观念，防止刑事诉讼成为国家对个人、多数人对少数人的赤裸裸的报复；必须将刑事诉讼活动纳入国家与个人进行平等的理性对抗中来，使国家追究个人的任何行为和决定都具有正当、合理的基础。

**图书在版编目（CIP）数据**

看得见的正义 / 陈瑞华著. -- 北京：法律出版社，2023（2025.11重印）
ISBN 978-7-5197-8211-5

Ⅰ. ①看… Ⅱ. ①陈… Ⅲ. ①法律－文集 Ⅳ. ①D9-53

中国国家版本馆CIP数据核字（2023）第153105号

**看得见的正义**
KAN DE JIAN DE ZHENGYI

作　　者：陈瑞华
责任编辑：张心萌
装帧设计：贾丹丹
配图编辑：贺维彤
出版发行：法律出版社
编辑统筹：学术·对外出版分社
责任校对：王晓萍
责任印制：胡晓雅　宋万春
经　　销：新华书店
开　　本：A5
印　　张：12
字　　数：239千
版　　本：2023年12月第1版
印　　次：2025年11月第3次印刷
印　　刷：北京中科印刷有限公司
书　　号：ISBN 978-7-5197-8211-5
**定　　价：88.00元**


销售电话：010-83938349　客服电话：010-83938350　咨询电话：010-63939796
地　　址：北京市丰台区莲花池西里7号(100073)
网　　址：www.lawpress.com.cn
投稿邮箱：info@lawpress.com.cn
举报盗版邮箱：jbwq@lawpress.com.cn
凡购买本社图书，如有印装错误，我社负责退换。电话：010-83938349